北大中文文库

高名凯文选

高名凯 著/叶文曦 编选

北京大学出版社
PEKING UNIVERSITY PRESS

图书在版编目(CIP)数据

高名凯文选/高名凯著;叶文曦编选. —北京:北京大学出版社,2010.10

(北大中文文库)

ISBN 978-7-301-17826-3

Ⅰ. 高… Ⅱ. ①高…②叶… Ⅲ. 语言学—文集 Ⅳ. H0—53

中国版本图书馆 CIP 数据核字(2010)第 186918 号

书　　名: 高名凯文选
著作责任者: 高名凯　著　叶文曦　编选
责 任 编 辑: 白　雪　贾鸿杰
标 准 书 号: ISBN 978-7-301-17826-3/H·2651
出 版 发 行: 北京大学出版社
地　　址: 北京市海淀区成府路 205 号　100871
网　　址: http://www.pup.cn
电 子 邮 箱: zpup@pup.pku.edu.cn
电　　话: 邮购部 62752015　发行部 62750672　编辑部 62767349
出版部 62754962
印 刷 者: 世界知识印刷厂
经 销 者: 新华书店
650 毫米×980 毫米　16 开本　19.25 印张　369 千字
2010 年 10 月第 1 版　2010 年 10 月第 1 次印刷
定　　价: 35.00 元

目　录

那些日渐清晰的足迹(代序)

随着时光流逝,前辈们渐行渐远,其足迹本该日渐模糊才是;可实际上并非如此。因为有心人的不断追忆与阐释,加上学术史眼光的烛照,那些上下求索、坚定前行的身影与足迹,不但没有泯灭,反而变得日渐清晰。

为什么?道理很简单,距离太近,难辨清浊与高低;大风扬尘,剩下来的,方才是“真金子”。今日活跃在舞台中心的,二十年后、五十年后、一百年后,是否还能常被学界记忆,很难说。作为读者,或许眼前浮云太厚,遮蔽了你我的视线;或许观察角度不对,限制了你我的眼光。借用鲁迅的话,“伟大也要有人懂”。就像今天学界纷纷传诵王国维、陈寅恪,二十年前可不是这样。在这个意义上,时间是最好的裁判,不管多厚的油彩,总会有剥落的时候,那时,什么是“生命之真”,何者为学术史上的“关键时刻”,方才一目了然。

当然,这里有个前提,那就是,对于那些曾经作出若干贡献的先行者,后人须保有足够的敬意与同情。十五年前,我写《与学者结缘》,提及“并非每个文人都经得起‘阅读’,学者自然也不例外。在觅到一本绝妙好书的同时,遭遇值得再三品味的学者,实在是一种幸运”。所谓“结缘”,除了讨论学理是非,更希望兼及人格魅力。在我看来,与第一流学者——尤其是有思想家气质的学者“结缘”,是一种提高自己趣味与境界的“捷径”。举例来说,从事现代文学或现代思想研究的,多愿意与鲁迅“结缘”,就因其有助于心灵的净化与精神的提升。

对于学生来说,与第一流学者的“结缘”是在课堂。他们直接面对、且日后追怀不已的,并非那些枯燥无味的“课程表”,而是曾生气勃勃地活跃在讲台上的教授们——20 世纪中国的“大历史”、此时此地的“小环境”,讲授者个人的学识与才情,与作为听众的学生们共同酿造了诸多充满灵气、变化莫测、让后世读者追怀不已的“文学课堂”。

如此说来，后人论及某某教授，只谈“学问”大小，而不关心其“教学”好坏，这其实是偏颇的。没有录音录像设备，所谓北大课堂上黄侃如何狂放，黄节怎么深沉，还有鲁迅的借题发挥等，所有这些，都只能借助当事人或旁观者的“言说”。即便穷尽所有存世史料，也无法完整地“重建现场”；但搜集、稽考并解读这些零星史料，还是有助于我们“进入历史”。

时人谈论大学，喜欢引梅贻琦半个多世纪前的名言：“所谓大学者，非谓有大楼之谓也，有大师之谓也。”何为大师，除了学问渊深，还有人格魅力。记得鲁迅《关于太炎先生二三事》中有这么一句话：“先生的音容笑貌，还在目前，而所讲的《说文解字》，却一句也不记得了。”其实，对于很多老学生来说，走出校门，让你获益无穷、一辈子无法忘怀的，不是具体的专业知识，而是教授们的言谈举止，即所谓“先生的音容笑貌”是也。在我看来，那些课堂内外的朗朗笑声，那些师生间真诚的精神对话，才是最最要紧的。

除了井然有序、正襟危坐的“学术史”，那些隽永的学人“侧影”与学界“闲话”，同样值得珍惜。前者见其学养，后者显出精神，长短厚薄间，互相呼应，方能显示百年老系的“英雄本色”。老北大的中国文学门（系），有灿若繁星的名教授，若姚永朴、黄节、鲁迅、刘师培、吴梅、周作人、黄侃、钱玄同、沈兼士、刘文典、杨振声、胡适、刘半农、废名、孙楷第、罗常培、俞平伯、罗庸、唐兰、沈从文等（按生年排列，下同），这回就不说了，因其业绩广为人知；需要表彰的，是1952年院系调整后，长期执教于北大中文系的诸多先生。因为，正是他们的努力，奠定了今日北大中文系的根基。

有鉴于此，我们将推出“北大中文文库”，选择二十位已去世的北大中文系名教授（游国恩、杨晦、王力、魏建功、袁家骅、岑麒祥、浦江清、吴组缃、林庚、高名凯、季镇淮、王瑶、周祖谟、阴法鲁、朱德熙、林焘、陈贻焮、徐通锵、金开诚、褚斌杰），为其编纂适合于大学生/研究生阅读的“文选”，让其与年轻一辈展开持久且深入的“对话”。此外，还将刊行《我们的师长》、《我们的学友》、《我们的五院》、《我们的青春》、《我们的园地》、《我们的诗文》等散文随笔集,献给北大中文系百年庆典。也就是说,除了著述,还有课堂;除了教授,还有学生;除了学问,还有心情;除了大师之登高一呼,还有同事之配合默契;除了风和日丽时之引吭高歌,还有风雨如晦时的相濡以沫——这才是值得我们永远追怀的"大学生活"。

没错,学问乃天下之公器,可有了"师承",有了"同窗之谊",阅读传世佳作,以及这些书籍背后透露出来的或灿烂或惨淡的人生,则另有一番滋味在心头。正因此,长久凝视着百年间那些歪歪斜斜、时深时浅,但却永远向前的前辈们的足迹,有一种说不出的感动。

作为弟子、作为后学、作为读者,有机会与曾在北大中文系传道授业解惑的诸多先贤们"结缘",实在幸福。

陈平原

2010年3月5日于京西圆明园花园

前　言[①]

高名凯先生(1911—1965),中国著名语言学家、汉语语法学家和文学翻译家,福建省平潭人。1936年毕业于燕京大学哲学系,后师从法国汉学家马伯乐,1940年获巴黎大学博士学位。1945年9月起任燕京大学国文系教授兼系主任。1952年起担任北京大学中文系教授、语言学教研室主任。2011年是高名凯先生诞辰100周年纪念,这一百年也是世界现代语言学和中国现代汉语言学开拓和发展的一百年,高先生在汉语语法学和理论语言学以及文学翻译领域都曾做出过杰出的贡献,特别是在汉语语法学领域。《汉语语法论》(1948/1957)、《普通语言学》(1957)、《语法理论》(1960)和《语言论》(1963)是高先生的四部代表性著作。缅怀高先生语言研究的业绩,梳理高先生语言学思想的产生和发展的脉络,继承和光大高先生的学术思想,无疑对今天的语言学理论研究和汉语言学研究都是有益处的。

在中国的传统学术研究中,没有系统的汉语语法体系和语言理论,从马建忠开始,中国学者借鉴西方的语法体系和语言理论逐步建立了中国语法理论。在20世纪40年代,汉语语法的研究出现了一个高峰,达到了很高的水平,标志是高名凯和王力、吕叔湘等三位先生的研究。从学术渊源上看,这三项研究的共同特点是都深受欧洲语言学思想的影响,以现代语言学理论为指导,试图摆脱印欧语语法的影响,对《马氏文通》以来汉语语法研究中的一些基本问题做出了解答,对汉语词类问题、语法单位问题、语法结构以及语法关系问题的研究做出了诸多开创性的贡献,初步建立了反映汉语特点和个性的语法体系,在一定程度上摆脱了印欧语眼光,进行了独立的研究。

① 谨以此文纪念高名凯先生诞辰100周年。

在具体的学术承继上，高先生深受欧洲特别是法国学术思想的影响。比较而言，欧洲的学术研究传统重视跟语言研究连带的不同国家和民族的人文历史问题，比较重视具体语言个性的研究，也是当代语言学功能主义学说最重要的发源地。高先生的语法学思想深受房德里耶斯和马伯乐的影响。除此之外，高先生还批判地吸收了洪堡特、索绪尔、梅耶、高本汉和葛兰言等学者的学术思想[①]。例如关于词类和语法范畴问题，洪堡特认为一切语言的语法范畴都是一样的，只有在材料上(形式上)有不同，又认为汉语虽无词类之表明，然其语法范畴却是一样的由词的地位表现出来；高本汉也认为汉语虽无词类的分别，但汉人却与西洋人有同样的语法范畴；马伯乐则认为，汉语之没有语法范畴及词类乃系绝对的。高先生吸收和参考了他们关于汉语词类的看法，但对语法范畴提出了自己的意见，认为不能说汉语没有任何语法范畴，汉语之语法范畴与西洋语自有不同(《汉语语法论》pp. 20－21)。关于汉语的单音节特点，高先生也认同高本汉和马伯乐等学者的观点。

高先生的语法研究是中国现代语言学史上的一个奇迹，他是坚持"汉语实词无词类"观点的唯一代表性学者，那么为什么如此呢？这是由高先生个人独特的学术眼光、学术背景和思想方法等综合学养造就的。一般研究汉语语法，主要有两种倾向，一种是重语言的共性，具体研究从共性到个性；另一种是重语言的个性，具体研究从个性到共性。高先生明确主张后一种研究路线，主张根据汉语的特点，实事求是地去努力解决汉语的问题，再用于推求普通的语言原则。高先生自己说(《汉语语法论》1957年修订版"前记")：

> 当然，汉语的语法问题，在目前的发展阶段上，还没有得到圆满的解决；许多地方，甚至于最基本的问题，都还值得大家研究和讨论，我们正应当展开自由讨论来促进汉语语法问题的科学研究，而这部书的写作也只是在于提供一种看法，作为语言学家和读者们参考而已。其中的某些问题，我自己也还没

---

① 林玉山，2005，试论高名凯语法思想，《福建师范大学福清分校学报》第4期。

有做出最后的安排,例如,我既认为汉语的实词没有划分词类的可能和必要,那么,在这种情形之下,汉语的语法体系要如何建立起来,书里还没有做出最后的安排,……但有一点则是我所坚信的:汉语有汉语的特点,一般讨论汉语语法的著作只能解说问题,不能作为实践的指导,显然是脱离汉语的语法特点,而去抄袭欧洲语的语法格局来为汉语的语法建立科学的体系,只有使汉语语法的研究停留在"文字游戏"的阶段上,不能解决问题,因此,这部书的精神是就我对汉语语法特点的理解,运用普通语言学的原则而来尝试建立一个科学的汉语语法体系的。

一　汉语语法论的研究

初版 1948 年的《汉语语法论》,是高先生最重要的著作。高先生在该书中提出了一个初步的汉语语法体系,其特色是理论探讨和问题意识相当突出,参考该书可以对汉语语法研究中存在的各种基本问题获得初步的了解。

从《马氏文通》到 20 世纪 40 年代之前,汉语语法研究一直在模仿印欧语言语法,无法摆脱所谓印欧语眼光,因此在词类、句法单位和语法结构关系等方面有诸多问题需要研究解决。关于汉语的特点和语言类型,高先生认为,"汉语虽有一部分的屈折成分,虽有一部分的黏着成分,但终不失其为一种孤立语,只是不能说是绝对的孤立语而已。"那么,高先生是怎样着手提出自己的汉语语法方案的呢?首先要回答的一个基本问题是,语法是研究什么的?高先生认为,"……同样的语法意义或语法范畴可以由不同的语法形式表达出来,而语法的研究很显然的就是着重于各不同的形式的探讨。语法范畴虽然不能脱离逻辑,但并不能完全和逻辑一致。语法意义或语法范畴是指由语音形式而且是概括化了的符号所表达的意义而言。""……一切的语法形式都是概括化了的符号。同样的意思不但可以由语义成分或语法成分(morpheme)表达出来,同样也可以由不同的语法形式表达出来。"

高先生认为结构语法形式的方法一般说起来有以下五种：(一)在词根(root)或词干(radical)上加上一个附加成分(affix)；(二)变化词根或词干中的元辅音或语音的重复；(三)音重、音长或声调的变化；(四)句中的词序，即一般语法学家所谓的造句法(syntax)；(五)特殊的语法成分，即我们所谓的虚词。以上前三项一般可称为“形态”(morphology)。

那么汉语结构语法形式的特点是什么呢？高先生认为，“有的语言则注重句法和虚词，而缺乏形态，或词的内部形态，汉语就是其中的一个。”依托这样的语法观念，高先生对马建忠语法进行了批评，提出了以下重要主张：

> ……研究语法，一方面固然应当注意语法形式所表达的语法意义，但最重要的还是看，到底哪一些意义在我们所研究的语言之中有其语法形式的表现，而看这些意义到底有多少语法形式去表达。……因为各语言都有各语言的语法形式，所以用某一种语言的语法去套在另外一种语言的语法头上是怎么也弄不好的。……马建忠的缺点就是根据拉丁语法的词类来把汉语的词分为若干类，而把研究的重心安放在词类问题上。

按照西方语法理论，词类显然是语法体系的重点，相关联的是，主谓宾定状补这些句子成分也是语法体系的重点，抛开这两个“重点”，似乎难以建立语法，难以讲解语法，也难以研究语法。果真舍此别无他路吗？其实不仅汉语的事实一直对西方语法理论提出疑惑，就是一些西方的学术大家也主张汉语的语法应该是别样的面貌，例如洪堡特主张的类型学和汉语观。高先生的设想就是走一条新路，语法的重点既不放在词类上，也不放在主谓宾定状补这些句子成分上，而是放在各种句法关系上，重点研究语词与语词之间的关系，以及表示语法范畴的虚词。

关于研究汉语语法的新途径，高先生提出了研究汉语语法的一些基本原则：

(一) 从一般的普通语言学的原则来说。(甲)研究汉语语法应当以口语为出发点，不应当专靠书本上的记载，如果用书本上的材料，则应当注重文字背后的发音，不应当斤斤于文字的表面上的现象；（乙）应当注意语法形式的存在，不应当过分注视逻辑的背景。一般研究语法的人都太重视了汉语语法所标示的意义，而忽视了这意义的物质材料，语音形式。从语法学的角度来说，我们不要光光问汉语表达不表达某一种概念，而应当问这种概念在汉语中有没有语法形式的表现；（丙）应当注意语法形式发展的内部规律，不应当割断历史。因为语言学的重要任务是在研究语言发展的内部规律，离开了历史主义的观点，语法学就不成其为科学；（丁）注意语法的系统，不要孤立地看问题，应当注意语法系统中各成分之间彼此互相联系，互相对立的情形。

（二）从汉语的语法特点来说。（甲）注重造句的研究。把研究的重心放在汉语的造句上。例如在规定关系中，规定者与受定者的地位如何？在引导关系之中，引导者和受导者的地位如何？名句和动句的结构是怎么样的？在词与词发生关系的时候，它们的次序是怎么样的？这些都是造句所研究的问题。（乙）应当注意表示语法范畴的虚词的研究。汉语的词法并不是没有形态，但形态并不是汉语特点的本质，汉语的特点在于运用较多的虚词去表示语法范畴，对于虚词加以系统的研究实在是研究汉语语法的一个好方法。（丙）句型的研究。造句是按照句子的结构而言，却没有注意到整个句子是哪一种型。同是一个意思，但这个意思可以是反问的，是否定的，是假设的，是命令的等等。所谓句型就是研究这些句子的型如何组织成功的。

（三）从比较的方面来说。（甲）一般的比较。和不同族的语言语法相比较，才让我们知道在一般语法的结构中哪一部分是一切语言所共有的，哪一部分是各语言所不同的，而对汉语语法的研究也不会发生所谓太西洋化或太中国化的毛病了。（乙）同族语言或方言的语法的比较的研究。和同族语言的语法相比较，就可以看出一种语法的特点。我们应当细细地对于汉藏语系的语法作一比较的研究，同时更应该对汉语的方言加以比较的研究。

高先生提出的上述原则具有很强的前瞻性，只要比较一下今天汉语语法研究的面貌，可以知道，虽然过去了六十年，这些原则仍是最可宝贵的，在很多方面还需要做出重要的努力。

高先生主要依据上述第二方面的原则，同时顾及第一和第三两方面的原则，创立了自己的语法体系，分为：第一编　构词论；第二编　范畴论；第三编　造句论；第四编　句型论。

在“构词论”中，高先生讨论了“汉语的词类”、“汉语的词形变化”和“汉语的复合词”等三个问题。其中“汉语的词类”是最重要的，高先生提出了自己独特的汉语词类观和分类方案。这个方案有以下几个要点：

（一）划分词类的标准是词的语法意义、句法功能和形态三者，三者三位一体，但形态是最重要的。

（二）根据上述标准，汉语的词可以分为实词和虚词两大类，区分实词和虚词的标准是看它所表达的意义到底是基本的意义，还是关系意义，虚词所表达的都是关系意义。

（三）汉语的实词没有词类的分别，或者不能再进行分类。这是高先生最具代表性也是最有争议性的语法观点，曾引起学界广泛的争鸣和辩论。

（四）词类功能和词类是两个不同的概念。汉语的实词虽然不能分类，但可以把它们分成具有名词功能的词，具有形容词功能的词，具有动词功能的词。这要看词在句子中的作用如何而定。凡在句子中由于句法的支配而在语法上指明事物的，就是具有名词功能的词。凡在句子中由于句法的支配而在语法上指明动作的，就是具有动词功能的词。凡在句子中由于句法的支配而在语法上指明性质的，就是具有形容词功能的词。如果一个词可以由于不同的场合而指明事物，或性质，或动作的话，它就没有固定的词类。所谓汉语实词不能分词类，是指汉语的实词并没有一个固定的功能，可以具备不同的词类功能，所以不能说它是某一个固定的词类。

（五）汉语的虚词可以分为许多类。虚词在性质上是语法工具，主要表达关系语义，可以根据虚词所表达的不同语法意义的类别以及不同种类的句法关系，把它们区分为以下四个小类，即代表虚词、范畴虚词、结构虚词和口气虚词。代表虚词如“他”和“这个”，指说话的时候，拿一个简便的词去代表实词；范畴虚词如“了”和“着”，功能是给实词的意义指明一个范畴；结构虚词如“的”、“在”和“和”，功能是表示词和词之间构成的规定、引导或并列等语法结构关系；口气虚词如“吗”和“呢”，表示不同的口气或感情。高先生对虚词的看法也是独特的，类别较为广泛，许多词如“我、是、要、三、块”，其他体系一般不处理为虚词。

（六）区别表知的词和表情的词。按照今天的理解，所谓表知的词即表达知识或客观信息，不涉及人的感情和态度，例如“学生”、“读”、“这”和“着”等；而所谓表情的词即表达涉及人的感情和态度的词，多涉及主观性，例如“仇恨”、“丑恶”和“不”等。

关于汉语词类的理论参照，早期高先生强调形态说，后期有所改变，强调语法意义[①]，认为“词类是形式所表达的某些语法意义的归类”，“划分词类的标准其实只有一条，即词的语法意义的最根本的概括。因此，词跟其他词的结合能力只能是划分词类的一种辅助的凭借，只有在这种结合功能能够表示这个词具有某类词的词类意义时，这种结合功能方可以作划分词类的一种标志”。

独特的词类理论为高先生后续的研究打下了基础，在高先生的体系中，实词的分类不是语法的重心所在，但虚词的研究却是重要的、宏富的、成系统的，成为高先生语法体系的一个鲜明特色，也代表着百年来汉语语法研究的一项重要进展。虚词是汉语最重要的语法形式之一。高先生认为，凡是一个语法形式必有思想上的概念为依据，语法意义或语法范畴是表达思想概念的语法典型，语法意义的类别是语法范畴。

关于语法范畴，高先生曾撰写《语法范畴》一文，一个重要目的是为了说明词类以及汉语词类的性质。高先生认为，语法范畴可以分为三类，即狭义、广义和准狭义。狭义语法范畴指的是以词形变化来表示的与词类有关的语法意义的概括，而广义的语法范畴指的是词类，准狭义的语法范畴指不是由词形变化来表示的与词类意义有关的语法意义的概括，例如法语的“格”在性质上属于准狭义的语法范畴，这个概念的确

---

① 徐通锵，2000，高名凯先生和他的语言理论研究，《燕京学报》新八期，北京大学出版社。

立有助于解决缺乏形态的语言的语法范畴问题。

在《语法理论》(1960,pp.112—113)一书中,高先生提出了语法范畴的另外一种分类法,即区分综合范畴和分析范畴,综合范畴指词的内部形态所表达的语法意义的概括,分析范畴指词的外部形态(补助词、虚词等)表达的语法意义的概括。高先生认为,分析范畴这个概念有强调提出的必要,因为在研究缺乏词的内部变化的语言时,比如说汉语,如果没有这个概念,就会使我们否认语言与思维的关系,而认为这些语言没有表达逻辑范畴的语法成分。汉语"了"和"着"表达"体"这个语法范畴,性质上是分析范畴,不是综合范畴。高先生语法范畴理论特别是关于分析范畴的观点的提出,被认为是对传统语法理论的发展。①

汉语虚词所表示的语法意义可以概括为语法范畴,高先生理解的这种语法范畴属于介于广义和狭义中间的语法范畴,近乎准狭义的语法范畴。因为汉语的词的词类功能有赖于其与这些虚词或词的外部形态在句子中的结合,所以有必要详细研究虚词所表示的和词类功能有关的语法范畴。在"范畴论"这一编,高先生花了十章的篇幅讨论汉语的各类虚词及其所表达的各种语法意义或语法范畴。

第一章指示词,讨论了指示的一般概念、近指、远指和方言中的指示词,认为指示词是表达指示范畴的那些语法成分,指示就是指示其为"此"为"彼"的意思。

第二章人称代词,分"略论人称代词"、"古代汉语的人称代词"、"现代汉语的人称代词及其来源"、"代词客气式与多数式的来源"、"双数式及三数式的形成"、"'性'的问题"和"反身代词"等七节。

第三章数词,分"数目系统与数目字"、"十六系统的存在"、"十进系统"、"十二系统"、"序数"、"基数"和"表数的语法成分"等七节。

第四章数位词,这个术语相当于今天的"量词",讨论了数位词的性质,认为它们的作用在于辅助说明事物的单位或单位的特点,是规定者的一种。论证了数位词和西方语言中冠词性质上的不同。本章还讨论了"度量衡的单位"、"部分词的运用"、"范词"、"三种数位词在形式上的

① 林玉山,2005,试论高名凯语法思想,《福建师范大学福清分校学报》第4期。

相同"等问题。

第五章次数词，说明次数词表示动作的次数，把次数词分为"一般的次数词"、"延续的次数词"、"集合次数词"、"工具次数词"、"对象次数词"、"短时次数词"等六类，并分析了次数词的语法结构。

第六章体词讨论时间的语法表达问题，论证了汉语没有表时间的语法形式，认为汉语的语法构造没有时间，但有"体"。给出了一个汉语"体"的分类方案，分"进行体"(progressive)或"绵延体"(durative)、"完成体"(accomplished)或"完全体"(perfect)、"结果体"(resultative)、"起始体"(momentary)、"叠动体"(iterative)和"加强体"(intensive)等六种。

第七章态词，什么是"态"？"由于句中主语、动词或具有动词功能的词及宾语所生之关系，可以把动词或具有动词功能的词分为几个'态'(voice)。平常所习见的是施动态(active)与受动态(passive)的对立，及物态(transitive)和不及物态(intransitive)的对立。"另外还有使动态(causative)，希腊语中还有一种自动态(middlevoice)，即今天所谓的"中动态"。

本章第二节主要回答了这样一个问题：汉语具有动词功能的词到底有没有施动和受动的分别呢？高先生认为，汉语具有动词功能的词，实在并没有施动和受动的分别，汉语具有动词功能的词是中性的，因为它们可以没有主语，汉语是用施动的形式来表示受动的意义的。汉语的一些词或格式和另一个具有动词功能的词合用，可以表达出受动的意思。例如古汉语的"为、见、被、蒙、受、遭、为一所"等，近代和现代汉语的"被、给、让、著、吃"等。高先生指出，同样的词在古汉语中意思可以是两可的，其为施动或受动全视说话的环境来表示所说的话的意义。

本章第三节讨论"内动"和"外动"，高先生指出了马建忠关于"内动"和"外动"定义的局限，认为，内外的分别是在不能说明 transitive(及物)和 intransitive(不及物)。对比印欧语言的 transitive 和 intransitive 的区分情况，可知，这项区分原本需要视动词宾语的格位如何而定，当宾语为直接役格(accusative)时，搭配的动词则是 transitive，表示动作或历程之影响直接达及事物；当宾语为间接役格

(dative)时，搭配的动词则是 intransitive，表示动作或历程之影响不能直接达及事物，而古代印欧语言直接役格和间接役格有不同的词尾变化加以区分。比较之下，汉语中具有动词功能的词本无及物和不及物的区别，因为，首先汉语没有具有形态变化的动词，其次，汉语具有动词功能的词既可以当做及物用，也可以当做不及物用，完全视实际的情形而定，同样的词在汉语中往往可以两用，不像印欧语言的及物动词绝不能没有宾语。

本章第四节讲"使动"，认为汉语用虚词表示"使动"的语法形式，如古汉语的"令、使"，现代口语的"叫、让、教"。高先生还立了一个"分合使动式"，即可以分开或合用的两个成分所结成的具有动词功能的词，当其合用时，表示使动的范畴，而当分开时，则表示主体有某种动作或历程，这动作或历程的结果能使客体发生其他的动作和历程。第一个成分表示主体的动作和历程，第二个成分则表示客体因主体的动作而生的结果。例如"我打死他"。

第八章欲词和愿词，参照未定事素(eventuality)这一概念，主要以汉语的"要"和"将"为例讨论"欲求"、"愿望"和"将来时"三种语法意义的表达。参考了房德里耶斯的理论，高先生指出，多数语言表示愿望、欲求的语法形式往往是和表示将来的语法形式相同的。汉语没有具有动词的功能的词的将来时、虚拟式或条件式，汉语只有表示未定事素的特别的语法成分，这未定事素在汉语中有三种，一是纯粹的欲词(desirative)，一是愿词(concessive)，一是表示将来意思的。在口语中欲词的"要"字可以兼用在这三个地方，另外现代汉语的"去、来"也可以表示将来的意思。

第九章"能"词，讨论的内容相当于今天的情态(modality)问题。"能"就是说明历程或动作到底是属于可能或是属于应然，或是属于允许的等等。高先生使用"能词"这一术语，认为"助动词"这一术语不适合汉语，比较可知，印欧语的助动词是为表明动词的各种变化而有的，而且其本身本来就是一个动词，具有动词的词形变化，这跟汉语的情形不同，汉语的相关成分不但可以加在实词的前面，还可以加在实词的后面，例如"得"。高先生分可能(possibility)、许可(permition)、意欲

(volition)、应然(duty)和必然(necessity)等五类讨论了情态问题。

第十章量词,讨论的内容相当于今天的量化成分问题。量词是表示量的意义的语法成分,表示量的分野或量的范畴,译成英语则为quantitative。量词可以分为率词、比词和渐词三类。率词是表示全体和部分的,可以分为全体(例如"都"、"全")、部分(例如"每"、"各")、仅数(例如"只"、"仅")、繁数(例如"连连"、"常常")和约数(例如"大约"、"差不多")等五种。比词表达比较量度的语法范畴,是依照不同事物的比较而来的,汉语使用虚词或固定格式,现代汉语表示差级如"更、比、比一还",表示比较极级的如"最",表示绝对极级的如"极、太、非常"等,"极"可以置于实词之后。渐词表示量的渐次的差别,是就一个事物本身的量的程度而言的,大体分两种,一种表示程度的深浅的,又可分为颇词(例如"很"、"颇")和稍词(例如"略"、"稍");另一种表示程度的急慢的,又可分为速词(例如"快"、"马上")和缓词(例如"慢慢"、"渐渐")。

在语法理论中,重视对意义或语法意义的探讨,是对结构主义语言学理论的一个重要补正。

关于汉语的造句论,高先生认为,汉语的特点在于实词的语法作用和虚词的补助表明句法,并不在于实词的词类,因为同一个实词在不同的地方有不同的词类功能,单独地实词只有词汇意义是明确的。那么实词的语法作用如何界定呢?高先生认为,在实际的语言之中,每一个实词和其他的实词都是有关联的,完全视其在句子中的地位如何而定,实词的语法作用也有关联而被确定。因此,研究汉语语法应当注重句法。句法可以分两个方面研究,一是造句法,二是句型的结构法。所谓造句法是指实词在句子中存在时和其他的实词所生的关系而言,即抽象的语法关系,同时又指最基本的句子的结构而论。

马伯乐认为,汉语词的关系类别有两种,一种是规定关系,一种是引导关系。高先生接受了马伯乐的观点。高先生把句子中词语和词语之间的关系概括地分为两种,并认为这两种关系包括了一切词语所能有的关系,一种是内在的关系,一种是外在的关系。所谓内在的关系就是两个词或语,在其表达的意义上,发生了直接的关系,其中一个词语范围了另一个词语的意义或给另一个词语一个归宿的地方,例如"红的花"这个结构中,"红"、"花"这两个词的关系就是内在的关系,"红"规定了"花"的范围,说它是红的花,而不是别的花。所谓外在的关系是指两者所产生的关系并不是直接的,不过是把两个词语连在一起而已,例如在"你我"结构中,"你"和"我"的关系就是外在的,两者互不影响。

跟今天流行的分析法比较,这种对汉语语法结构关系的概括是比较独特的,但也朴素一些,其积极意义同样在于,不把汉语的语法结构关系纳入印欧语的视角内加以分类概括。

内在的关系又可以进一步分为规定关系和引导关系。

什么是规定关系?规定关系就是两个词语之中,有一个是受定者或被范围的,而另一个是规定其他,或范围其他的。规定关系结构由规定者和受定者两部分组成。汉语的规定关系主要有以下七种:

(一)动句中的主语是规定者,而具有动词功能的词是受定者。

(二)形容句中的主语是受定者,而谓语是规定者。

(三)具有形容词功能的词是规定者,而被其所约束的词是受定者。

(四)表示占有关系的词是规定者,而被其所约束的词是受定者。

(五)约束具有动词功能的词是规定者,而被其约束的词是受定者。

(六)约束具有名词功能的词的词群是规定者,而被其约束的词是受定者。

(七)数目字是规定者,而被数目字所约束的是受定者。

规定关系有两个形式:一是仅由词语的次序来表现的,一是另外再加上一个规定虚词或规定词的。

汉语"的"是汉语语法体系中一个重要的核心问题,《汉语语法论》专辟一章讨论汉语的规定词"的"的用法和历史来源。高先生1944年曾发表《汉语规定词"的"》一文,就语音和意义两方面讨论语助词"的"字,研究了"的"在现代口语中具有的语法价值及其在历史上的演变痕迹。这项研究较早地提出了"的"字的分合问题,高先生的观点是,在中国人的语象里,只用一个"的"字去表达规定的关系,"的"的语法价值在于表示较泛的规定关系的语法形式。关于汉语史上"的"、"地"和"底"

三字用法的分别,高先生认为,这表示中国语曾经有某种语法范畴的分别,但这只是历史的陈迹,不能代表语法的现实价值。

什么是引导关系?当两个有关系的词语放在一起时,如果其中的一个表示一个事物,而事物是历程所归止的方向,这种关系就是引导关系。引导的意思就是把历程引导到一个归止的方向上。引导关系由引导者和受导者构成,而引导者一定是具有名词功能的词语。引导关系又可以依据引导者的性质分为两类,一类是表示一般事物的,例如"守青灯";一类是表示空间方向的,例如"进城"。在引导关系之中,有一种汉语虚词担当受导者角色,这种虚词叫做受导词。受导词就是一般所说的"介词"或"前置词",例如"住在北京"的"在"。不过高先生认为汉语所谓介词跟印欧语介词确不相同,实在只是一些半动词或准动词,所以不叫做介词。汉语受导词可以分为十一类。

汉语语法中的外在关系有三种,即对注关系、并列关系和联络关系。

在句型论中,高先生以句型为出发点讨论同一个句子的各种其他的不同的说法,分析方法相当于今天的变换分析法。高先生说,因为这些句子所用的词语和平面的造句法所用的完全一样,只是加些成分,或变更方式,而用另一种型来说而已,而且是把整个句子换了一个"型"。本编分章讨论了"否定命题"、"询问命题"、"疑惑命题"、"命令命题"和"感叹命题"等。

二　语法理论的研究

《语法理论》出版于1960年,写作目的是借鉴普通语法学理论对汉语语法问题进行理论的探讨,是中国第一部比较完整的语法理论著作。全书共分十三章,第一章语法学简史,第二章语法是什么,第三章语法形式学和语法意义学,第四章词法学和句法学,第五章形态,第六章语法范畴,第七章词类,第八章造词学,第九章词组,第十章句子,第十一章句子的结构,第十二章句子的类别,第十三章句法形式学。

今天研究流行的主张,所谓"形式和意义相结合",其实也是高先生所一贯主张和秉承的研究理念。不过高先生有自己的角度,在探索语法形式和语法意义时重视跟印欧语言的形态和语法范畴相比较,试图发现和描写汉语独有的语法形式和语法意义。《语法理论》的著述方式是,每一个问题的讨论都是从述评已有的西方理论家的一些重要的观点和研究方法开始,然后联系到汉语,说明自己的理解和主张,提出自己的意见和处理方法。这对研究者弄清问题的来龙去脉大有帮助。

语法形式学和语法意义学是高先生观察和研究语法问题的一个总纲。高先生认为,语法成分也是语言成分的一种,也是声音部分和意义部分的结合物,因此,把这两部分分析开来分别地研究是可能的,而且是必要的。语法的声音部分是语法形式,语法的意义部分就是语法意义。研究语法形式的部分叫做语法形式学,研究语法意义的学问叫做语法意义学,也是广义的语义学的一部分。语法形式和语法意义密切联系在一起的,语法形式是包含有某种意义的语法形式,语法意义是有语法形式作为物质外壳的语法意义;不存在于这个统一体里的语法形式或语法意义是不可想象的。在本著作中,高先生把最小的语法单位为叫做法素,即语法的元素。把最小的语法形式的单位叫做形素,即形式的元素,最小的语法意义的单位叫做能素,即功能的元素。以上这三种单位都可以复合,构成复合的单位。例如拉丁语的 lego 表达的语法意义是第一人称、现在时和单数三种能素的复合。后来高先生在《语言论》论述语法系统时使用了另外一套术语,分析的角度有调整。

在"句法形式学"一章,高先生列出和讨论了"形态变化"、"虚词"、"词序"、"重音"、"停顿"、"语调"、"语丛音变"等句法形式,把"虚词"、"词序"单列出来讨论是重要的。可以看出,高先生对语法形式的看法比较传统一些。今天则较开阔,研究得更深入,例如句法结构层次和句法变换也被认为是重要的语法形式。

关于汉语语法研究的前途,高先生在《汉语语法研究中的词类问题》(1963)一文中强调了"词型"、"语义结构"或"语法意义结构类型"的研究,而这些仍然以汉语词类问题的解决为基础。高先生提出了以下三个方面的重要设想:

(一) 汉语词位的语法变体研究。高先生认为,要建立汉语的语法系统，就不能不研究汉语的词位的语法特点，汉语词位具有多样的语法变体，分析的时候并不是要给汉语的词硬套上词类，而是按照具体的事实把汉语的词所具有的各种不同的词类作用，更深一层的语法意义，以及它们的表达形式加以全面的分析。根据词位及其语法变体的不同结构可以把汉语的实词分成几个类型，这种分类叫做词型。

（二）以句法分析为基础的汉语语法分析的原则。高先生认为，语法中最基本的东西就是把有意义的词或形位（即一般人所说的词素）来进行有意义的安排。离开意义就不可能进行任何语言成分的研究。语义结构的分析是科学地研究语言的基本任务。因为汉语缺乏形态，所以汉语语法的分析要以句法分析为基础，而句法分析又要以句法的语义结构的分析为中心。可以依据词位在语法意义结构中担负的角色把所有的词位归成词型。

（三）汉语语法意义结构类型的研究，事实上也就是各种语法关系的规则。无论是研究汉语词位的各种语法变体，还是研究句子的语义结构类型，其中心环节都在于分析各种语法意义的结构类型。

三　语言理论的研究

在中国的语言研究传统里，比较偏重对语言事实的搜集、整理和归纳，而较少理论的探讨和解释，五四运动以后这方面的薄弱情况有不少的改善。高先生借鉴和吸收了大量的西方现代语言学理论成果，对洪堡特和索绪尔、叶尔姆斯列夫的学说多有借鉴，又参考了马克思主义的社会理论和唯物辩证法，研究方法上参照 20 世纪的系统论和结构主义思想，经过十几年的勤奋探索，在 1963 年发表了《语言论》。这是一部规模宏大的语言学理论的通论著作，提出了一些创新性思想和观点。

《语言论》分三大部分，第一部分“语言的社会本质”，讨论了“语言的社会性”、“语言的职能”、“语言与交际”、“语言与思维”、“语言与言语”、“语言的变体”等问题；第二部分“语言系统的内部结构”，是高先生理论体系的核心，先总论“语言系统及其结构”，然后分论“语音系统”、“语义系统”、“词汇系统”和“语法系统”的结构和演变；第三部分“语言的起源和发展”讨论了“语言的起源”、“语言的发展”、“语言的分化”、“语言的统一”、“语言的发展前景”。

高先生区分了语言系统和语言结构，认为结构指的是事物内部各组成成员之间的组合方式，系统是各组成成员由有机的结构方式组织起来的事物的整体。系统具有结构性，结构并不一定具有系统性。语言结构主要以类聚性为原则，言语结构主要以线条性为原则。高先生认为语言结构有五个特点，第一个特点是“两极性”，即语言符号是语音和语义的结合；第二个特点是“多面性”，指语言符号结构跟生理活动、心理活动、认识活动、客观事物和社会生活等多方面因素相联系，具有极其复杂的功能；第三个特点是类聚性，语言符号可以由于某种结构上的类似之点而联系在一起，组成各种类聚；第四的特点是层级性；第五个特点是结构段，是前后相续的语言成分的结合。

关于共时语言学和历时语言学的划分，高先生认为，虽然这种划分是可能和合理的，但不能把它们看成绝对不能和解的对立的东西，语言系统是语言在其发展过程中的流动性的相对平衡的静止状态。

语言分析方法上，高先生在语音、语义、词汇、语法各个层级中普遍运用了“位”和“素”的概念，“位”是抽象的理论上的单位，而“素”相当于变体。原来语言理论中只有语音层面的分析使用“位”和“素”，高先生的体系中，语义系统有“义位”和“义素”，词汇系统有“词位”和“词素”，语法系统中有“法位”和“法素”。语法系统中的“位”、“素”分析复杂一些，“法位”本身是一种结构，包括“形位”和“序位”两种，都是由“法素”组合而成的。形位(morpheme)是词法的最小单位，是语音和语义的结合物，相对的“形素”即形位的不同变体，形位的变体有语音上和语义上的。序位是语法结构的最小单位，本身也是一种结构，主要包括组序和句位两种，组序是词组结构中的序位，变体为组素；句位是句子结构中的序位，变体为句素。句位变体也有语音上的和语义上的。上述分析揭示了语言系统的复杂性。

另外高先生在语言和言语的关系、语言的职能、语言变体和语言发展的规律等方面都提出了自己的见解。

四 结 语

高先生看待汉语,研究汉语,有一种独特的哲学—逻辑观念或思想方法在主导、支配着,或许他本人并不是全部自觉的,作为后人我们应该去揣摩,去理解。读高先生的文章不容易全懂,但如果不完全“拘限”于某一体系、观点,似乎容易明白一些。[①] 高先生通过自己的研究阐释了什么是汉语的语法,什么是汉语的特点等重大理论问题。关于汉语语法研究的前途,高先生总的设想是:“认识到汉语词类问题的真相之后,我们就可以走上另一条路去考虑问题,针对汉语的具体情况想出办法,去建立汉语的语法系统。”[②]高先生关于汉语词类的观点对今天以及未来的汉语语言学研究仍然具有重要的参考价值。

高先生学养深厚,善于提出学术中推动全局的关键问题,善于分析问题,是新中国成立后几次大的语言学学术讨论的发起者,在“实词分类问题”、“语言与言语问题”和“语言融合问题”等讨论中发挥了关键作用。在众口一词反对的声浪中坚持自己的汉语词类观点,这是一种难能可贵的学术独立品格。当今学术环境大为改善,百家争鸣,不同的当代语言学流派,生成语言学、功能语言学和认知语言学为汉语研究和中国的理论语言学建设开辟了广阔的前进道路。作为中国理论语言学和汉语语法研究的先驱者,高先生为摆脱印欧语眼光,建立反映汉语特点的语法体系提供了一个独立研究的典范,高先生也奠定了北京大学中文系语言学教研室融汇中西,致力中国本土理论建设的学术风格。温故知新,追寻学术薪火相传的轨迹,高先生的精神风范是我们永远不能忘怀的。

---

① 这里采纳了胡双宝先生的意见。

② 高名凯,1963,汉语语法研究中的词类问题,《安徽大学学报》第1期。

怎样研究汉语语法

一般研究汉语语法的方法

自从马建忠的《马氏文通》出版以来，研究汉语语法的人也不算少，不过到现在为止，这种研究尚不能令人满意。虽然汉语语法的研究已由马建忠等人的努力而有了一定的成绩。一般人都异口同声地说，认为马建忠以及后来的语法学家对于汉语语法的研究都有一个共同的缺点，就是太西洋化了。换句话说，马建忠是用拉丁语的语法观点来写汉语的语法，而后来的语法学家则大半是拿英语的语法观点来写汉语的语法，实则汉语的语法应当拿汉语语法的本身来做研究的对象才对。这种批评当然是很对的，可是话还没有说完。其实用科学的眼光来说，根本就无所谓西洋化和中国化，我们所谓的太西洋化、太中国化其实就是不科学化的意思。是科学化的研究法都是对的，不是科学化的研究法都是不对的。我们试看一看马建忠学派的缺点在什么地方，就知道为什么他们太西洋化了。

我们以为他们之所以太西洋化，最大的原因就是没有明白语法的问题属于语言的问题这个道理。上面已经说过，语法当然是和逻辑相结合的，但是语法的表现是一个特殊的社会现象，所以研究语法，一方面固然应当注意语法形式所表达的语法意义，但最重要的还是看，到底哪一些意义在我们所研究的语言之中有其语法形式的表现，而看这些意义到底有多少语法形式去表达[1]。我们知道人类的思维总有其相同的地方，这是逻辑学家所研究的问题。然而这思维在不同的语言里却有其不同的表达，这才是语言学家所最关心的。就是在语言的表达里，

---

[1] 参阅《汉语语法论》第二章。

一部分也是由词汇学去负责研究的。换句话说,有的意义是由词汇成分去表达的,不一定非由语法的形式来表达不可。研究语法的人只好就语法意义,把所有可能的形式,作一事实的描写,再推求其历史上的发展。因为各语言都有各语言的语法形式,所以用某一种语言的语法去套在另外一个语言的语法头上是怎么也弄不好的。马建忠之以拉丁语法来描写汉语的语法确是一个缺点。马建忠的缺点就是根据拉丁语法的词类来把汉语的词分为若干类,而把研究的重心安放在词类的问题上。其实汉语的语法特点显然和拉丁语的语法特点不同。西洋的语法书把语法的重心安放在词类上,是有根据的。因为词类的分别是印欧语的特点。马建忠把语法学介绍到中国来,自有他的贡献,但他漠视语言的特点,受了法兰西波特-罗耶尔的理性主义的语法的影响,从逻辑出发去研究语法,漠视汉语语法的特点,拿拉丁语的语法来解释汉语语法,拿具有丰富的词类形态变化而缺乏造句法的拉丁语语法来套在具有丰富的造句法而缺乏词类形态变化的汉语语法的头上:则是他的缺点。

研究汉语语法的新途径

马建忠学派的方法既不可全学,那么,我们到底要怎样研究汉语的语法呢?这个问题可以分几方面来答复。

(一)从一般的普通语言学的原则来说

(甲)研究汉语语法应当以口语为出发点,不应当专靠书本上的记载,如果用书本上的材料,则应当注重文字背后的发音,不应当斤斤于文字的表面上的现象。这里所涉及的就是语言和文字的不同。要知道语言和文字并不是完全相同的东西。语言可以包括文字,而文字却不能包括语言。文字也是一种语言,但它只是写的语言,而不是说的语言。从语言的本质来说,说的语言是语言的基本形式,而写的语言则只是代表这个基本形式的。如果说的语言是符号的话,则写的语言就是符号的符号。因为一个词是语音和语义的组合物,所以写的语言之代表说的语言可以由两方面着重，前者是拼音的文字，而后者则是表意的文字。汉字虽然不能说完全没有拼音的成分，然而我们至少可以说拼音的成分是很薄弱的。因为这个特殊的情形，汉字往往不能完全代表口语。关于这一点我们上面已经详细解释过，现在不必多说[①]。总之，在研究汉语的语法时，我们应当注意口语的形式，不应当注重文字的表面上的现象。

（乙）应当注意语法形式的存在，不应当过分注视逻辑的背景。一般研究汉语语法的人都太重视了汉语语法所表示的意义，而忽视了这意义的物质材料——语音形式。比方说，在西洋语法中，动词是有“时间”的分别的。过去有过去的格式，现在有现在的格式，将来有将来的格式。在汉语里，过去、现在、将来的意义也是有的，因此一般语法学家就把汉语具有动词功能的词也分成过去、现在、将来各格式。例如：

过去　我昨天到他家去。
现在　我到他家去。
将来　我明天要到他家去。

然而这是一个错误。我们已经说过语法的特点必是一种概括化了的形式而代表一种意义的[②]。可是同样的意义有的时候可以由词汇成分去表达。西洋语的动词的“时间”是动词形态的一个格式的变化。它所注重的只是过去、现在和将来的不同形式的表现，而这形式又是动词本身之内的变化。例如英语的-ed，德语的-te，法语的-ait 等都是存在于动词本身上面而表示过去的形式的，凡是表示过去的都必得用这种词尾，不用就不行。然而汉语就不同了，具有动词功能的词并没有词形的变化，我们在三个句子里都是用一个“到”字，并无丝毫词形上的变化。至于我们所用的“昨天”、“明天”等只是一种规定者，不用也可以，绝不可以说它是“时间”的形式。有的时候我们可以用“已经”、“了”等，然而这“已经”、“了”也只是表示动作的“体”，而不是表示“时间”，因为

① 参阅《汉语语法论》第三章。

② 参阅《汉语语法论》第二章。

我们也可以把它们用在将来或现在上面:“等我讲完了之后,有问题可以问我。”“明天等我把事情都已经弄好之后,才上他那儿去。”这里,只有在表示将来的句子中,有一个“要”字颇堪注意。如果我们要表达将来的动作,我们总得在词之前加上一个“要”,这不就是“时间”的形式吗?然而也不尽然。房德里耶斯(Vendryès)认为汉语和一些日耳曼语的词有的是以表示欲求的词来说明将来的动作的[①],梅耶(A. Meillet)则干脆不承认日耳曼语有动词的将来时[②]。比方说,在英语里头,如果要表示将来的话,我们就用 will 或 shall 这个字在动词之前。然而我们试看一看 will 和 shall 是什么东西。will 本身就是一个动词,而且是用“现在时”的形式表示的,而在它背后的动词(如 I will go 的 go)也是用“现在时”的格式表示的。所以在形式上,英语有“过去”、“现在”,却没有“将来”。这并不是说英语不能表达将来的概念,这只是说它的动词没有“将来时”的语法形式。德语也是如此。德语的 Ich werde gehen 和英语一模一样。在这个地方,汉语和日耳曼语很相似。汉语的“我要走”也是这个情形。“要”本身是个具有动词功能的词,和英语的 will,德语的 werde 一样表示一种“欲求”。将来的事情并未实现,我们不过是要其如此而已。这当然也是表示将来概念的一个方法,然而并不是动词的将来时。在意义方面,我们总可以把“时间”的概念表达出来,可是从语法的角度来说,汉语具有动词功能的词却的确没有“时间”的分别。从另一方面说,汉语具有动词功能的词有许多表示体的形式,而在别的语言中就没有。比方说,法语中 chercher 和 trouver 是两个不同的动词,前者有“绵延体”(durative)的意思,就是说“找”的历程在进行中,而后者则有“结果体”(resultative)的意思,然而它们并没有形式的不同,只有词汇意义上的殊异。汉语就不同了。汉人说前一个意思时只说“找”,说后一个意思时就说“找着”。这“着”是“结果体”的虚词,表示历程或动作之有结果。它是一个概括化了的形式,可

---

① Vendryès, *Le Langage*, 第二部分,第四章,第 179—180 页。

② Meillet, *Linguistique Historique et Lingustique Générale*, Sur les Caractères du Verbe, pp. 181—182.

以加在任何表示有结果的动作的词之后,如打着、抓着、碰着等等。从意义方面说,法语和汉语都表达"结果体"的概念,可是从语法的形式来说,汉语有"结果体"的形式,而法语却没有。所以,从语法学的角度来说,我们不要光光问汉语表达不表达某一种概念,而应当问这种概念在汉语中有没有语法形式的表现。

(丙)应当注意语法形式发展的内部规律,不应当割断历史。当然拿词源的意义来说明现在或某一时代的语法的现实功能是不恰当的。但这不等于说可以割断历史,不顾语法的历史发展。词源学顾名思义,是一种研究词的来源的学问,它研究每一个词的历史。我们知道每一个词的意义及其变化的情形在语言学中是由语义学去研究的,所以它并不是语法学的对象。但在研究一个语法成分的历史时,词源学和语法学则有密切的关系,因为它可以帮助我们了解语法发展的内部规律。研究语法可以采取两条道路:一是描写的研究(descriptive study),一是历史的研究。不过描写的研究必须在历史主义观点的指导之下才能有科学的结论,而描写的研究也只是历史研究的出发点。历史的研究使我们了解语法发展的内部规律,因此可以给我们指出一个合于发展规律的趋向,使我们知道在现有的语法现象之中,哪些是合于规律的,哪些是不合规律的,于是,语法的规范化问题也就有了凭借和根据。德·索绪尔(F. de Saussure)曾经认为语法是静态语言学(linguistique synchronique)的对象,而不是变化语言学(linguistique diachronique)的对象[①]。这种理论是错误的,因为它否认了语法研究中的历史主义观点,而割断历史是不能真正了解语法现象的。当然,我们并不否认静态分析法或描写语法学的价值,不过,因为语言学的重要任务是在研究语言发展的内部规律,离开了历史主义的观点,语法学就不成其为科学。

(丁)注意语法的系统,不要孤立地看问题。在历史主义观点的指导之下,语法系统的分析是研究语法的必要工作。语法是一个系统,要研究一个语法的系统,就应当看这语法结构的现实价值,不要以它的历

---

① F. de Saussure,*Cours de Linguistique Générale*,第二部分,第一章,第141—143页。

史上的意义来解释它的现实功能,虽然我们必须了解它这功能是历史发展的结果。比方说,英语副词词尾-ly 和德语副词词尾-lich 都是古日耳曼语 lîc 一词变来的。lîc 本来是名词,有“物体”、“样子”的意思,然而我们却不能因为它是名词变来的,就说它现在不是副词的词尾。汉语语法也有这情形。汉语有一些所谓“介词”,事实上是从具有动作意义的词变来的,然而它们也并不是纯粹的介词。例如“以”字在古代的文献里可以当做纯粹的实词用。《论语》里“桓公九合诸侯,不以兵车,管仲之力也”。这“以”就是纯粹的指明动作的词,《说文》所谓的“用也”。然而现在我们却很难把它当做纯粹的实词用。现在我们说“以此就彼”,这“以”虽然还留有《说文》所说的“用也”的意思的痕迹,可是它已不是纯粹的实词,则是无疑的,因为在这句子里,“就”才是真正的主要的词。然而它也和西洋语的介词(前置词)不同。西洋语的介词只表示抽象的关系的概念,而汉语的“以”则多少还会使人想到“用”的实词的意义。因此,我们只能就它的现实功用来说明它在现代汉语中的语法作用。我们也应当注意语法系统中各成分之间彼此互相联系,互相对立的情形[①]。

(二)从汉语语法的特点方面来说

(甲)注重造句的研究。我们曾经提过,语法学所研究的大体可以分为两种,一是词法(包括虚词的研究),一是句法(包括句型的研究)。我们又说,一般人所谓汉语没有语法只是汉语缺乏形态的误解。汉语既然缺乏形态,那么学西洋的办法而把汉语的语法按照形态的格式来研究,当然是不妥当的。所以我们以为要研究汉语语法就应当注意汉语语法的特点,把研究的重心放在汉语的造句上。有的语言,因为形态丰富,句子里头的词的地位就不大讲究。比方说,拉丁语的词就可以在句子里随便安排。Petrus cædit Paulum, Petrus Paulum cædit, Paulum cædit Petrus, cædit Petrus Paulum, Paulum Petrus cædit,都是一样的意思(暂不论其表示感情的不同风格):“彼得打保罗。”然而在

---

① 参阅高名凯《汉语介词之真价值》导言,第 31—32 页。

汉语中,“我打你”和“你打我”却有极大的不同,谁也不愿意说“你打我”。汉语的语法既然在句法中是这样的丰富,我们就应当注意这一方面的研究。汉语的造句可以研究的地方很多,如在规定关系(relation of determination)之中,规定者与受定者的地位如何?在何种情形之下,规定者可以放在受定者之前,如“好人”、“西洋人”、“慢慢地走”、“我的书”?在哪一种情形之下,规定者可以放在受定者之后,如“好极了”之类?在引导关系(relation of direction)之中,引导者和受导者的地位如何?在哪一种情形之下,引导者是放在受导者之后,如“打飞机”、“上天桥”之类?在哪一种情形之下,引导者是放在受导者之前,如“惟汝予同”、“不我欺也”之类?名句和动句的结构是怎样的?在词和词发生关系的时候,它们的次序是怎样的?这些都是造句所研究的问题。

(乙)表示语法范畴的虚词的研究。汉语的词法并不是没有形态,但形态并不是汉语特点的本质,汉语的特点在于运用较多的虚词去表示语法范畴,所以我们应当注意虚词的研究。西洋语言中并不是没有虚词,不过不如汉语之多而已。比方说,英语的 I did strike him, I can speak English, I go to bed 的 did, can, to 都是虚词。法语中的 Je vais partir, J'ai bien de choses à faire 的 vais, de, à 等也都是虚词。梵语里的 iti, tu 等也都是虚词。然而因为形态的缺乏,汉语的虚词是特别丰富的。汉语的语法范畴多半都是用虚词来表示的。比方说,事物的复数是用“们”这个虚词来表示的。古代印欧语,如梵语的名词、代名词及动词等都有双数式(duel),而近代的西洋语却多半没有了这种格式。房德里耶斯就认为双数式是一种比较具体的概念;他又以为古代希腊语及其他语言双数式的消长正是文化消长的反映,有双数式的代表文化的不进步[1],然而汉语却给我们一个反证。现代汉语却显然有一种形成双数式的趋向,即说两个人时,口语有说成“我俩”、“你俩”、“他俩”的趋向。这里“俩”是表示双数意义的虚词。可知,房德里耶斯的理论是错误的。汉语语法范畴之由虚词来表示者比比皆是,这不过是一个例子而已。总之,研究汉语语法,对于虚词加以系统的研究实在

---

① Vendnyès, *Le Langage*,结论,第 415—416 页。

是一个好办法。

(丙)句型的研究。造句是按照句子的结构而言。却没有注意到整个的句子是哪一种型。同是一个意思,但这个意思可以是反问的,是否定的,是假设的,是命令的等等。所谓句型就是要研究这些句子的型如何的组织成功。关于句型的问题也很多。比方说,命令的句子是怎样造成的?西洋语的命令句是用动词的命令式来表示的。可是汉语却不是这个办法。汉语有的时候只用语气来表示,有的时候就加上“罢”这个虚词在句子的尾巴上,有的时候就加“请”在句子头上。这也是应当加以详细研究的。其他如否定句子、感叹句子的结构等也都是值得研究的。

(三)从比较的研究方面来说

(甲)一般的比较。凡是人文科学或社会科学多少总得用一些比较的研究。老实说,一向语法学家所以太西洋化的原因一部分也是因为没有做过比较的研究。因为只知道拉丁语的语法或英语的语法,很自然的就以为一切的语法都是和拉丁语或英语差不多,结果就用了拉丁语或英语的语法来应用在汉语的语法上。如果稍为比较一下各种语言的语法结构,就知道就是西洋语的语法,也是各语言不相同的。既不相同,就没有法子找出一个标本来套汉语的语法。结果只好跑回来看一看汉语语法的本身到底是什么样子。因为有了比较的研究,才让我们知道在一般语法的结构中哪一部分是一切语言所共有的,哪一部分是各语言所不同的,而对汉语语法的研究也不会发生所谓太西洋化或太中国化的毛病了。比较的研究所比较的固然是其他语言的语法结构,可是结果是对汉语语法的特点反而越来越清楚了。

(乙)同族语言或方言的语法的比较的研究。一般谈“比较语法”的人只知道把汉语语法和英语语法或法语语法相比较,注意同族语言(即汉藏语系)的比较的研究的人就很少,而作方言的语法的比较研究者可以说是就没有。要知道西洋人所谓的比较语法(grammaire comparée)实在有其特殊的意义,他们所谓的比较语法是指印欧语族中各语法系统的比较的研究而言,并不是指一般的比较的研究。和不同族的语言语法相比较可以看出一种语言语法和他族语言语法的不相同的地方。和同族语言的语法相比较，就可以看出一种语法的特点。要知道西洋现代的语言学家多数已经偏重语族（如日耳曼族、拉丁族）或方言的语法的比较。汉语的语法系统和印度语的语法系统是那么样的不同，为着明了本身的特点计，除了用普通的一般的比较外，我们应当细细地对于汉藏语系的语法作一比较的研究，同时更应当对汉语的方言加以比较的研究，因为方言的语族问题比较汉藏诸语的语族问题更来得明确。比方说，在北京话里，表示受动（即被动）的意思时，往往是用一个施动形式的词去表示，例如“给”字之在“我给你打了一下”一句中是一个施动的词，表示“给予你一个打的机会”，所以这些词合在一起的意思就是“我被打”的受动的意思。用这种方法来表示受动确是汉语语法的一个特色。要证明其是否真正的特色，我们可以看一看其他方言是不是也是这样的。我们就找到在福州话里，受动的意思是由“乞”（k’øyk）来表达的，而“乞”和“给”一样，刚刚好有“给予”的施动的意思。我们又找到在四川方言里，有 la-ken 这个词，在上海方言里有 pê 这个词，它的用处和它的意义就和北京话的“给”完全一致。这就可以给我们一个证明。所以方言语法的比较的研究，实在是研究汉语语法的一个路径。

（选自《汉语语法论》绪论 第五章，商务印书馆，北京，1986 年）

语法形式学和语法意义学

什么是语法形式学和语法意义学？

语言是一个结构复杂的系统。在这系统之中，它的组成成分都是语音和语义的结合物。它一方面有声音部分作为它的物质外壳，一方面又有意义部分作为它的内容。语言成分的声音部分是包含意义的声音，语言成分的意义部分是有声音作为物质外壳的意义。语言成分的声音部分和意义部分是不可分割地联系着的。语言成分的声音部分所包含的意义是思维表现在语言里的形式。从某种意义来说，它就是思维，但是必须是由语言形式加以巩固，而被固定在语言形式里的思维。例如，思维的基本材料单位是概念，而被词所巩固表现在词里的概念则是词义或意义。概念必须有语言作为它的物质外壳，但在语言里，由哪一个词或哪些词来把同一个概念表现出来，则受各语言的特殊规律所规定，而在某一语言里实际上被词所巩固下来的概念或概念的部分就是该词所有的意义。语言成分既然都是声音部分和意义部分的结合物，那么，研究任何语言成分的时候，就必须注意到这成分的声音部分和意义部分，并注意两者之间的联系。语言的声音部分和语言的意义部分是不可分割地联系着的，但并不妨害我们进行语音学或语义学的研究，只是在研究当中应当注意两者之间的相互关系罢了。

人类的思维有抽象的能力。正是这抽象的能力使人类能够进行细密的分析和广泛的综合，而且分析和综合是对立地存在于同一个统一体里的。科学的发展正是这种分析和综合的高度发展的一种表现。同是一个物体，从分析的角度来看，我们可以分析它的组成元素，而对其某一元素的特点加以综合的研究，例如，对水所包含的氢元素的特点加以综合的研究。同样地，尽管语言是声音和意义的结合物，我们也可以从分析的角度,抽象出其声音或意义的部分来加以研究。语音学和语义学之所以能够成为独立的科学正是这种情形的结果。语言的声音部分固然要和语言的意义部分结合在一起,但我们却可以只研究语言的声音部分或语言的意义部分。在研究语言的声音部分的时候,尽管我们要注意这声音部分和意义部分的结合情形,但我们却是从声音的角度来研究它的。我们之所以要研究音位,正是我们注意语音的区别意义作用的表现。但是在研究音位的时候,我们却并不追问它所表达的是什么具体的意义,甚至不是按照语音所表达的意义来加以分类的,而是按照语音本身的特点来加以研究的,虽然我们要注意音位的区别意义的作用。我们所说的音位并且也不是表达某一特定的具体意义的声音;尽管我们说音位学是就语言声音的区别意义作用的角度来研究的,但是我们却不要误会,以为音位学所要研究的是语音所区别的意义。换言之,音位学仍然是语音学的一个部门,而"所谓区别意义的作用也并不是说,这个音表达了某一个具体的意义,只是说:它的存在可以使词起意义上的变化"。[①] 至于它使词所起的意义上的变化是些什么,则无须也不可能由音位学来加以研究。语义学也是同样的情形,在研究语义学的问题中,我们是把语言里的意义部分抽象出来加以研究的,不是按照包含这意义的语音性质来加以研究的,虽然这个意义总必得和语言的声音部分结合在一起。当然在研究语音和语义的现象当中,我们总得注意两者之间的关系,但这不等于说:我们不能把它们分析开来,进行独自的研究,把它们看成独立的学科。

语法成分也是语言成分之一种,它也是声音部分和意义部分的结合物。因此,把语法成分的声音部分和意义部分分析开来加以分别的研究,不但是可能的,而且是必要的。语法成分的声音部分和意义部分固然是不可分割地联系着的,但我们却不能因此而否认单独研究语法形式或语法意义的可能,不过在研究当中必须了解两者之间的联系,也必须证明它确是语言中的语法成分所具有的声音部分或意义部分罢了。语法的声音部分就是语法形式,就是和语法意义相结合的,作为语

① 参阅高名凯《普通语言学》(增订本),新知识出版社,1957年,第507页。

法成分的物质标志的音位、音位的结合、音位的排列次序，作为词素的物质标志的音位、音位的结合、音位的排列次序，作为词的物质标志的音节、音节的结合、音节或音节的结合的排列次序、音节或音节的结合的重复等语法的物质标志的形式。语法的意义部分就是语法意义。我们可以把研究语法形式的学问叫做语法形式学，把研究语法意义的学问叫做语法意义学，也就是广义的语义学的一部分。

“形式”这个词有许多意义。乌沙科夫在他的《俄语详解词典》里把“形式”这个词所包含的意义列为十二项。他在他所列举的第八项意义里，认为“形式”是“语法范畴的外部表达方式，词在言语里的相互关系，句子之间的相互关系”。[1] 然而列弗玛特茨基引了乌沙科夫这段话之后，却加以一句评语说：“这种定义是属于语法方式的，不是属于语法形式的。”[2]他认为应当把语法形式和语法方式区别开来，语法方式是附加成分的增添、元音辅音的屈折等，而语法形式则是语法意义和语法方式的结合体；保存同样的语法意义而改变语法方式的时候，就有新的语法形式；保存同样的语法方式而改变语法意义的时候，也就有新的语法形式。列弗玛特茨基这种说法值得重视，因为他指出了语法的“物质外壳”和语法意义的结合体；但是他对“形式”这个词义的解释却还值得商榷。既说到形式，自然就不兼指形式所包含的意义内容，语法形式应当是语法的“物质外壳”，应当是和语法意义相对立的。其他的语言学家还有把“形式”和“语法”视为一物的情形。萨皮尔在他的《语言论》里有两章完全讨论语法的论述。他既把“形式”(form)这个词理解为语法的“物质外壳”，又把它理解为语法意义。他把这两章的标题写成“形式——语法程序”、“形式——语法概念”。[3] 这里，“形式”就是“语法”的代名词。马露佐也在他的《语言学词典》里说：“形式是用来指明借以表现一个名称或一个陈述的最普通的术语，与声音、词和结构(按：指词

---

① Д. Н. Ушаков, *Толковый словарь русского языка*，第一卷，1940 年，第 1100 页。

② А. А. Реформатский, *Введение в Языкознание*，第 201 页。

③ E. Sapir, *Language*, pp. 59—126.

组或句子而言）的研究不同，形式的研究是形态学的研究对象。”[①]这里，马露佐把形式和声音对立起来，可见他所说的形式是与语法的物质外壳无关的，而是由词形变化表现出来的语法结构（他所说的形态学也有其特殊的意义，即音义结合物的词形变化）。他把“形式”和语法中的“形态”视为一物，而他所说的“形式”或“形态”显然不是语法成分中和语法意义结合在一起的音位、音位的结合、音位的排列次序、词的声音部分的排列次序等语音形式的部分，而是某些语法结构本身。洪堡特曾经有过“语言的内部形式”(innere Sprachform)的理论。他把一种语言所特有的特点叫做“语言的内部形式”，而把作为语言的物质材料的符号和表达方法的一般的组成方式叫做“语言的外部形式”(aussere Sprachform)。这里，尽管他把形式分为“内部的”和“外部的”，但是形式既可以有“内”有“外”，这“形式”就显然不是语言的“物质外壳”，更不是语法的“物质外壳”。很多语言学家（包括苏联的语言学家在内）往往只用“形式”这个词去代表语法结构或语法结构的一部分。语言学家们之所以把语法看成形式，也有其原因。正像逻辑的规则由于它只涉及思维历程的进行方式，不涉及思想内容而被称为思想的形式一样，作为不涉及具体的词或具体的言语内容的语法规则也就被称为语言的形式。这种称呼原是正确的。但是，尽管我们可以把语法看成语言的形式，我们却不能把语言形式和语法形式混为一谈。语言形式这个术语尽管可以指明语法，但是语法形式却只能是这样理解的“语言形式”（即语法）的形式部分，这形式部分显然是和它的内容部分相对立的，而语法中的音义结合物的内容也正是语法意义。所以“语法形式”指的应当是语法成分中的声音部分和声音部分的结构和排列次序等形式。其实，列弗玛特茨基所说的“语法形式”就是我们所说的语法成分，它是具有语法作用的语言中的音义结合物；他所说的语法方式就是我们所说的语法形式的几种表现方式。我们不能把语法形式和语法意义混为一谈，也不能说语法形式可以脱离语法意义而独立存在；但是，我们却可以把语法形式和语法意义分开来

---

① J. Maronzeau, *Lexique de la Terminologie Linguistique*, pp. 83—840.

研究，只研究语法形式，而把其表达方式加以分门别类，或只研究语法意义，把它们分门别类，加以归纳。

语法学家们虽然还没有提出“语法形式学”和“语法意义学”这两个术语，但在语法研究的实践中，却已经在无意中把语法的研究分为这两个部分。比方说，我们有许多语法学的术语，例如“前加成分”、“后加成分”、“中加成分”、“屈折”、“分析形式”等，它们都只是就语法的形式方面来说明语法结构的。“前加成分”、“后加成分”、“屈折”等术语并没有告诉我们，它们所表示的语法意义是什么，它们只告诉我们某种语法意义是由这些不同的形式表现出来的。如果我们分析俄语的语法结构而说俄语的词 исполнитель（执行者），крохобрóство（打小算盘），первокрсник（大学一年级学生），пропóрция（比例）等之中的-телъ，-ство，-ник，-ция 等是后加成分，我们的用意并不在于说明这些语法成分所要表明的语法意义，而是就这些语法成分的形式特点来说明这些语法结构的。如果我们分析英语的语法结构而说英语的词 enlightment（启蒙），bicolor（两种颜色），immovable（不移动的），prehistoric（史前），reprove（申斥）等之中的 en-，bi-，im-，pre-，re-等是前加成分，我们的用意也并不在于说明或研究这些语法成分所具有的语法意义，而是在于说明英语这些语法成分的形式特点。如果我们在分析汉语的语法结构而说汉语的“这个小孩子”、“那个大学生”、“三只羊”、“五张纸”、“六口人”、“九匹马”等之中的“个”、“只”、“张”、“口”、“匹”等是虚词，我们的用意也并不在于说明这些语法成分所表达的语法意义。而是在于说明这些语法成分的形式特点。这种分析事实上就是语法形式学的分析，不是语法意义学的分析。（因为我们是就这些语法形式的共同之处来解释它们在语法形式上的特点的，而不追究这些共同的语法形式所表达的语法意义。事实上，这些共同的语法形式所表达的语法意义是各种各样的。如果就语法意义学的角度来看问题，我们就无从把它们归纳在同一个范围之内。）然而有的时候，我们却不是就语法形式学的角度来研究语法现象，而是就语法意义学的角度来研究它们的。我们在分析俄语语法结构时而说俄语的 удаля́ться（未完成体的“离开”）和 удали́ться（完成体的“离开”）之中的-я́-和-и́-的区别表示了前一个词是未完成体动词，后一个词是完成体动词（未完成体动词表示动作尚未完成，完成体动词表示动作业已完成）的时候，我们就是就语法意义学的角度来研究俄语语法的。我们还可以说，俄语的удалюсь和óуду удаля́ться的区别在于前者表示它是完成体动词的将来时，后者表示它是未完成体动词的将来时。在这种情形之下，我们所注意的并不是前者以词的内部屈折的语法形式，后者以分析形式的语法形式来组成语法成分，而是在于说明某种语法形式所表明的语法意义。换言之，我们是就其语法意义的共同之处而把它们归纳在一起的，不是就其语法形式的共同之处来加以归类的。事实上，这里的语法形式是不相同的，然而它们却不妨害我们来把其所表达的语法意义加以归类。在分析英语的语法结构时，我们也可以找到同样的情形。如果我们说英语的my mother's elder brother（我母亲的哥哥）和the elder brother of my mother（我母亲的哥哥）之中的mother's的-s和of都是表示领属关系的语法成分，我们的用意就是在于说明这不同的语法形式所表达的同样的语法意义，而不在于说明语法的形式结构。就是在汉语语法的研究中，我们也常常遇到同样的情形。我们常常听见语法学家们告诉我们说，汉语“你知道不知道？”和“你知道吗？”都是询问句。这就是就语法意义学的角度来解释汉语的句型结构的，因为就语法形式的角度来看问题，这两个句子的结构形式却不相同，一个用的是表示肯定意义的词的语音结构和表示否定意义的词的语音结构的相连接的形式，一个用的是句终虚词“吗”，并无共同之点。所以，语法形式学和语法意义学的区别，在我们的研究实践中，早就已经存在，不过还没有人明确地提出把它们区别开来的必要性和合理性罢了。

划分语法形式学和语法意义学的必要性和合理性

我们认为划分语法形式学和语法意义学是必要的，因为许多语法的研究都因为没有明确地了解这两个部门的区别而产生许多的错误。比方说，古代的语法学家没有发现这两个部门的区别，因之，他们所发明的一些语法学术语的意义就不够明确，而后世的人跟着跑，就常常发生错误，我们无妨举一个例子来说明这个问题。许多语法学家都采用了希腊语法学家退拉斯对形态（морфолория，morphology，morphologie）的解释，而把形态和语法范畴混同起来。葛莱伊（L. H. Gray）就在他的《语言之基础》里把"形态"和"语法范畴"混同起来。他在这部书里甚至于把讨论语法问题的两章论述加上这样的题目《形态：词类》，《形态：语法范畴》[①]把形态和词类及语法范畴等同起来。这种情形正是葛莱伊的理论所以不能自圆其说的原因之一。葛莱伊在划分语言学各部门时说："正如我们在第三章和第四章时讨论语音和音位，讨论语言和思维的关系时所说的，语言有两个方面：一方面是生理的或机械的，一方面是心理的或非机械的。当我们走来研究构成语言学领域（严格地说）的现实的语言结构的时候，我们就发现这两者都可以再分为两部分：机械方面又可以分为音位学和形态学；心理方面又可以分为句法学和语义学；另外，还有第五个研究题目，即以历史研究为主要特点的词源学。"[②]又说："这一章的题材'形态学'是直接以音位学为基础的，并且研究个别声音之如何组成声音组合物，这些声音组合物在有这些组合物的语言或诸语言的说者、听者或读者看来，是具有特定的、纯粹习惯的意义的。换言之，形态学研究形式和构词法。"[③]这里，在给形态下定义的时候，葛莱伊把形态看成语言结构的机械方面，即具有特定意义的形式或构词法，然而他却又把词类和语法范畴看成形态。在这样的情形之下，葛莱伊就不能不面对着一个左右为难的局面：他不是得承认词类和语法范畴只是语言的声音组合物（或机械方面），就是得承认形态是语言结构的心理方面，即意义。然而这两种可能的推论都既和他自己的理论自相矛盾，又和事实不符。

语言成分是声音和意义的结合物，这是铁一般的事实。语法学之所以可能分为语法形式学和语法意义学正是这事实的必然结果。我们固然要强调语言成分的声音部分和意义部分的联系，但是不能

---

① L. H. Gray, *Foundations of Language*，纽约，1939，pp. 144—223.

② 同上书，pp. 144—145.

③ 同上书，p. 145.

因此而忽视这统一体内的对立的两面,忽视了这对立的两面也会造成错误。某些语言学家过分地注意形式,于是他们就拿形式来概括一切,不了解形式只是语法成分中的一个方面,结果就成为了形式主义者。不用说,拿形式来概括一切的语法学家是不能对语法的研究得出正确的结论的。例如,把汉语句子里放在前面的词都看成主语,这就是形式主义的典型的表现。如果在先的词都叫做主语,那么,"昨天我进城"的"昨天"就要成了主语,然而这却是谁也不会承认的。"主语"显然是语法意义学的问题,因为我们总得说明它为什么是"主",而这个"主"也绝不是在形式方面的"主",虽然它必得有个形式作为它的物质外壳。因为它是属于语法意义学的问题,形式上如何的表现就只是次要的问题,也可以有各不相同的情形。然而形式主义的语法学家们却把语法意义学的问题和语法形式学的问题混为一谈。在他们看来,形式就是意义,意义就是形式,无须分别,因此,认为只是要同样的形式就必得是同样的意义,这正是只注意语法成分内语法形式和语法意义相统一的一面而忽视了其对立的一面的结果。又如某些语言学家把语法形式学的问题和语法意义学的问题混为一谈。他们认为分析形式和词的内部变化所表示的可以是同样的语法意义(例如,俄语的 напишý[我将写完]和英语的 I shall have written,前者用词的内部变化,后者用分析形式,然而所表示的语法意义却是同样的),所以,分析形式和词的内部变化并没有什么区别:它们对语法结构所起的作用一样的。其实,要是从语法意义学的角度来看,俄语的 напишý 和英语的 I shall have written 所表示的语法意义的确是一样的,它们都含有将来时完成体的语法意义,但是从语法形式学的角度来看,分析形式和词的内部变化却有极大的区别,不能把它们等同起来。它们对语法结构所起的作用并不完全一样。比方说,俄语的词的内部变化是词的组成部分,它就是被巩固在词身上的一种特点,可以决定词的词类性质;但是英语分析形式的作用就不相同。因为分析形式并不是词的组成部分,并不是被巩固在词身上的一种特点,同一个词就可以和不同类的分析形式组合在一起:fire(火)既可以和 to, will, shall 组合在一起,成为 to fire, will fire, shall fire，又可以和 a，the 组合在一起，成为 a fire，the fire；于是，影响所及，英语的词就不能单凭其是否有分析形式来决定它的词类性质，无论我们要把这种和不同的分析形式相结合的 fire 看成不同的词或是同一个词。企图从意义出发来解决一切语法问题的，显然也是没有了解语法形式学和语法意义学的区别的一种表现。意义既然可以决定一切，那么，形式自然就等于零，不起作用或就等于意义。结果就不能很好地处理语法问题。德国的语言学家德意赤拜因（M. Deutschbein）曾经提出一种主张，认为应当特别注意言语的功能，把语言事实的语义部分提高到第一位，拿心理概念的表达方法来解释。他一直在英语里找到了十六个"式"，都是依照语气的细微差异为转移的。这"式"可能是在叙述形式的各种词的组合里被发现的。[①] 德意赤拜因要一味地从意义出发，他就自然而然地把语法意义学的问题和语法形式学的问题混同起来，结果他就无中生有地在英语里找到了十六个"式"。法国的语言学家布律诺也有同样的毛病。他在抨击传统语法学的方法论之后，提出自己的主张说："语言必须进入语法。由什么方法进入语法呢？在我看来，只有一个方法，但却是足够的方法。在最不相同的表达形式之间，在最分歧的符号之间，有一个连锁，这就是这些符号所要表达的共同的观念。"[②]于是，他就得出结论说："我所想做的就是提供一种对思想事实的有方法的说明，即对依其和语言的关系而被考虑、而被分类的思想事实的说明，并对与此相适应的表达方式的说明。"[③]布律诺要从思想或意义出发而否认语法形式学的存在。尽管他说他要说明与此相适应的表达方式，他却不可避免地把非语法问题的词汇问题拉进语法里来。例如，他甚至于把法语中的 une toilette tapageuse，mais laide（一种轰动一时而丑陋的装束），un jeune homme qui se distrait，mais qui travaille aussi（一个自寻消遣而同时工作的年轻人）中的 tapageuse（轰动一时）和 laide（丑

---

① M. Deutschbein，*System der neuenglischen Syntax*，1931.

② Brunot，*La pensée et La langue*，导言第 18 页。

③ 同上书，第 7 页。

陋),se distrait(自寻消遣)和 travaille(工作)相对立的词汇问题也拉进语法里来。无怪乎叶斯柏森曾对布律诺这部著作加以评论说:“现在说来,虽然我把他当做同盟军来加以欢呼,但是我至少在两个主要的论点上不同意他的看法。第一,他所辩护的正当的方法(即从内,从‘思想’出发的方法),依照我的看法,只相当于研究语言事实的两种方法(从外至内的方法和从内至外的方法)之中的一个。第二,语法必须和词汇分别开来,然而布律诺在他所列举的同义成分之中,太常把这两个领域混淆起来。我也不能够同意他对旧的词类理论的侮慢。”①

然而叶斯柏森本人的论点如何呢?应当指出,叶斯柏森在这个问题上的论点大体上是恰当的。但他仍不能避免一些缺点。叶斯柏森在评论传统语法学的缺点之后,提出他自己的语法理论,认为语法可以采取两种方法来加以研究,一是从外至内的研究,一是从内至外的研究,“在第一个部分(O→Ⅰ)里,我们把一个形式看做是已与的,然后追问它的意义或功能;在第二个部分(Ⅰ→O)里,我们走相反的道路,先获取意义或功能,然后追问它是用什么形式来加以表达的。语法的事实同样地存在于这两个部分之中,只有观点是不同的,对待的方法是不同的,而这两个部分并且是彼此互相补充的,结合成对一种语言的一般事实(按即语法)的完全的、明确的考查”。② 这种说法和我们的说法大体上是相同的。但是他接着就把他的从外至内的部分叫做形态学,把他的从内至外的部分叫做句法学,则是不妥当的。虽然叶斯柏森说他的术语不同于通常的理解,但是把主语和谓语这样的问题称为形态学成分,又称为句法学成分,确有混淆听闻的毛病。何况他在语言和思维的关系问题上犯了错误呢!叶斯柏森说:“如果我们比较一下语法的这两个部分,并回想一下我们上面所说到的词汇的这两个部分,我们就会发现这两个观点正好是听者和说者的两个相应的观点。在两个人对话的时候,听者所面对的是一些声音和形式,他必须找出它们的意义,他要

---

① O. Jespersen, *Philosophy of Grammar*, 第 57 页,第 3 章,后记。

② 同上书,第 39—40 页。

从外移到内(O→I)。相反的,说者则以他要交给别人的某些现象为出发点;对他来说,意义是已与的,而他就必须寻找表达它的方法:他从内移到外。"[①]这就无异于说,语言的声音部分和意义部分可以在不同的情况里有先后出现的不同情形。语言中的声音部分和意义部分都是结合在一起的,它们是同时存在的,并不是其中有一个在先,有一个在后。如果在说者方面觉得有寻找表达的方法的必要,这也只是先在他的脑筋里运用内部语言去进行选择表达的方法而已。波罗夫斯基的实验告诉我们,在所谓沉思的时候,人们的神经系统中的言语运动神经也同样地发生动作。可见,思维和语言总是同时存在的。[②] 我们不能说从内到外或从外到内,我们只能说,为着了解语法成分的结合要素(语音部分和语义部分)的特点,我们有必要把它们分析开来,加以研究。形态学和句法学的对立也不应当被运用来说明这两种研究部门的区别。这也正是我们所以不同意叶斯柏森的分类法而采用语法形式学和语法意义学这两个术语的原因之一。

这两个部门的区别是合理的,因为人们对任何事物的研究都要进行分析和综合;科学的发展就是顺着扩大分析和综合的范围的道路走的。分析愈精密,综合的结论就愈正确。不对结合在一起的统一体内的各个对立的组成要素加以单独地分析,不但不能使我们彻底地了解各要素的特点,甚至于不能了解这统一体的特点,正如不了解无产阶级和资产阶级的特点就不容易了解资本主义社会的特点及其发展的必然结果。马克思主义既重视事物之间的对立的统一,又重视各对立面的特殊特点,两者不可偏废。

语法形式学和语法意义学的不可分割的联系

尽管我们要把语法形式学和语法意义学区别开来,但这不等于说,

---

① O. Jespersen, *Philosophy of Grammar*, p. 46.

② 参见 B. H. 马希尼科《巴甫洛夫关于两种信号系统的学说》,科学出版社,1956 年,第 18 页。

我们可以孤立地研究这两个部分。“独立”和“孤立”又是两个不同的概念。我们固然可以单独地研究语法的形式或语法的意义，但是不能孤立地研究它们。无论是在研究语法形式或是在研究语法意义当中，我们都必须注意到它们只是语法成分的统一体的两个方面，这两个方面并且是相依为命的，谁也脱离不了谁：语法形式是包含有某种语法意义的语法形式，语法意义是有语法形式作为物质外壳的语法意义；不存在于这个统一体里的语法形式或语法意义是不可想象的。比方说，如果我们要对俄语语法进行语法形式学的研究，我们就必须知道俄语中哪些音位、音位复合物及其各种结构或排列形式是表达语法意义的工具，然后才能够研究这些形式在语法作用上所有的特点。如果我们说俄语книга的-a是词尾，这并不是仅仅因为-a是在词的尾巴上，而是因为这个存在于词的尾巴上的-a包含有某种语法意义（属主体的意义）。英语camera（摄影机）的尾巴上也有一个-a，但这个-a却不是词尾，因为它并不包含语法意义。汉语kua（瓜）的尾巴上也有一个-a，但这个-a也不是词尾，因为它也不包含语法意义。正因为这个道理，形式主义是错误的。在研究语法意义的时候，也是如此。没有和语法形式结合在一起的语法意义是不存在的，[①]就是和声音相结合的意义也不见得都是语法意义，词汇意义也和声音相结合。只有在和语法形式相结合的条件下，这意义才可能是语法意义。例如，研究汉语语法的时候，我们不能因为汉语里有表示阴性和阳性的词，如“阴”、“阳”、“男”、“女”等所包含的阴阳性的意义，就认为它们是语法意义，因为和这些意义相结合的声音形式是词汇的声音形式，不是语法的声音形式。正因为这个道理，语义主义是错误的。

语法形式和语法意义之间并且是互有影响的。语法形式和语音形式并不是同一个概念。语音起变化的时候，语法成分中的语法形式并不一定要起变化。英语books（“许多书”），cups（“许多杯”）中的-s念为s音，然而horses（“许多马”），houses（“许多房子”）中的-s却念成-is，读音尽管不同，但却是同样的一个语法形式，因为它们只是同一个

---

① 形式有各种不同的情形，声音次序的改变以及零形式等都是一种形式。

表示复数意义的语法形式在不同语音环境里的语言变化。所以,要理解其是否某一个语法形式,就要有语法意义来帮助解决。例如,梵语的名词有双数,英语的名词也可以有双数的意义,但英语的名词却没有双数的语法意义,因为英语里表示双数的地方没有特殊的语法形式,只有词汇形式。我们固然可以说 two books(两本书),但这里表示双数的是 two 这个词,而不是-s 这个语法形式。英语的表数名词词尾-s 可以同样地用"二"以上的任何数目上,"二"的数目就这样地包括在"复数"之中,因此,这同一个形式就决定了英语的语法意义具有"复",而没有"双"。又如,中古汉语的"地"和"底"是两个不同的语法成分,它们既具有不同的语法意义,又具有不同的语法形式,"地"具有副词状语的语法意义,读为 di,"底"具有不同于副词状语的限定意义,读为 tiei。然而现代汉语的"地"和"的"(<底)却只有书面形式上的区别,没有口语语法上的不同,因为它们都读为 tə;副词状语的语法意义原就是一种特殊的限定意义,这里既没有语法形式上的差别,它也就可以被包括在限定意义之内。这正如"双数"是"复数"的一种,既没有语法形式上的差别,"双数"就被包括在"复数"之内似的,都足以说明语法形式对语法意义所起的影响。可见,要理解其是否有某一语法意义,就要有语法形式来帮助解决。所以,尽管我们可以把语法形式学和语法意义学分开来研究,这也只是就研究的不同角度而言,不能因此而割断语法形式和语法意义之间的密切联系。

语法成分只是语言成分的一种,因为作为音义结合物的语言成分可能是词汇成分。语言成分之中的语法成分可以分为各种单位。这些单位可以结合在一起,组成复合的单位。例如英语的 has been 是两个语法单位所组成的复合的语法单位。最小的语法单位可以叫做法素(语法的元素)。语法成分的形式部分也有其单位,这些单位也可以是复合的单位,例如俄语的第一人称完成体现在时的动词既可以用词尾-ю,例如 люблю("我现在爱恋"),又可以兼用代名词 я,例如 я люблю,я 和-ю 是一个复合的单位,由一个虚词和一个词尾结合而成的。最小的语法形式的单位叫做形素(形式的元素)。语法成分的意义部分也有其单位。这些单位也可以是复合的单位,比方说,拉丁语的 lego 既表示第一人称，又表示现在时，又表示单数，这是由第一人称、现在时、单数等语法意义单位组合而成的复合的语法意义的单位。最小的语法意义的单位叫做能素（功能的元素）。

（选自《语法理论》第三章，商务印书馆，北京，1960年）

语法范畴

一

语法范畴是语法学中的一个重要的问题，也是语法理论中的一个中心的环节。了解了语法范畴的特点和性质，可以使我们对语法的基本问题有个明确的认识。

“语法范畴”是希腊语法学家所发明的术语。它的来源是亚里士多德的“范畴论”，虽然在亚里士多德之前，希腊的哲学家们已经用过“范畴”这个术语。亚里士多德不但是欧洲逻辑学的祖师，同时也是欧洲语法学的鼻祖。他除了把词分为名词、动词、连词和冠词[①]之外，还阐明了各种范畴的意义。虽然在这个地方，他所说的范畴是逻辑范畴，但他对这些范畴的解释仍然是以语言为出发点的。“范畴”这个词是希腊语 κατηγορία 的汉译，希腊语 κατηγορία 的意思就是“谓语”。亚里士多德把“范畴”解释为“谓语的类别”或“存在的类别”。这种解释一方面说明了亚里士多德对语言与思维的关系有比较正确的看法，一方面也说明了他怎样拿语言学中的“谓语”概念去解释逻辑学上的“范畴”，而“范畴”既可以是“谓语的类别”，承继亚里士多德的希腊语法学家们也就自然而然地创造出“语法范畴”这个术语来了。

亚里士多德认为谓语都是述说主语是“什么”的。他从希腊语的实际情形中，把谓语所要述说的“什么”归纳为十类，称之为“范畴”。这十个范畴就是：

---

① 亚里士多德所说的名词包括体词和形容词。他所说的动词实在只是谓词。他所说的连词和今天我们所说的连词也不一样，一切有联系作用的词，例如今天的连词和前置词，都属于连词的范围。他所说的冠词包括许多不易分类的虚词。

本体(οὐδια)　　量(ποδὁυ)　　性质(ποιόν)
关系(πρós τι)　　地方(ποῦ)　　状态(ἔχειν)
时间(ποτέ)　　情景(κεῖδθαι)
动作(ποιεῖν)　　被动(παδχειυ)

亚里士多德认为“范畴”是我们所想到的东西,它们是属于逻辑范围的,但是它们一方面代表了实在世界中的区别,一方面则是用语言的工具表达出来的。在他看来,存在的东西或我们所想到的东西,不是属于“本体”,就是属于“性质”,或是属于“量”,或是属于这些范畴之中的其他一种范畴。这些范畴之中的任何一种都是对任何一个事物的述说。范畴事实上就是述说或谓语的归类,各范畴之间不能再彼此依属。比方说,在“甲是乙”这个命题里,我们可以有各种不同的述说。例如,我们说:“昨天是很热的”,“人是动物”,“今天是星期天”,“米是很多的”,“这条线是垂直的”,“金子是比铜更重的”,“林先生是在这里的”,“狗是跑了的”,“帝国主义是被打倒了的”,“吴先生是身体健康的”。在这些命题里,谓语都是对主语的述说,但各种述说则各有各的特点:“很热的”是说明“昨天”的“性质”的,“动物”说明“人”是什么“本体”,“星期天”说明“今天”是什么“时间”,“很多的”说明“米”的“量”,“垂直的”说明“这条线”的“情景”,“更重的”说明“金子”和“铜”的关系,“在这里的”说明“林先生”所在的“地方”,“跑了的”说明“狗”的“动作”,“被打倒了的”说明“帝国主义”的“被动”,“身体健康的”说明“吴先生”的“状态”。当然,述说的范围是不是应当分为这十种,逻辑学家们一直还在讨论着;但亚里士多德的“范畴论”一方面成为了欧洲逻辑学的滥觞,一方面也成为了欧洲语法学中“语法范畴”这一概念的源泉,则是不可否认的。亚里士多德本人对希腊语法的研究,把希腊语的词分为名词、动词、连词和冠词四者,也就是他自己把“范畴”的理论应用在语法学上的一个实例。

后来希腊的语法学家们就在亚里士多德范畴论的基础上发展了语法范畴的理论。画廊学派的哲学家们虽然在哲学理论上和亚里士多德不同,但在语法问题上,却在亚里士多德范畴论的基础上,建立起他们的学说,发明了“格”的术语,而对动词加以详细的研究。纪元前第三世纪的阿里斯达尔科斯(Aristarchos)认为语言是由相似的形式来指明的相似的范畴而由一定的规律所制约的一个调和的系统。纪元前第二世纪的阿波岑·戴斯科(Apollonis Dyskolos)对语言问题做过全面的研究,包括语法范畴、句法和希腊各方言的分析;而同世纪的地恩尼·退拉斯(Dionysios Thrax)则集希腊语法学的大成,给我们留下一部《希腊语法》。这部书对语法学有极大的影响。它事实上已经成为了西方各语言的语法的"蓝本",是罗马人、阿尔明尼亚人、叙利亚人、阿拉伯人和犹太人的语法学的根源。欧洲的传统语法学就是以退拉斯的语法理论为基础的。退拉斯对语法范畴的解释也就是欧洲传统语法学对语法范畴的看法。

退拉斯对语法范畴的解释是从形式和意义的结合出发的。退拉斯认为某种词类是由某种语法范畴为特征的,同时又指明某种意义。比方说,他对名词所下的定义就是这样的:"名词是有格位变化的词类,它指明事物或者动作。"[①]他认为名词有五个特征:它分别"性"、"种"、"单纯"或"复合"的形式、"数"和"格"。退拉斯没有把形容词列为一类,只把它看做是名词的附类,因为从语法的形式来看,名词和形容词之间并没有本质上的差别;名词和形容词的区别只是功能上的。又如他对动词所下的定义是:"没有格位变化的词,它有'时制'、'人称'、'数'的标志,它指明'一个动作或者状态'"。他认为动词有八个特征:它分别"语式"、"种"、"单纯"或"复合"的形式、"数"、"人称"、"时制"、"变位形式"。当然,退拉斯所说的是就希腊语的实际情况出发的,他所说的名词或动词的特征不见得是其他语言的名词和动词所有的,但是他的理论,很明显的,是从形式和意义的结合出发的。他说名词一方面要有"格"的变化等形式的标志,一方面要指明一个事物或者动作。他的理论,在我们今天看来,还没有失去它的价值。

后来欧洲的语法学家们接受了退拉斯的理论,就把语法范畴看做是名种词所有而由特殊语法形式来表达的各种语法意义的概括。例如,"阴性"、"阳性"和"中性"是词所有的语法意义,由特殊的语法形式

---

① 这里,退拉斯所说的动作是作为事物看待的动作,不是指动作的活动过程。

表达出来;把这些语法意义概括起来,就成为了"性"的语法范畴。这种理论到今天还是一般语法学家对语法范畴所加的理解。不过,由于语法学的发展,语法范畴这个术语在目前的语法学界里,也有不同的含义。一般严格遵守退拉斯的术语的,只把语法范畴看做是与各词类有关的语法成分的概括,即与名词有关的"性"、"数"、"格"等,与动词有关的"人称"、"时制"、"体"、"式"等。其他的语法学家则认为词类本身也是语法范畴,而另有一部分人则认为任何语法成分的概括都可以叫做语法范畴。比方说,房德里耶斯在他的《语言论》里就是依照退拉斯的说法来应用语法范畴这个术语的[①],葛莱伊(Louis H. Gray)在他的《语言之基础》里也是同样称呼语法范畴的。[②] 然而苏联语言学家库兹涅错夫在《苏联大百科全书》的"语法"条里,却有这样的两段话:"平常的了解,语法范畴就是各词所固有的而从这些词的具体意义里抽象出来的概括性的意义,也就是用语言工具即词的变化和用词造句的方法表达出来的各种关系的意义……'语法范畴'这个术语也用在另外的意义上,指用一定的语法范畴作为特征的词类"。[③]《苏联大百科全书》的"语法范畴"条也说:"(1)普通语法学的概念,是以特殊形态标志为特征的词的变化和词在句中的组合的规则的基础。例如,'格'的范畴表达词与词之间的某种关系,而有某种特殊的词尾变化(请比较 дом,дома,дому 等),'人称'范畴表达动作属于三个可能的人称之中的一个,而有表示人称的词尾变化(请比较 ид-у,ид-ёшъ,ид-ём)。(2)以一定的语法范畴为特征的词类。例如,动词有'态'、'体'、'式'、'时制'、'人称'、'数'、'性'等范畴。"[④]法国语言学家马露糟(J. Marouzeau)也在他的《语言学词典》里说:"人们依照词汇成员的性质、构造和功能而在词汇成员之间加以区分类别。人们就这样地区分名词范畴和动词范畴,又在前者之中区别体词范畴和形容词范畴等。……另一方面,人们又区

---

① Vendryès,*Le Langage*,第 106—135 页。

② Louis H. Gray,*Foundations of Language*,第 179—223 页。

③ 《语法·语言的语法构造》,人民出版社,1954 年,第 5 页。

④ 《苏联大百科全书》,第 12 卷,第 430 页。

分‘性’、‘数’、‘人称’、‘式’等范畴。”[①]在这些情况之下，语法范畴就有两种不同的意义，一种指的是与各词类有关的语法意义的概括，一种指的是词类。我们无妨称前者为狭义的语法范畴，称后者为广义的语法范畴。

此外，有的语言学家还把“语法范畴”这个术语的意义范围更加扩大了。比方说，阿列克赛夫（М. Н. Алексеев）和哥尔昌斯基（Г. В. Колшанский）在他们的《逻辑范畴和语法范畴的关系》里说：“逻辑范畴和语法范畴之间的相互关系的问题构成了语言与思维的关系的更一般的问题的一部分，这问题是复杂而多样化的。它包括有这些问题：概念和词（以其为语言成分的资格来说）之间的关系，判断与句子之间的关系，推理及其在语言中的表达方法，词的组合和它所表现的逻辑联系，逻辑的抽象和语法的抽象，词类和那些与我们思维对客观现实的抽象的不同阶段有关的思维范畴，以及其他许多的问题。”[②]德·普·高尔斯基（Д. П. Горский）和恩·格·考姆列夫（Н. Г. Комлев）也在他们的《论逻辑和语法的互相关系》里说：“在实际谈话中，语法范畴（像‘如果……则’，‘或’以及其他一些别的联接词）不是孤立的，与别的词相割裂而存在的；在谈话中，所有的语法范畴都牵连到语言的上下文的实际结构。”[③]根据他们所说的话，他们所提供的实例，他们所说的“语法范畴”已经越出了一般语法学家所说的范围，语法范畴不但指的是与各词类有关的语法意义的概括，不但指的是各种不同的词类，而且指的是词与词之间的结合所表达的逻辑关系，句子的结构，甚至于表达逻辑推理之间的“如果……则”之类的逻辑关系的语法意义。

为什么“语法范畴”这个术语所包含的意义竟至于扩大了呢？在这些不同的意见当中，我们应当如何了解“语法范畴”呢？

---

① J. Marouzeau, *Lexique de la Terminologie Linguistique*，巴黎，1933 年，第 44 页。

② 《语言学问题》，1955 年第 5 期，第 9 页。

③ 《哲学问题》（*Вопросы Философиау*），1953 年第 6 期，第 80 页。

二

要了解“语泆范畴”,必须事先了解两个问题:(一)语言与思维的一般关系;(二)语法与逻辑的一般关系。

语言是以表达思维的方式而作为人们的交际工具用的。语言是思维[①]的物质外壳,它是思维的材料基础,它是思维的承担者。斯大林说:“语言是直接与思维联系着的”[②],又说:“语言是和思维不可分离地联系着的。”[③]语言与思维的密切关系甚至于都使某些人民把“语言”和“思维”看成同样的东西。某些语言的词义演变就是这种情形的反映。比方说,拉丁语的 ratio 是“理性”的意思,但是在拉丁各方言里,竟有把这个词拿来说明“语言”的情形;西班牙方言的 razonas(即拉丁语 ratio 的承继者)就指的是“说话”。希腊语的 λoγos(即后来的“逻辑”)本来指的是“计算”,却曾经同样地指明过“说话”和“思想”。

语言和思维是紧密联系着的,没有语言也就没有思维,没有思维也就没有语言;脱离了语言,赤裸裸的思维并不存在;脱离了思维,声音只成为物理现象或生理现象。语言所以成为第二信号系统,正因为它是抽象思维的承担者。如果没有人们所特有的抽象思维作为语言所承担的对象,语言就不成其为抽象思维的承担者,也就不成其为语言了。如果没有人们所特有的语言作为抽象思维的承担者,抽象思维就失去了它的物质材料,而不能存在。从人们的历史来说,语言和思维(按:指的是抽象思维,不是形象思维)是同时产生的。抽象思维只有在语言的物质材料或物质基础上,才能够形成、巩固和发展;人类的声音也只有在其和思维的结合中,在其作为抽象思维的承担者中,才能成为语言;而语言的发展也往往要受思维发展的促进。[④] 不过,从形象思维发展为

---

① 这里所说的“思维”指的是抽象思维,不是形象思维。

② 《马克思主义与语言学问题》,人民出版社,第 22—23 页。

③ 同上书,第 37 页。

④ 参阅高名凯《语言与思维》,三联书店,1956 年,第 25—47 页。

抽象思维，从动物的有限的声音发展为可以作为抽象思维的承担者的语言声音，却是人们在劳动的过程中所获得的成果。

语言和思维是紧密联系着的。然而在唯心主义观点的影响之下，有的语言学家却看不见这铁一般的事实，不是忽视了语言和思维的不可分裂的相互联系，就是把语言和思维混为一谈。他们或者认为没有抽象的思维也可以有语言，把语言从其与思维的结合中割裂开来；或者认为没有语言，抽象思维也可以存在，把思维从其物质的外壳中割裂开来；要不然，就认为语言与思维既是不可分裂地联系着的，那么，语言和思维就是同一个东西了。行为主义者就是把语言从其与思维的结合中割裂开来的理论家。他们认为一切声音都是语言，因此，动物也有语言，因为动物也能发出声音作为行为的刺激物，而忽视了语言是抽象思维的承担者这一原理。马尔就是把思维从其物质的外壳(语言)割裂开来的理论家。他认为没有语言，人类能够更自由地进行思维。这两种错误的理论，已经由巴甫洛夫的第二信号系统学说和斯大林的语言学理论加以驳斥了。另一方面，1660 年在巴黎由郎西洛(C. Lancelot)和阿尔诺(A. Arnauld)等人所建立的《波特-罗耶尔语法》(*Grammaire du Port-Royal*)，1751 年伦敦所出版的哈里斯(J. Harris)的《一般语法的哲学探讨》(*Hermes, Or A Philosophical Inquiry Concerning Univesal Grammar*)，以及保西(N. Beauzée)于 1767 年在巴黎出版的《一般语法》等书，则以其所谓理性主义语法学的理论相号召，认为人类的一切语言都有其共同的语法结构，这语法是和逻辑相一致的。这种理论就是把语言和思维混为一谈的具体表现。

其实语言和思维的关系是辩证的。语言和思维一方面是不可分离地联系着的，一方面则各有各的特点。语言固然是思维的物质外壳，语言固然是思维的承担者，但是语言毕竟还是语言，并不就是思维。我们说思维是在语言的基础之上产生的，这并不等于说语言就是思维，也并不等于说语言是产生思维的“母体”。思维有它自己的内部发展规律，抽象思维是从形象思维发展出来的；如果人类的思维不是由于形象思维的高度发展而于劳动的过程中发展到可以飞跃成抽象思维的地步，人类就是能够发出万千不同的声音，也不会产生抽象思维或语言本身。

钢巴拉的“全能风琴”虽能够发出千变万化的声音，但是我们却不能因此而认为这个“全能风琴”会说话，也不能够认为它能进行抽象思维。[①]声音只是帮助抽象思维形成的一种外在的条件，不过它是抽象思维所以能够形成的一个不可缺少的助力罢了。抽象思维更不能够产生语言，因为在语言没有产生之前，抽象思维根本就不能存在，只是没有思维作为语言的承担对象，语言就不成其为语言，声音只是一种生理现象、自然的声音罢了。动物尽管也能够从嘴里发出一些声音，但动物并没有语言，因为它嘴里所发出的声音并不是和抽象思维结合在一起的。正因为语言和思维并不是一回事，同样的思维内容可以由不同的语言形式加以表达。同样的一个“马”的概念，在汉语是 ma 这个声音去作为它的物质外壳的，在英语却拿 horse，在法语却拿 cheval，在德语却拿 Pferd，在俄语中却拿 лошадь 这些声音作为物质外壳。就是在同一个语言里，历史上的语音演变，同一时期的同义词的存在，也可以给我们提供许多由不同的物质外壳来承担同样的思维内容的实例。然而尽管这样，语言和思维却是不可分离的结合着的，没有任何一个没有语言作为物质外壳的思维形式的存在。语言和思维既是不可分割地联系着的，它们彼此之间就有相互的影响。思维的发展往往可以促进语言的发展，而语言的发展也可以影响思维的发展。从某种意义来说，语言是思维的形式，思维是语言的内容，人类的语言是和思维同时产生的，正如文学作品是和文学形式同时存在似的。但是一旦语法和思维产生了之后，这两个一直联系着的东西却可以彼此互相推动彼此的发展。一般的情形，内容决定形式，思维有新的发展，就需要有新的语言形式来表达它，反映客观事物而将有新概念产生的时候，就要求有新的词来作为它的物质外壳。但是在某些情况之下，语言的发展也可以促进思维的发展，词的形式变动可能引起对概念的了解的变动。不过，因为语言和思维毕竟都有各自的特点和各自的内部发展规律，在发展的过程中，一方面可以产生旧瓶装新酒的现象，拿旧词或旧形式来表达新概念或

---

① 钢巴拉是巴尔扎克小说《钢巴拉》中的人物。巴尔扎克在这部小说里描写钢巴拉所发明的一个乐器，即“全能风琴”，见《钢巴拉》，新文艺出版社，1954 年，第 52—53 页。

新判断，一方面又可以在新的形式下装上旧的内容，新的语法形式可以表达旧有的思维关系（例如，拉丁语的人称词尾丢掉了之后，就用代名词来表达从前动词词尾所表达的同样意义）。不过，到了旧形式不能为新思维服务时，语言就要在思维发展的影响下产生可以适应新内容的变动。

语言和思维的不可分割的关系，可以拿语法和逻辑的关系来加以说明。列弗玛特茨基说："逻辑研究思维的规律。逻辑区分概念及其特征，区分判断及其成员，区分推理及其形式。语言里却存在着另外一种有意义的单位：词素、词、句子，这些单位并不和上面所述的逻辑的区分法相一致。"[①]逻辑研究思维的规律，语法研究语言的构造和规则；它们都各有各的特点，各有各的内部发展规律，然而两者之间却有密切的联系。

逻辑和语法的关系是逻辑学家们所常注意到的。各时代的逻辑学家几乎都是从语法的分析来开始他们的逻辑研究的。亚里士多德的逻辑学在很大的程度内是受语法的感应的。正如上面所说的，亚里士多德就是在分析希腊语的句子和语词中而得出他的范畴论的。欧洲中世纪的逻辑家承继了亚里士多德的衣钵，写出了许多意义形态论（de modis significandi），从语法的角度分析了重要的逻辑概念，例如斯各特（Duns Scot）对"一"的分析。经院学派的逻辑学家，如鲁尔（Raymond Lulle，1235—1315）甚至于大胆地企图建立一个以基本概念的有系统的结合为基础的所谓先验的一般的哲学语法。近世纪开始之后，经验主义者和归纳法逻辑学家尽管如何地反对亚里士多德的理性主义逻辑学，却对语言感觉兴趣；洛克（Locke，1632—1704）就非常注意反映在个人和习惯的语言里的具体思想，18 世纪的刚迪额克（Condillac，1715—1780）甚至于认为整个科学就是一个完善的语言。数理逻辑的创始人莱布尼茨（Leibnitz，1646—1716）也曾设法解决逻辑与语法的关系，企图建立一个既适合于科学又适合于哲学的语言。卡

① A. A. Реформатский，《语言学概论》（*Введение в Языкознание*），莫斯科，1955 年，第 16 页。

尔那普(Carnap)之流的实证逻辑学家们或所谓语义学家们也对“语言的逻辑”或某一具体语言的情况加以注意。另一方面,现象主义者也企图钻进对统制语言和逻辑的形式或意念加以认识的所谓直觉。当然这些逻辑学家的理论或学说都带有唯心主义的因素,但他们对逻辑和语法的关系却不能不加以注意,这就说明了逻辑和语法的关系是研究语法学和逻辑学的人们都要加以解决的问题,不过解决的方法有正确和错误的分别罢了。

另一方面,语法学家们也同样的受到逻辑的感应。欧洲传统的语法学事实上和希腊的逻辑学,特别是亚里士多德的逻辑学,是有不可分割的关系的。他们是以逻辑为基础来分析句法(主语、谓语等都是逻辑学的术语)的,是以逻辑学上的范畴表为基础来分析词法的。17 世纪和 18 世纪在法兰西盛行的所谓“一般语法”(波特-罗耶尔语法,百科全书派语法)企图把一切的句子都归并成逻辑的公式,而以古典语言的语法分析(根据逻辑的分析)来解释一切的语言,无论是现代的或者是外国的。19 世纪在德意志流行的比较历史语法学家则一反理性主义的路向,特别注意各语言的历史及其各方言的发展情形的研究。于是,大部分的语言学家就对语言的外部形式,纯粹的语音研究感觉兴趣,给语言学建立起正确的历史主义观点,然而却忽视了意义的分析。斯坦泰尔(Steinthal)即其一例。当然这些语法学家们的理论和学说在这个问题上都有他们的某种错误,但语法和逻辑的关系问题却是语法学家们都要注意的,则是无疑的。

语法和逻辑的关系是了解语法的关键性问题。然而许多语法学家却在这个问题上犯了错误。他们不是把语法和逻辑混为一谈,就是认为语法和逻辑是毫不相干的两回事。犯前一个错误的可以波特-罗耶尔语法和培开(K. Becker)的理性语法为例。犯后一个错误的可以斯坦泰尔和塞留斯(Ch. Serrus)为例。培开在他的《语言的机构》里提出逻辑和语法相一致的理论,认为语言是精神的表露,虽然他有的时候也谈到语言中的特殊的和一般的问题,也谈到语言发展的内部的矛盾,但最后他却认为语言和思维是完全一致的。他说:“语言不是别的,而是思维本身的表现，而从其内部来说，语言和思维是同一个东西。”[①]但是各种语言形式和各具体语言研究的成果却不能使我们同意培开的理论，因为各语言的具体事实指明各语言的语法都各有各的特点，找不出什么一般的语法来。和培开相反，则有斯坦泰尔和塞留斯的理论。斯坦泰尔认为语言的结构并不依靠概念之间的逻辑关系，并不依靠事物之间的现实关系，而依靠某些观念的个人形象。塞留斯在他的《逻辑-语法平行论》里说：“固定的言辞，固定的语法成分并不存在；只有一种用法的普遍的语言形式并不存在。人们曾经错误地相信，以为一种语言的形态和句法是进行思维的人的基本情绪和逻辑范畴的记录。自从科学的方法论发展以来，等待语法和思维形式之间的一致，已经是一种错觉了。我们已经设法指明与意义有关的这种冒称的关系的不一致的地方。一方面，科学并没有在语法价值里找到联系思想表达的语言作用。另一方面，作为物质工具的语言丝毫也不能够跟上科学的进步，因为，这样的话，它不但必须在声音方面，就是在语法方面也必须经常的变动。语言是一种结合物，这种结合物是以词和词的关系来起作用的，它是适合于规则的，但不管这些规则如何的精细，它们都不是思维的规则。”[②]又说：“所以，在语法里似乎没有任何东西可以拿理性来规定它的合理性的，如果它真的占有它自己的逻辑的话——因为它是一种构造——，这逻辑也是和纯粹的逻辑没有关系的。”[③]这样的把语法和逻辑的关系断然切开，事实上就是否认语法的物质基础。语言是思维的承担者，而思维则是客观物质世界的反映；语法规则尽管有其特点，但它却不能不是逻辑规则的表达；表达的方式尽管可以不同，但它的基础却不能不是反映客观规律的思维规律，即逻辑规则。

逻辑和语法的关系是不可否认的，但是这种关系却是辩证的。把逻辑和语法混为一谈是错误的，把语法和逻辑认为是风马牛不相及的两个毫无关系的东西也是错误的。语法和逻辑当然不是一回事，语法

---

① K. Becker, *Organismus der Sprache*，福兰克府，1841年，第2页。

② Ch. Serrus, *Parallélisme Logico-Grammatical*，巴黎，1933年，第385页。

③ 同上书，第387页。

是语言的规则，逻辑是思维的规则，语法上所讨论的词并不和逻辑上所讨论的概念相等，语法上所讨论的句子也和逻辑上所讨论的判断不同，何况逻辑上所讨论的推理，有许多地方都不是语法所研究的。但是尽管如此，作为表达思维工具的语言，它的规则总必须和逻辑的规则有某种呼应，而且总必须拿表达某种逻辑关系为其职责，则是无疑的。

逻辑和语法不是一回事，这是容易明白的。人类只有一种逻辑，而有许多不同语言的不同的语法体系。但是某些语言学家却在种族主义的影响下，从另外一个错误的理论出发来“证明”语法和逻辑的一致性。这些语言学家就是以法国黎维-布鲁尔（Lévy-Bruhl）为首的所谓法兰西社会学派的语言理论。他们认为在原始的所谓文化低落的人民里，有一种特殊的精神活动，这种精神活动本质上是前逻辑的，构成了所谓初民心智（mentalité primitive）。他们的语法结构因此也就不同于欧洲人的语法结构。黎维 布鲁尔学派看到某些所谓“初民社会”的语法有其特殊的特点，因而就认为初民社会的思维规则是前逻辑的，和所谓“文明人”的欧洲人不同，于是，他们一方面把语法和逻辑混为一谈，一方面则得出了极端反动的理论，认为各民族有各民族的逻辑，各逻辑之间有高低的不同，因此，种族也有高低的区别。就是在这一学派学说的影响下，珠尔顿（L. Jordan）才在《逻辑学与语言学》里说：“同样的，西方的逻辑和东方的逻辑完全不同”[①]，虽然他接着就说：“所以，它们谁也不是自然的，它们两者都能够接受一种改进”[②]，仿佛并没有种族歧视的偏向，但提出了逻辑的民族性，就是一种错误。原来，这一学派的语言学家们把语法和逻辑混为一谈，他们所看到的“初民社会”和东西方的所谓逻辑的不同，其实只是语法的不同，并不是什么逻辑的不同。人类自有语言以来，就有逻辑思维，没有受过良好的逻辑训练时，任何个别的人，在任何时候，都可能思路不精细，而一般地说，所谓“初民社会”的人民由于没有经过那么多的思维实践，可能思路不够精细，但这不等于说他们有另一种逻辑。然而各人民之间的语法，却有明显的差别。

但各民族语言的语法尽管有所不同，这些不同的语法却都是以同

①② 见《语言心理学》（*Psychologie du langage*）论文集，巴黎，1933年，第46页。

样的逻辑规则为基础的。脱离了逻辑的基础，语法就不成其为语法。不过，语法和逻辑之间所存在的并不是“一对一的等符”（one-one correspondance），并不是有一种逻辑规则就必得有一种共同的语法形式。房德里耶斯曾经在他的《语言论》里批评过“一种逻辑关系就只有的一种语法形式”的“一致主义”（univocité）。[①] 他这种批评是正确的，虽然他怀疑语法有逻辑的根据则是一种错误的看法。语法只是拿逻辑作为基础，并不等于逻辑，因此，在同样的逻辑基础之上可以在不同的语言里或同一的语言里（不管在不同的时代，或同一的时代里）有不同的语法表达手段。例如，俄语里用格的变化来表达的“领属”的逻辑关系，在法语里却可以拿前置词来表示，在汉语里却可以拿词序来表示。又如在逻辑上是同样的一个判断，在语法里却可以有不同的句类：说明句、叙述句和描写句等。这就好像在不同的镜子里可以反映出不同的人形似的；没有人作为基础，就不可能有镜子里的影子；但是镜子如何反映这个人，却要因镜子本身的作用和结构如何而有其不同的反映。一般否认语法和逻辑有关系的语言学家们只从表面看问题；以为各语言既有不同的语法形式，那么，语法和逻辑就没有什么关系了。这种看法的错误性容易加以揭露，因为“关系”这个概念就意味着两个不同事物之间的某种关联。关系是多面性的，不是单面性的；不同的事物可以和同一个基础发生关系。但是另外有一些语言学家，他们不是拿同一逻辑基础而有不同语法表达的事实，而是拿语法中没有任何逻辑意义的事实来否认逻辑和语法的关系。例如，他们认为，语法的表感情或表意志的成分就没有任何逻辑的根据，逻辑并不是发泄感情的规则。其实，这种情形只能拿来说明语法和逻辑并不是一回事，不能拿来说明语法可以没有逻辑的基础。语言当然是抽象思维的承担者，但人类的抽象思维往往是和形象思维结合在一起的。人类的理性活动往往是和感情或意志结合在一起的。阿列克赛夫和哥尔昌斯基在《逻辑范畴和语法范畴的关系》里说：

① Vendryès，*Le Langage*，第 192 页。

> 苏维埃心理学并不把思维和感情、意志对立起来，而把它们看做有机地联系在一起的现象。因为语言是思维的直接现实，所以，在语言里被表达的内容总是思维的内容。……表达一切具体思维内容的语言拿它的声音和"逻辑-语法"的材料去表露人类的一切认识的宝藏，包括被理解的感情和意志活动的领域。[①]

由于语法和逻辑不是"一对一的等符"，有的语言学家就企图用另一种方法来解决问题，认为逻辑有各种不同的含义，从某种含义说，逻辑与语法有关系，从某种含义说，逻辑与语法没有关系。布龙达尔曾经在一部著作里认为逻辑可以分为规范逻辑与一般逻辑，描写逻辑与关系逻辑，内包逻辑与外扩逻辑。比方说，他认为传统的逻辑就是规范逻辑，它把逻辑看成艺术，规定许多思维的规则，而一般的逻辑则事实上只是一种说明思维的理论，研究一切可能的思想方法。他认为从规范逻辑的含义来说，"一种语言总是不合逻辑的"，而是一般逻辑的含义来说，"一种语言……就应当被看做一般的逻辑所固有的可能性的特殊的结晶"。[②] 虽然布龙达尔看到否认逻辑和语法的关系有困难，但他的解决办法却是不合理的。逻辑是思维的规律，这些规律一方面是思维活动的一般规则，一方面也是思维的规范，把逻辑截然分为规范逻辑和一般逻辑，是不合理的，何况依照所谓传统的规范逻辑来说，也不能得出结论说"一种语言总是不合逻辑的"。布龙达尔的错误在于他没有看到语法和逻辑的辩证关系，他只从语法规则和逻辑规则不一致来说明语法不合逻辑，其实这种不一致的情形正足以说明逻辑和语法的正常关系：语法和逻辑各有各的特点，但语法是以逻辑为基础的，因为它只是以逻辑为基础，而不等于逻辑，因此它不和逻辑一致，然而不一致并不等于不合逻辑。

总之，语法是语言的规律，逻辑是思维的规律，语法和逻辑并不相等，但两者之间却有密切的联系，语法以逻辑为基础，逻辑依赖语法及

---

① 《语言学问题》，1955 年第 5 期，第 5 页。

② Viggo Bröndal，《语言与逻辑》（*Langage et logique*），《法兰西百科全书》（*Encyclopédie francaise*）第 1 卷，巴黎，1937 年，第 148—150 页。

其他的语言成分作为它的表达工具。

三

语言是一个结构复杂的体系，在这体系之中，它的组成成分都是声音和意义的结合物。语言的声音是包含意义的声音，语言的意义是有声音作其物质外壳的意义。声音和意义是不可分割地联系着的。语言的声音所包含的意义是思维表现在语言里的形式。从某种意义来说，它就是思维，但却必须是由语言形式加以巩固，而被固定在语言形式里的思维。例如：思维的基本形式是概念，而被词所巩固而表现在词里的概念就是意义。概念必须有语言作为它的物质外壳，但在语言里，由哪一个词或哪些词来把同一个概念表现出来，则受各语言的特殊规律所规定，而在某一语言里实际上被词所巩固下来的概念就是该词所有的意义。语言成分既然都是声音和意义的结合物，那么，研究任何语言成分的时候，就必须注意到这成分的语音方面和它的语义方面，并注意两者之间的联系。然而这不是说，我们就不可能把语音和语义分析开来，把它们当做特殊的对象来研究。在社会生活当中，各阶级彼此之间有千丝万缕的关系；资产阶级的存在依靠无产阶级的存在，没有无产阶级就没有资产阶级。然而这种情形并不妨害我们来单独地研究资产阶级或无产阶级。语言的声音方面和意义方面虽然是不可分割地联系着的，但这情形却并不妨害我们进行语音学或语义学的研究，只是在研究当中应当注意其相互的关系罢了。

语言的成分可以分为词汇和语法两部分。词汇是语言的建筑材料，语法是语言的构造规律，包括词的变化规则和组词造句的规则。德·索绪尔曾经在他的《普通语言学教程》里否认词汇和语法的区别。他说：

> 另一方面，把词汇排斥于语法之外是否合理呢？初视之，在词典上被记录下来的词仿佛不是语法所研究的，一般的情形，人们把语法限制于对语言单位之间的关系所加的研究。但是我们可以立刻证明这些关系中有许多地方既可以拿语法工具，也可以拿词来

加以同样的表达。……如果我们比较一下希腊语的 peitho：peithomai 和法语的 je persuade：j'obéis，我们就可以看出其中的对立情形在希腊语里是拿语法来表示的，而在法语里则是拿词来表示的。……所以，我们看出，从功能的角度来看问题，词汇的事实可以和句法的事实相混。另一方面，不是简单单位和不是不可再行分析的词，基本上是和句子成分，和句法事实没有区别的；组成这种词的单位，它们之间的布置方式都是听从组成词组的同样的基本原则的。①

德·索绪尔看到了一些事实，但这些事实不能作为否认词汇和语法的区别的根据。语言的一个功能固然是在于表达思维，但语言本身并不等于思维，到底用什么方式来表达思维正是语言的特点，词和语法工具固然可以表达同样的思维，但从语言的角度来看问题，词仍然是词，语法仍然是语法。语言成分固然要和意义结合在一起，但到底是哪一种语言成分和哪一种意义结合在一起，各语言却各有其不同的表达方式。用词来表达或用语法工具来表达，其实是两种不同的方式，何况德·索绪尔在这里所举的例（代名词）本身还仍然是语法工具呢②，词和语法的区别在于词在语言中表示语言结构中的基本的语义成分，而语法则在语言中表示语言结构中的关系的语义成分。这种关系的语义成分有的时候也可以成为词的一个部分，是语法中的词法所研究的对象。在有词形变化来表示语法作用的语言里，只有词根或词干所表示的意义才是词汇意义。在语言里，语法成分是和词汇成分不同的。但这语法成分也要同词汇成分似的有其特殊的"物质外壳"和这"物质外壳"所包含的特殊的意义；并且语法的"物质外壳"和语法的意义是紧密地联系着的，是不可分割地存在于一个统一体里的。

但是，正如上面所说的，语法的"物质外壳"和语法的意义虽然是不可分割地联系着的，我们却不能因此而否认单独研究语法形式或语法意义的可能，不过在研究当中，必须了解两者之间的联系罢了。一般地

---

① F. de Saussure，*Cours de Linguistique Générale*，巴黎，1931 年，第 186—187 页。

② 用来表示语法关系的词其实也是语法工具。

说，研究语法形式的学问，可以叫做语法形式学；研究语法意义的学问，可以叫做语法意义学。语法形式学的研究对象主要是形态，语法意义学的研究对象主要是语法范畴。那么，语法范畴到底是什么呢？

苏联科学院出版的《俄语语法》，对语法范畴解释说：

> 规定语言结构的特点或类型的，在词的变化和组词造句的情形中找到表达方法的一般的语法概念，通常叫做“语法范畴”。①

而列弗玛特茨基也在他的《语言学概论》中说：

> 语法范畴是同类的语法现象的统一、归类或总和，首先是词和词的形式在同类的语法作用上的总和。某种范畴的统一性不是受表达方式，而是受共同的语法意义所决定的。②

“范畴”这个术语所指的意思就是被概括的范围。亚里士多德把不能再归并的谓语类别称为逻辑范畴，也就是这个意思。简单地说，我们可以把语法范畴解释为语法意义的概括。比方说，多数、单数、双数、三数等可能是语法形式所表达的语法意义，把这些语法意义概括起来，就成为了“数”这个语法范畴；第一人称、第二人称、第三人称可能是语法形式所表达的语法意义，把这些意义概括起来，就成为了“人称”这个语法范畴；过去时、现在时、将来时可能是语法形式所表达的语法意义，把这些意义概括起来，就成为了“时制”这个语法范畴。

四

了解语法范畴和语法形式的关系，了解语法范畴和逻辑范畴的关系，是了解语法范畴的必要条件。现在让我们先谈语法范畴和语法形式的关系。

“形式”这个术语有很多的意义，乌沙科夫在他的《俄语详解词典》里把“形式”这个术语所包含的意义列为十二项。他在他所列的第八项

---

① 《俄语语法》(*Грамматика русского языка*)，苏联科学院出版，1953 年，第 1 卷，第 5 页。

② 《语言学概论》，第 245 页。

意义里，认为“形式”是“语法范畴的外部表达方式，词在言语里的相互关系，句子之间的相互关系。”[①]然而列弗玛特茨基引了乌沙科夫这段话之后，却加以一句评语说：“这种定义是属于语法方式的，不是属于语法形式的。”[②]他认为应当把语法形式和语法方式分别开来，语法方式是附加成分的增添，元音辅音的屈折等，而语法形式则是语法意义和语法方式的结合体；保存同样的语法意义而改变语法方式的时候，就有新的语法形式；保存同样的语法方式而改变语法意义的时候，也就有新的语法形式。[③] 列弗玛特茨基这种说法是值得重视的，因为他看到了语法的“物质外壳”和语法意义的结合体。但是他对“形式”这个术语的解释却还值得商榷。既说到“形式”，自然就不兼指“形式”所包含的意义内容，语法形式应当是语法的“物质外壳”，应当是和语法意义相对立的。其实，列弗玛特茨基所说的语法形式就是我们所说的语法成分，任何语法成分都是语法形式和语法意义的统一体，至于语法方式则是语法形式之内的几种一般的表现方式。我们不能把语法形式和语法意义混为一谈，也不能认为语法形式可以脱离语法意义而独立存在。但是，我们却可以把语法形式和语法意义分开来研究，只研究语法形式，而把其表达方式加以分门别类，或只研究语法意义，把它们分门别类，加以归纳。在前一种情形之下，我们可以暂时不顾其所表达的具体意义，只照其表达的方式来加以分门别类，于是就有元辅音的屈折、附加成分的加添、声调的变化等语法方式。在后一种情形之下，我们可以暂时不顾其所结合的具体形式，只照其所表现的语法意义加以分门别类，于是，我们就有“性”、“数”、“格”等语法范畴。不过，无论在把语法形式分为各种语法方式或在把语法意义归纳为语法范畴的时候，我们都必须随时记住，这些语法方式必须是和某个语法意义相结合的，这些语法意义或其概括（即语法范畴）也必须是和某个语法形式或语法方式相结合

---

① Д. Н. Ушаков，《俄语详解词典》（*Толковый словарь русского языка*），1940年，第4卷，第1100页。

② 《语言学概论》，第201页。

③ 同上书，第205页。

的。比方说,在说明语法方式的时候,不论其所表达的语法意义是名词上的“格”或动词上的“时制”,只要它所采用的是元辅音的屈折,我们就管它叫做“屈折”(例如德语的 Hand:Hände 是名词上的“格”的变化,gebe:gibt 是动词上的“人称”的变化,从语法方式的角度来看问题,我们都管它们叫做“屈折”)。在说明语法范畴的时候,不论其所依靠的语法形式是屈折或是附加成分的增添,只要它的意义可以概括成“人称”,我们就管它叫做“人称”(例如拉丁语用词尾 leg-o,法语用补助词 je lis,语法形式尽管不同,但却是同样的语法范畴“人称”)。然而我们却必须记住:屈折必须表达某种语法意义(例如 Hand:Hände 表示单多数的不同),“人称”必须由某种语法形式来作为它的表达工具(例如 leg-o 中的词尾-o,je lis 中的补助词——代名词——je)。一般地说,语法形式就是形态;但语言学家对形态的说法却还没有统一。“形态”这个术语是希腊语法学家退拉斯所采用的。退拉斯根据希腊语的情形,把希腊语所具有的丰富的表达语法范畴的词形变化叫做形态。因此欧洲传统的语法学家就管词形变化叫做形态。这种词形变化并且是限于表示与各种词类有关的语法范畴内的各种语法意义的。苏联科学院出版的《俄语语法》有一段话说:“从严格的含义来说,形态学的目的在于研究词形变化的规则,换言之,在于解释同一个词的不同形式的构成方式。”[①]这就是依照传统的语法学学说来说明形态或形态学的。因为语法中的另一部分——构词法,也可以运用词的形式变化来进行,所以,现代的语法学家就把形态分为广义的和狭义的两种,狭义的即传统语法学中所说的形态,广义的则兼指构词法中的词形变化。苏联科学院的《俄语语法》说:“在现代的语法学里,形态学的目的将成为广义的形态学,即不只是关于词的形式的形成方式或构形法的学说(包括词的变化),而且是关于构词的学说,即词的构成方式的学说。”[②]形态是就语法形式的角度来研究语法的,因此,尽管构形法的形态和构词法的形态所表达的语法意义有所不同,但两者却都被称为形态。不过,从其表达

① 《俄语语法》,第 1 卷,第 15 页。

② 同上书,第 16 页。

功能来说，构形的形态和构词的形态应当加以区别罢了。库兹涅错夫说："对于任何语言，划分构词的形式和词形变化的形式之间的界限是很重要的。构词的形式指的是从同一个词根构造成不同的词（例如：дом 房子，дом-ик 小屋），词形变化的形式指的是同一个词的各种不同的变化（例如：名词的格位变化）。"[①]不过，这样的形态，无论是广义的还是狭义的，都指的是一个词的内部的形式变化，超出一个词的内部范围的，就不是形态。这是一般对形态的了解，也正因其如此，形态学（即以形态为研究对象的学问）又称为词法学，形态又称为词法。应当指出，在现代语法学界里，有一种新的趋势，就是要把"形态"这个术语的含义范围更加扩大。法国语言学家房德里耶斯在他的《语言论》里把一切的语法形式都称为形态，包括词序在内。[②] 苏联的语言学家维诺格拉陀夫院士也有"外部形态"的学说，认为像英、德、法、俄等语言里以助动词之类加在词的外面而起表达方法范畴作用的，也是形杰，即外部形态，而我国语言学家们也多半主张把形态的范围加以扩大，包含词序。从语法形式的角度来看问题，这种见解还可以说得通，因为形态问题即属于语法形式学的问题，那么，不管它所表达的是哪一种语法意义，只要它是语法形式之中的一种，它就可以被称为形态；我们既可以把构词法中的词的变化称为形态，也就可以把词以外的表达语法意义的其他形式称为形态。当然，房德里耶斯和维诺格拉陀夫的说法也有所不同，房德里耶斯所说的形态是指一切的语法形式而言，而维诺格拉陀夫所说的外部形态则仍以词为根据，只是词的外部形态，换言之，这些助动词之类虽然存在于词之外，但所表达的却是词的语法范畴。例如：俄语的 буду писать（我将要写）的 буду 指的仍然是动词 писать 的"将来时"（时制的范畴）。雅尔契瓦说：

> 就这方面来说，非屈折的形态学的思想……例如补助词形态

① 《语法·语言的语法构造》，第 18 页。这里所说的"形式"就是形态，库兹涅错夫在前面还有一段话说："但是因为构造新词也应用表示语法范畴的那些附加成分的增添……音的替换……之类，所以构词法也属于语法学，即属于形态学。"

② Vendryès，*Le language*，第 86—105 页。

> 学(我们可以说,在基本上使用补助词的形态学),也和屈折形态学一样,有其存在的权利……要知道,在作为表示一定语法意义的语法形式的标志用的补助词方面,也必须具有词尾变化所具有的条件,能够和一定词类相配合,缺乏局部的词汇内容,表达一般的语法概念。[①]

可知,这外部形态或所谓"补助词形态"仍然是属于词法范围的,然而却不是词形变化。我们认为这种说法是比较妥当的,因为形态是传统的一个术语,它最初所指的是表达词的各种不同语法意义的形式,尽管我们可以把它的范围加以扩大,但也不要超出词法的范围,何况房德里耶斯的说法事实上是把形态和语法形式等同了呢。我们只能说,一般的情形,语法形式是形态,而不能说形态等于语法形式,因为属于词法范围内的形态只是语法形式之一种,语法形式还包含有句法形式。但是,如果我们把不同形态的特点和界限分别清楚,那么,就是说一切语法形式都是形态也无不可,只是不要把各种不同含义的形态混为一谈罢了。事实上,就是在狭义和广义的形态、内部形态和外部形态之间,尽管我们都把他们说成形态,我们却必须了解其不同的特点和界限。要知道,外部形态和内部形态正是区别综合语和分析语的一个重要的条件,不把这些不同含义的形态区别开来,就不能指明各种语言的语法特点,就不能说明各种语言语法结构的特殊性。

无论在何种情形之下,语法意义都必须有语法形式作为它的"物质外壳",但这些语法形式却可以不相同。这情形可以表现在七个方面:

(1)同样的语法意义在不同的语言里可以由不同的语法方式表达出来。例如:同是"中性"的语法意义,在俄语里用内部形态的词尾来表达的,在德语却可以拿冠词 das 来表达它(俄语"село":德语"das Buch)";同是"第一人称"的语法意义,希腊语用内部形态的词尾来表达的,法语却可以用补助词(代名词)来表达它(希腊语"peithō":法语"je persúade");同是"领属"的语法意义,俄语用词尾来表达的,法语却

---

① 雅尔契瓦,《马尔理论中关于词汇和语法相混合的学说的批判》,见《语言学中的历史主义问题》,五十年代出版社,1954年,第130—131页。

可以用前置词 de,汉语却可以用词序来表达它(俄语“cепа”:法语“de la France”:汉语“我父亲”)。语言是思维的“物质外壳”,尽管语言的任何成分都必得是声音形式和意义的结合,但其主要的一面却是包含有意义的声音形式,这些不同形式就成为了各种语言的语法特点的主要部分。

(2) 同样的语法意义在同一个语言里也可以有不同的语法形式。例如:英语的“领属”的语法意义既可以拿前置词 of 来表达它,又可以拿词尾-’s 来表达它(the book of my father, my father’s book);法语的阴阳性区别既可以拿冠词 le、la 来表达,又可以拿词尾的变化来表示(la plupart: citoyenne; le citadin: monsieur)。这些不同的语法形式就成为了某一语言的语法规则之一。

(3) 同样的语法意义在同一个语言里可以拿同类的语法方式中的不同语法形式来表达它。例如,同是中性名词的单数主格,俄语却可以拿-o,-e,-ё 等词尾来表达它(село,поле,ружьё)。以语法方式论,-o,-e,-ё 等都是词尾,但却是这一语法方式内以不同音位来担负的不同语法形式。又如同是名词的“多数”,英语却可以拿-s,-en 等词尾来表达它(books, children)。以语法方式论,-s,-en 等都是词尾,但却是这一语法方式内的不同形式。这些形式也成为了某一语言的语法规则之一。

(4) 同样的语法意义在不同的语言里可以拿同样的语法方式来表达。例如,英语和法语都可以拿前置词 to,à 去表达“与格”的语法意义(to the sister, à la sœur)。拉丁语和希腊语都可以拿词尾来表达“第一人称”的语法意义(lego, peithomai)。

(5) 同样的语法意义在不同的语言里可以拿同样语法方式内的同样的形式来表达它。例如,俄语和意大利语都可以拿词尾-a 来表达“阴性”的语法意义(俄语 книга:意大利语 emenda)。

(6) 同样的语法意义在同一语言里可以由于历史的发展而改变其语法形式,甚至于改变语法方式。例如,古法语领属代名词的多数主格是 nostre,vostre(这两者都起变格),役格是 nostron,vostron,lor,近世的情形最初主格是 noutre, voutre, lour,役格是 noutron, voutron,

lour,后来主格是 nôtre,vôtre,leur。又如,拉丁语本来没有代名词,动词的“人称”是由词尾来表示的(lego,legio,legit),到了俗拉丁语的时候,各地拉丁土话就渐渐丢掉词尾,采用代名词,法语的 je li(s),tu li(s),il li(t)就是这样变来的。

(7) 同样的语法形式却可以表达不同的语法意义。这情形并且是多方面的。例如,同样的语法方式(词尾)既可以表示“格”,又可以表示“数”,甚至于表示“身”,表示构词上的变化(俄语的 книгу,говорит,народность)。不消说,这情形也可以存在于不同的语言里(德语用元辅音的屈折来表示“数”,英语可以用它来表示“时制”:德语 Gast:Gäste;英语 ring:rang:rung)。同样的一个声音或语法形式在同一个语言里也可以表示不同的语法意义。例如,英语的-s 既可以表示动词的“身”,又可以表示名词的“数”(he speaks, two books)。在同一个语言里的同一个语法形式可能同时表示几个语法意义。例如,拉丁语的 lego,这个词尾-o 既表示动作的第一身,又表示这身是单数的,同时表示这动作是现在时的。在俄语的 книга 里,词尾-a 既表示这个名词是阴性的,又表示它是单数的,同时表示它是属于主格的。

总而言之,语法意义或语法意义的概括(即语法范畴)必须有语法形式作为它的物质外壳或物质标志,没有这个物质外壳或物质标志,语法意义就不能存在。但哪一种语法形式是哪一种语法意义的物质外壳或物质标志,各语言的情形却各不相同,就是在同一个语言里也由于历史的发展而有所不同。可知语法形式和语法意义的结合是各语言的内部发展规律在历史上的特殊表现。

五

再说语法范畴和逻辑范畴的关系。

语法范畴既是语法意义的概括,语法意义即是抽象思维之被表现在语言形式里的,那么,语法意义或语法范畴和逻辑概念或逻辑范畴的关系就很密切的了。要知道,人类的语言是抽象思维的物质材料,没有语言,抽象思维就不能存在,但抽象思维同时也是语言所以能够存在的必要条件。如果人类不能进行抽象思维，人类也就不能有语言。另一方面，抽象思维是受客观存在所决定的，因为思维是客观存在的反映，没有客观的存在，反映这客观存在的思维也就不存在了。抽象思维的基本形式是概念，逻辑范畴就是概念的概括，它反映了客观事物之中的一些共同特点的概括。我们已经说过，逻辑范畴是亚里士多德所用的术语，这个摇摆于唯心论和唯物论之中（列宁评亚里士多德语）的古代希腊哲学家，他在这一问题的解释上却是唯物论的：他一方面把逻辑范畴解释为“谓语的类别”，另一方面又把它解释为“存在的类别”，因为谓语的类别就是客观存在的类别的反映。

语法范畴和逻辑范畴既是不可分割地联系着的，那么，这种联系表现在什么地方呢？德·普·高尔斯基和恩·格·考姆列夫曾在他们的《逻辑和语法的相互关系》里说：

> 逻辑和语法的不可分割的联系表现在：(1)无论语法范畴和逻辑范畴间存在着同义的符合，或不存在着这种符合，语法范畴都不能够脱离逻辑范畴而存在；(2)语言的语法范畴系统总是与逻辑范畴系统相适应的，这使我们有可能来表达现实对象的一切复杂的关系。①

这一段话把语法范畴和逻辑范畴的关系，非常明确清楚地说明白了。

语法范畴必须有逻辑范畴作为它的基础，脱离了这个基础，语法范畴就不能存在。拿语言中的语法范畴和亚里士多德所说的十个范畴或其他逻辑学家所说的逻辑范畴比较一下，我们就知道语法范畴是以逻辑范畴作为它的基础的。比方说，俄语里的“时制”范畴，“态”的范畴，“数”的范畴，显然是以亚里士多德所说的“时间”、“动作”、“量”等逻辑范畴为基础的。又如法语中的“比较级”就是以亚里士多德所说的“关系”这个逻辑范畴为基础的。又如各语言中的词类范畴，例如名词、动词、形容词、副词、前置词、连词、方位词、时间词等，都和亚里士多德所

① 《逻辑和语法的相互关系》，见《哲学问题》，1953年第6期，第68页。

说的"本体"、"动作"、"性质"、"情景"、"状态"、"关系"、"地方"、"时间"等逻辑范畴有关。

应当指出,"范畴"这个术语有"高度概括"的含义,逻辑学家对逻辑范畴的数目还没有一致的意见。亚里士多德把逻辑范畴列为十项,康德则把逻辑范畴列为十二项,而黑格尔所列的数目则还要多。我们常常听人家说,有许多语法范畴,如"性"、"格"等还不能在逻辑学家的范畴表里找到相应的项目,因此怀疑语法范畴是否都有逻辑范畴作为它的基础。关于这个问题,我们应当这样的了解。逻辑范畴到底有多少项目,各逻辑学家的意见虽不一致,但逻辑范畴是概念的高度概括则是逻辑学家所同意的,不过,高度高到什么程度,大家的意见并不一致,哪些具有高度概括性的概念才是逻辑范畴,大家的意见还有分歧罢了。要知道,语法范畴与逻辑范畴的关系问题,是语言与思维的关系问题的一个具体的表现。从这个角度来看问题,不论语法范畴是否可以在一般逻辑学家所列的范畴表内找到它的相应的项目,只要语法范畴能够找到比较高度的概括性的逻辑概念,我们就可以把这些概念看做是逻辑范畴,我们也就可以说这个语法范畴找到了它的相应的逻辑范畴。根据这样的了解,亚里士多德的范畴表里虽然找不到"性"、"格"之类的项目,但"性"和"格"的语法范畴必得有逻辑的概念为其基础,则是无疑的。我们也可以因此而说"性"、"格"等语法范畴也有逻辑范畴为其基础。语法上的"性"或"格"显然也有逻辑上的"性"的概念、"格"的概念为其基础;逻辑上的"性"的概念并且是把逻辑上的各种性别的概念再加以概括而形成的;逻辑上的"格"的概念并且是把逻辑上对事物之间的关系(如领属关系)所有的概念再加以概括而形成的。换言之,语法范畴所包含的那些语法意义总得有个逻辑上的比较高度概括性的概念为其基础,因为任何语言成分的意义都是思维形式之被表现在语言里的,语法意义也不能例外。

如果就句法范畴和广义的逻辑范畴(即包括判断和推理的范畴)来说,语法和逻辑范畴的关系更是一目了然的。逻辑的主要任务之一就是研究判断和推理的规则,而这些规则也都有语言形式为其表达的工具。简单直言的逻辑形式就是判断的主语和谓语相联系的形式,例如:

"所有的人都是动物",就是这种判断。判断的规则是由语言形式表现出来的。比方说,语法中的主语、系词和谓语的结合就是逻辑判断公式的语言表现。判断可以按照其"质"和"量"分为肯定判断和否定判断、全称判断和特称判断,可以把"质"和"量"结合在一起,分为全称肯定判断、特称肯定判断、全称否定判断、特称否定判断。这些不同的判断都需要由语法工具表达出来。不用否定词的是肯定判断,用否定词的是否定判断(例如:"人是动物","人不是动物");用语法中的"所有"、"一切"等虚词来表示的是全称判断,用语法中的"某些"、"有些"、"几个"等虚词来表示的是特称判断(例如:"所有的帝国主义者都是侵略者","一切的共产主义者都是唯物论者","某些美国人是战争贩子","有些人是民主人士")。可知,逻辑规则必须有语言形式作为它的表达工具,而语法成分也总有逻辑关系作为它的基础。复杂的判断也是同样的情形。语法上的连词"而"、"或"、"如……则"、"如果……就"等,一方面是逻辑上的复杂判断的表现工具,一方面也有逻辑关系作为它们的基础;例如:"林先生是老师或是学生","王老师是中国人,而他的学生却不见得都是中国人","如君为师,余则为徒","如果你是中国人,你就必须是一个热爱中国的人"。至于推理,也是同样的情形。逻辑上的推理必须有语言成分为其表达工具,而许多语法成分也成为了这些推理的表达工具。比方说,许多复合句就是表达逻辑推理的,而且是以逻辑推理为基础的。"因为……所以"、"因此"、"由于"等语法成分都是逻辑推理的表达工具;例如:"因为凡人必有死,又因为亚里士多德是人,所以亚里士多德必有死";"毛主席是中国人民的伟大领袖,因此我尊敬他"等。逻辑中的三段论法不是由语言中的三个句子来加以表达,就是拿省略的形式来加以表明。例如上面所举的例:"因为凡人必有死,又因为亚里士多德是人,所以亚里士多德必有死"就是一个完全的三段论法,"凡人必有死"是大前提,"亚里士多德是人"是小前提,"亚里士多德必有死"是结论。而上面所举的例"毛主席是中国人民的伟大领袖,因此我尊敬他"则是一个省略的三段论法,其中缺少一个大前提:"人民的伟大领袖是我所尊敬的。"但尽管是省略了的,它也表明逻辑的推理要用语言成分来加以表达,而语法成分也有赖于逻辑关系为其基础:表达的形式可以是省略了的形式，而其所根据的基础却是一样的。可知，“逻辑范畴不是孤立于它的语法形式之外的”，而“语言中的语法范畴系统在整个说来，是与逻辑范畴系统相适应的”。①

当然，语法范畴和逻辑范畴并不是一对一的关系，因此就有一些人认为语法范畴和逻辑范畴之间并没有必然的联系。他们所以否认语法范畴和逻辑范畴的密切联系不外有下面几个理由：

（1）语法范畴内所包含的项目往往不是逻辑范畴内所包含的项目。

（2）有许多逻辑范畴并没有与之相应的语法范畴。

（3）各语言之中的语法范畴并不一致。

（4）某些语法范畴所包含的意义和逻辑的意义正好相反。

在这些理由之中，第一个理由之不足以否认语法范畴和逻辑范畴的关系，我们已在上面加以说明过，这里就不再说了。第二个理由其实是一种误解。毫无疑问，在某些语言里，有的逻辑范畴并不是由语法成分来表达的。例如：亚里士多德所举的“时间”的逻辑范畴在某些语言里就没有与之相应的语法范畴。库兹涅错夫说：

> 但是，有的语言就没有这一范畴（按即“时间”）；例如：在瓦伊语（西非洲）里，nta 同时意味着‘我去’、‘我去了’、‘我将要去’。这里并没有时间的语法范畴。这并不等于说，讲瓦伊语的人没有什么时间观念。如果需要准确说明什么时候发生这动作的话，他们也可以做到，不过不是求助于语法工具，而是求助于词汇工具，即应用指明时间的不同的状语。②

列弗玛特茨基也在他的《语言学概论》里说：

> 例如，对罗曼-日耳曼诸语言来说非常重要而在这些语言里由有定冠词和无定冠词来加以明白表达的有定性和无定性的范畴，

---

① 引用德·普·高尔斯基和恩·格·考姆列夫的话，见《逻辑和语法的相互关系》，《哲学问题》，1953 年第 6 期，第 72 页。

② 《语法·语言的语法构造》，第 7 页。

> 是俄罗斯语言所缺乏的，但这不等于说俄罗斯人不认识这些意义，——他们通常只是拿词汇来表达这些意义罢了。[①]

应当指出，在某种场合下，逻辑范畴的确可以不拿语法工具来加以表达，但这种情形并不足以说明语法范畴和逻辑范畴是没有关系的。要知道，尽管某一个别的逻辑范畴并不一定在某一语言里必须拿语法来加以表达，而这一种语言或任何一种语言的语法范畴却不能没有逻辑意义（或广义的逻辑范畴）作为它的基础。何况事实上，没有某种语法范畴而有某种逻辑范畴的情形在各语言里并不是普遍的现象，只是个别的现象。原来语法和逻辑并不是一回事，逻辑与语法的关系并不是“一与一的等符”，因此在语言的发展过程中，可能发生个别彼此不相一致的情形，但总的来说，逻辑范畴往往有语法范畴和它相适应。

这种情形只能证明语法范畴和逻辑范畴并不相等，并不足以说明语法范畴和逻辑范畴没有关系，至少，从语法的角度来看问题，语法范畴之必得有逻辑范畴为其基础，则是没有例外的。的确各语言中的语法范畴并不一致，但这也不足以说明语法范畴和逻辑范畴没有关系。汉语没有“性”的语法范畴，俄语有“阴、阳、中、有生、无生”等性的区别，而法语却只有阴、阳两性的区别。这些情形说明了什么呢？这也同样地说明语法范畴尽管和逻辑范畴有密切的联系，但两者并不相等，因此在各人民之间有同样的逻辑范畴，其所运用的语言却并没有同样的语法范畴。如是而已。这情形并不能证明语法范畴和逻辑范畴没有关系，事实上各语言的语法范畴也都是以逻辑范畴为基础的，因为这些不同的语法范畴也都是语法意义的概括，而这些语法意义也都是逻辑关系之被表现在语言里的。语法范畴和逻辑范畴正相反的情形也是有的。俄语的名词都有“性”的区别，阴、阳、中、有生和无生各性之中的一种性是俄语名词所必具的一种语法范畴，但在反映客观事物的逻辑范畴中，俄罗斯人民显然没有把一切事物都归为阴、阳、中、有生、无生等性。从语法上说，книга 是阴性的，但从逻辑上说，为什么 книга（书）是

---

① 《语言学概论》，第 246—247 页。

阴性的呢？显然找不出理由。俄语中绝大多数的词都不能够找出其所以属于某“性”的逻辑理由。процесс（过程），процент（百分数），проход（过道），свод（拱门），свист（口哨声），риф（暗礁），ров（壕沟），лубок（夹板），компрессор（压气机），为什么这些词是阳性的呢？карета（篷车），карикатура（漫画），липа（菩提树），надежда（希望），небылица（谎话），为什么这些词是阴性的呢？крыло（翅膀），крыльцо（阶台），купе（车厢房间），为什么这些词是中性的呢？更奇怪的是：像 мужчина（男人），дядя（伯伯），судья（法官）等词指的显然是阳性的事物，而却属于语法上的阴性。法语也有同样的情形：projectile（抛射体）为什么是阴性的呢？reprisage（补缀）为什么是阳性的呢？像 sentinelle（哨兵）这样的词指的显然是阳性的事物，却属于语法上的阴性。这种情形应当如何解释呢？原来语法形式和语法意义虽然是两个不同的东西，但却彼此紧密地联系在一起。语法形式有它自己的内部发展规律，语法意义也有它的内部发展规律，但它们却可以彼此影响。“性”的区别是客观存在的，反映客观存在的思维自然就构成了“性”的逻辑概念，以这概念为基础形成了“性”的语法范畴，这是自然的现象。但表达这个概念的可能是语法成分，而这语法成分又是语音和语义的结合，语音有它自己的内部发展规律，把某种语音成分作为某种语法意义的“物质外壳”，各语言各有各的特点，这些语音成分并且可以随着历史的发展而产生语音的演变。语音的演变有它自己的规律，于是，当表示“性”的词的语音成分正好是由于历史的发展而变成本语言中的语法系统里拿来表示某种语法意义时，这语音形式就使人把其一般所表示的语法意义加在这个词上。俄语的 мужчина（男人）所以是阴性的，因为在俄语里，收-a 词尾的词是阴性的，而这个词正好是以-a 收尾的。中世纪的法语 pape（教皇）属于阴性，因为这个词由于语音的历史演变，把收尾变成了收-e 的；而法语收-e 的词多半都是阴性的，这个词于是就是阴性的。这情形说明语法范畴有的时候可以和逻辑范畴发生矛盾。但这是不是说语法范畴可以没有逻辑范畴作为它的基础呢？不是的。“性”的语法范畴是以逻辑上的“性”的概念为基础的，中世纪的法国人民并不因为 pape 这个词属于语法上的阴性就把教皇看成女人。如果把教皇看成女人，这“女人”也仍然有逻辑的基础作为它的根据。应当指出，语言和思维的关系，在某种意义上说，是形式和内容的关系。一般的情形，形式和内容是互相适应的，但是有的时候，也可以产生形式和内容相矛盾的情形，因为形式和内容各有各的内部发展规律。语法范畴是语言的问题，虽然语法范畴从某一种意义来说，只是逻辑范畴之表现在语言里的，是和思维有关的，但严格地说，逻辑范畴才是思维的范畴，而语法范畴则仍然是语言成分的问题。语法当中有形式（语音形式）和内容（语言意义）的结合，这音义的结合物却仍然是语言的成分，而这语言成分和思维的关系又是形式与内容的关系。一般的情形，作为语言成分一个方面的语法意义或语法范畴是和逻辑范畴相适应的，但在形式和内容发生矛盾的时候，它们之间却可以发生不相符合的情形。不过，这种不相符合的情形往往是暂时的，将要随着历史的发展，加以调整，来解决这个矛盾。中世纪法语的 pape 是阴性的，现代法语的 pape 则是阳性的。

此外，语法范畴是语法的抽象化的产物，它已经成为一个一般的语法意义，不是个别的词的语法意义；因此，尽管某一个词所指的某一个具体事物并没有什么性的区别，而在语法上却往往要把一般的语法意义的“性”加在词上。布达哥夫说：

> 由此可见，性的语法范畴，在有实在的性别支持它的场合下，以及在诗人语言中使我们的思想集中到这一范畴上去的某些场合下就会变得明显了。而在其余的场合下，性的语法范畴便具有抽象的语法意义，这种意义与其说是从个别的语义产生出来，倒不如说是从整个词组或者甚至整个句的词法特征中产生出来的。①

同时由于人们对客观事物的性别，可能有不准确的认识，或者有不同角度的认识，因此就产生了“阴错阳差”之类的现象。但这并不足以说明语法范畴可以没有逻辑范畴为基础。性的语法范畴如此，其他的语法范畴也有同类的情形。

语法范畴虽然和逻辑范畴有密切的联系，但它们之间并不是一回

---

① 布达哥夫，《语言学概论》，时代出版社，1956 年，第 183 页。

事，它们之间都各有各的内部发展规律，都各有各的特点。语言和思维虽然是不可分割地联系着的，但这并不妨害心理学家们和逻辑学家们从事于思维的研究，把思维当做独立的研究对象来进行思维规律的探讨。逻辑范畴是思维规律范围内的问题，语法范畴是语言规律范围内的问题，两者并不相等。因此，语法范畴虽然必须是以逻辑范畴为基础的，但它也自有它的特殊的规律。逻辑范畴虽然都要有它的语言标志，但这标志并不见得都是语法成分，也可以是词汇成分，而语法范畴则必须有“语法”的“物质外壳”；不是由语法形式作为物质外壳的，就不成其为语法范畴；例如汉语也有表达逻辑上的阴阳性概念的语言形式，但这却是词汇，不是语法，因此汉语并没有“性”的语法范畴，而汉人却和其他的民族似的也有“性”的逻辑范畴。因为语言有民族性，各语言的语法范畴的系统都各不相同，因为语言是历史范畴内的社会现象，同一语言在不同时代里的语法范畴的系统也不一样。墨山宁诺夫曾经有过“概念范畴”的理论，他认为“概念范畴是存在于某种社会环境的语言本身中的种种概念的表达。这些概念不是在语言的帮助下被描述，而是在语言本身内，在它的词汇和语法构造内出现的。……在语言里被根究的表达语言的概念范畴首先就是统一各语言的联系的环节”。[①] 墨山宁诺夫的错误就在于他把逻辑范畴和语法范畴混为一谈，他所说的概念范畴其实就是逻辑范畴，然而他却把这概念范畴拉进语法里来，说它是语言本身中的种种概念的表达。由于把语法范畴和逻辑范畴相混的结果，于是他就得出结论：“概念范畴（按即“在语言里被根究的表达语言的”语法范畴）首先就是统一各语言的联系的环节。”[②]这种错误的结论只能引向这样的结果：“会使各个个别语言丧失其特征，会抹杀它们各别受民族性制约的独具的特点，而使它们只成为不估计其特点而

① 见雅尔契瓦在《马尔理论中关于词汇和语法相混合的学说的批评》里的引文，《语言学中的历史主义问题》，第118页。

② 同上书。

被比较的东西”。[①] 逻辑范畴没有民族性，语法范畴有民族性，墨山宁诺夫把逻辑范畴（即他所说的“概念范畴”）拉进语言里来，把它们当做语法范畴来看待，结果只有否认各语言的语法范畴的特点和民族性。其实，语法范畴和逻辑范畴虽然有密切的联系，两者却各有各的特点，不能混为一谈。

六

语法范畴也有狭义和广义的说法。退拉斯根据希腊语的情形，把词形变化（词的形态）所表示的语法意义概括起来，称之为语法范畴；认为“数”的语法范畴是名词（按：退拉斯所说的名词包括后人所谓的形容词在内）和动词所共有的，而“性”和“格”则是名词的特征，“人称”、“体”、“式”、“时制”、“态”则是动词的特征。不过，这种词形变化并不包括构词法的形态。退拉斯所以这样做也是有原因的：因为语法范畴既是从语法意义的角度来研究语法，那么“范畴”的界限就应当考虑到意义的联系；构词法上所有的语法意义显然是和表明同一个词的不同语法作用的语法意义上有所区别，因此，不被包括在语法范畴之内。语法范畴所包含的语法意义是和词类的语法意义有关的。因为名词是一个指明事物和动作（按：退拉斯在这里所说的动作是把它当做事物看待的动作，如英语的 motion、action 等）的词，而事物（包含事物化的动作在内）是和“性”、“格”的意义有关的，所以，名词才可以具有“性”和“格”的语法范畴；因为动词是指明动作和状态的，而动作和状态的意义是和“人称”、“时制”、“态”等意义有关的，所以，动词才可以具有“人称”、“时制”、“态”等语法范畴。这些语法范畴的语法意义既和词的意义有关，而在希腊语里，这些语法意义又是由词形变化来表示的，那么，把语法范畴说成词形变化所表示的语法意义的概括，就是极其自然的事情了。欧洲的传统语法学家们就是沿用退拉斯的解释来了解语法范畴这个术

① 见雅尔契瓦在《马尔理论中关于词汇和语法相混合的学说的批评》里的引文，《语言学中的历史主义问题》，第 119 页。

语的。这就是狭义的语法范畴。

因为各语言有各语言的特点,语法形式和语法意义的结合由于各语言的内部发展规律而有所不同,同样和某一词类的语法意义有关的语法意义在某些语言里可以不是由词形变化来表示的,而是由其他的语法形式来表示的;于是,我们就要把语法范畴的界限加以扩大。库兹涅错夫说:

> 但是许多语言却缺乏格位的形态学的范畴,例如法语就没有格位,因为在俄罗斯语言里用不同的格位表示的那些关系在法语里就一部分由特殊的不独立的词——补助词——前置词——表示出来,另一部分由词在句子里的次序表示出来(在古代法语里有过一些格位,在现代的法语里只是代名词有格位的残余)。①

这里,库兹涅错夫是就狭义的语法范畴来讨论问题的。但是,法语既有由其他语法形式(补助词也是一种语法形式)来表达"格"的语法意义,我们似乎还应当承认法语也有"格"的语法范畴,只是这种语法范畴既不是由词形变化表示出来的,我们也不能够拿它和狭义的语法范畴相等同罢了。

但这还不是一般语法学家所说的广义的语法范畴。一般语法学家所说的广义的语法范畴指的是词类。语法范畴既是语法意义的概括,那么,我们就可以把词所有的与词汇意义有关的语法意义(按即狭义的语法范畴所包含的语法意义)概括起来,构成更高一层的范畴,这范畴就是词类。比方说,俄语的 страна(国家)、стол(桌子)、орудие(工具)所有的意义指的都是语法上的"事物",它们也都有词形变化来表示与"事物"有关的"性"、"格"等语法意义;于是,我们就可以把它们概括成一类,称之为名词或名词范畴。

当然,由于概括有程度上的不同,概念本身就是一种概括,有的人于是就把构词法和句法上的语法意义也称为语法范畴。正如有的人把一切的语法形式都称为形态似的。这种办法也没有什么不可以,因为

---

① 《语法·语言的语法构造》,第 6 页。

语法范畴既是语法意义的概括，而语法意义本身比起词汇意义就具有更大的概括性，那么，构词法上和句法上的语法意义也就可以被称为语法范畴了。不过，因为这些语法意义都有其特殊性，往往不能再加以概括，而一般的了解，语法范畴是和词法联系在一起的，所以，我们只把这些语法意义称为“句法范畴”、“构词范畴”[1]，作为特殊的研究对象，而把语法范畴这个术语限用于与词类意义有关的语法意义的概括和词的类别上。

总之，语法范畴可以分为狭义的和广义的两种，狭义的语法范畴指的是以词形变化来表示的与词类意义有关的语法意义的概括，而广义的语法范畴则指的是词类。此外，在这两者之间还有一种语法范畴，即不是由词形变化来表示的与词类意义有关的语法意义的概括。一般的语法学家不承认这种情形为语法范畴，因此一般语法学家都否认法语有“格”的语法范畴，但是我们有必要承认这些情形为语法范畴，因为语法范畴既是从语法意义的角度来研究语法，尽管表达的语法方式有所不同，只要这些语法意义属于与词类有关的语法意义所概括的语法范畴有共同之处，它们就有权利被称为语法范畴。我们无妨把这种语法范畴称为“准狭义的语法范畴”。[2]

我们无妨先谈一谈与词类有关的语法范畴。在没有叙述之前，我们应当先作下面两点说明：(一)为着叙述的方便起见，我们把一些准狭义的语法范畴放在一起来讨论，因为这些语法范畴在意义上是一致的，只是表达的方式不同罢了。(二)因为语法范畴都必须有某种语法形式作为它们的物质标志，我们要把表达这些语法范畴的语法方式或语法形式放在一起谈。但以语法范畴为主。

语法范畴在各语言中的情形各不相同。因为我们不是专门研究某一语言的语法范畴的，我们只是就各语言中所有的语法范畴加以概括

---

① 这名称并不妥当，但目前还找不到更合适的名称，只好暂用。

② 我曾把这种情形称为广义的“语法范畴”，现在为着有别于词类，把它改称为“准狭义的语法范畴”。

地说明罢了。①

许多语言都在名词、形容词、动词方面有“数”的语法范畴。一般地说,“数”包含“单数”和“多数”,有时还有“双数”。“单数”指明一个存在或一个事物,或者是集体的一群存在或事物;比方说,俄语的 человек 既可以指个别的一个人,又可以指一切的人或人的整个集体。“多数”指明一个以上的存在或事物;在有“双数”的语言里,多数指明两个以上的存在或事物,但却没有指出准确的数目;集体的一群存在或事物一般是由单数来表示的。例如英语中的 Chinese(中国人),German(德国人),French(法国人)和 Russian(俄罗斯人)指的都是集体的中国人、德国人、法国人、俄罗斯人等;拉丁语的“多数”latrones 指“许多贼”,但是“单数”的 latrocinium 却指“一群贼”。“双数”指明两个存在或事物,往往指具体世界中的成双的东西。古代印欧诸语言,如梵语、希腊语及古斯拉夫语,都有“双数”。梵语 áśvau(两匹马),教会斯拉夫语 vlŭka(两只狼),现代俄语五以上的数目要用复数第二格,二至四的数目要用单数第二格(这单数第二格就是古代的双数变来的)。在印欧诸语言和闪美特诸语言里,单数和多数是由特殊的屈折来表示的。例如,英语 thief(贼):thieves(许多贼);拉丁语 latro: latrones;阿拉伯语 sāriqun: sāriqūna;而集体的单数则由另一种特殊形式来表示:thiefdom, latrocinium, surrāqun(或 saraqatun)。有的语言没有单数和多数的区别;有的语言,例如北美洲的瑞安语(Siouan),只在有生的事物上有“多数”,而在第一身代名词上有单多数之分,第二身代名词就没有区别,而在第三身代名词上则分别得不清楚。汉语的词只在指明“属人”的时候,有单多数之分(人:人们),而在代名词上则都可以分单多,汉语的“指人”的词还有运用“双数”(俩)的趋势。

许多语言都有偶然运用重复来表示多数的情形,例如日本语的 kuni(国家):kuni-guni(许多国家),布茨曼语的 tu(嘴):tu-tu(许多嘴),马来语的 dūri(荆棘):dūri-duri(许多荆棘)。多数常常是用一个

① 下面所述有关各语言的语法范畴的情形,主要是取材于葛莱伊的《语言之基础》,布达哥夫的《语言学概论》,房德里耶斯的《语言论》等书,一部分是我自己的探讨。

指明"许多"、"人民"、"所有"等意义的虚词加在词上的办法来表示的。藏缅语中的古龙语(Gurung)有 ābamae(父亲一许多),maki-jaga(狗一所有)的说法。非洲的伊保语(Ibo)也有(ātur-mnile(羊一我一所有))的说法。汉语的"人们"也是这样情形,"们"大约是古代的"民"。在许多语言中,往往也有拿多数去说明单数,或拿单数去说明多数的情形;例如作家们往往说"我们以为",其实这"我们"指的只是"我";又如演说家往往对听众说"你如果不了解,可以问我",其实"你"指的是"你们"。英语的尊称 you,就是拿多数的 you(你们)用在单数上的(单数本应说 thou),法语的尊称 vous 也是同样的情形。在许多语言里往往也有这种情形,即有些词只能是单数,不能是多数,有些词则只能是多数,不能是单数,拉丁语法学家称这种情形为"singuralia tantum"和"pluralia tantum"。例如法语的名词 bourgeoisie(资产阶级),俄语的名词 большинство(多数),英语的名词 furniture(家具),都只能用在单数上;法语的名词 les ciseaux(剪刀),俄语的名词 очки(眼镜),英语的名词 economics(经济学),phonetics(语音学)等都只能用在多数上。

双数是许多古代印欧语所有的语法范畴。梵语、阿维斯达语、古波斯语、古爱尔兰语、峨特语(只在代名词和动词方面)、立陶宛语、教会斯拉夫语、斯罗凡语等都有"双数"。梵语的 *sá vṛkas*(那一只狼),*táu vṛkau*(那两只狼),*té vṛkāo*(那许多狼)是其一例。其他语族的语言,如印度的林布语(Limbū,属于藏缅语)和蒙达语(Muṇḍā)、北美洲的一些印第安语、波利尼西亚语、麦兰尼西亚语、澳洲语等,也有这情形。麦兰尼西亚语的某些方言甚至于有"三数",而所罗门群岛之中的高语(Gao)则有"四数"。不过,这种"三数"和"四数"到底是词的配合或是语法范畴,学者们的意见还没有统一。葛莱伊就认为不是语法范畴。汉语的北京方言则有在某种情形下运用"三数"的趋势("爷儿仨")。

"性"的语法范畴,一般地说,是名词和形容词所具有的,但在某些语言里,也有动词具备"性"的情形(例如希伯来语 yixtoв——他要写:tixtoв——她要写)。在印欧诸语言和闪美特诸语言里,"性"往往分为阳性、阴性和中性。在这些语言里,"性"的范畴往往是由主格的屈折来表示的。比方说,在拉丁语里,第二种变格而以-us 为收尾的名词通常是属于阳性的，第二种变格而以-um为收尾的名词是属于中性的，而第一种变格以-a为收尾的名词则是属于阴性的。例如：equus（公马），dōnum（礼物），equa（母马）。在形容词方面，这种区别更是明显的，例如：bonus（好），bonum bona。有的时候，在某些语言里，同一个词的单数和多数可以属于不同的“性”。例如，德语的Gott（上帝）是阳性的，但是它的“多数”Gotter却是中性的。在印欧诸语言里，中性似乎有渐趋消失的倾向。

许多语言都有有生性和无生性的区别。一般的情形，有生性是阳性或阴性，无生性是中性，拉丁语的occisus gladio（被刀杀了）和occisus ab hoste（被敌人杀了）是表示有生性和无生性的实例。教会斯拉夫语和俄语都有有生性和无生性的区别，表现在格的变化上。

闪美特诸语言在历史时期只有两个性——阳性和阴性。例如阿拉伯语的maliku^{n}（国王）：malikatu^{n}（王后）。但这些语言的某些古代的名词和形容词则只是有生性的，例如阿拉伯语的abu^{n}（父亲），ummu^{n}（母亲）。有的时候，同一个词可以或是阳性或是阴性，例如希伯来语的derex（道路），lāšōn（舌头）。在印度蒙达语族里，指示代名词有有生性的和无生性的区别。某些美洲的印第安语也有这情形。有的语言则区别尊性和卑性，强性和弱性。

“性”的语法范畴有很大的复杂性。有些词我们不知道为什么是属于阳性或阴性的，例如，为什么俄语的год（年）是阳性的，стена（墙壁）是阴性的，поле（田野）是中性的？有的时候，分明是阴性意义的词却是属于中性的，例如德语的das Weib（妇女）；而分明是阳性意义的词却是属于阴性的，例如法语的sentinelle（哨兵）。在不同的语言里，同一个意义的词却可以属于不同的性，例如俄语的ложка（汤匙）是阴性的，而德语的der Löffel（汤匙）则是阳性的。有的时候，“性”的语法范畴所表示的意义也不一样，例如俄语учитель（男教师）的“阴性”учительница指的是“女教师”，然而профессор（教授）的“阴性”профессорша指的却是“教授夫人”，于是“女教授”也同样的用阳性的профессор。

有的语言有一种和“性”的语法范畴相类似的语法范畴，无妨称之为“类”的语法范畴。麦兰尼西亚的伊赛语(Isaì)就把名词分属于“两类”,第一类包括身体各部分的名称、各种关系和领有者有密切关系的事物的名称,和一些用作前置词的方位词,第二类包括其他的一切名词。北美洲的海达语(Haida)把事物分为长的、细的、圆的、平的、有生命的、充满的、物质的等类。非洲班图语的“类”的语法范畴包含有十七到二十三“类”。

“格”的语法范畴指明词与词之间的各种关系。“格”英语叫做case,法语叫做cas,俄语叫做падеж。这个术语是从希腊语 πτῶσις 来的(拉丁语的casus是希腊语 πτῶσις 的翻译)。希腊语 πτῶσις 的原意是“落下”(俄语的падеж与падать“落下”有关),因为“格”被认为是从主格落下来的:“主格”是原来的,其他的“格”是从“主格”落下来的。印度语法学家把“格”叫做vibhakti-,意思是“分开”、“区别”或“变更”,即词根的变化。从形式上看,有的语言是拿屈折来表示各种不同的“格”的,有的语言则是拿补助词来表示的。拉丁语、俄语等都是拿屈折来表示的,例如,拉丁语的dominŭs, dominĕ, dominum, dominì, dominō, dominō(“主人”这个词的六个格);俄语的село́,села́,селу́,село́,село́м,селе́(“乡村”这个词的六个格)。一般地说,法语并没有狭义的语法范畴“格”,但从准狭义的语法范畴来说,法语也有格,不过法语只是拿补助词来表示罢了。例如:le garçon, du garçon, au garçon, le garçon(“小孩”这个词的各种格)。“格”的数目各语言并不相同,拉丁语一般有六个“格”,但在地名方面,则另有方位格。德语有四个“格”,梵语有八个“格”,格鲁吉亚语甚至有二十三个格。总的来说,各语言的不同“格”的总数至少有三十六个,而印欧语言则有八个(原来可能有九到十个),闪美特语言则有三个(还有第四个格的残余)。

各“格”所有的语法作用很复杂,我们只能就大家所熟知的印欧语言的情形加以简略的叙述。印欧各语言的“格”可以梵语为例。梵语有主格、役格、与格、生格、方位格、来源格、工具格和呼格,一共八个格。例如yajñás(牺牲)这个词的八个格:yajñás(主),yajñám(役),yajñāya(与),yajñásya(生),yajñé(方位),yajñát(来源),yajñá(工具),yájña(呼)。主格是动词的主语,也可以说是主动格,因此,主语所用的都是主格。役格是动词的直接宾语。役格拉丁语叫做 accusativus,意思是"与怨言或控诉有关的东西",因此拉丁语法学家发郎(Varro)就把它解释为"控诉的格(casus accusandi)"。其实拉丁语的术语只是从希腊语 αἰτιατική 翻译来的,而希腊语这个术语的意思是"被动词所影响的东西",因为希腊语 αἰτία 这个词既有"原因",又有"控诉"的含义,就被译错了。被动词所影响的东西也就是动词的对象或目的物,因此役格往往又被称为目的格或宾语。传统的语法学家把"与格"解释为"间接目的物或间接对象的格"。"与格"拉丁语称为 dativus。拉丁语 dativus 的意思是"与'给予'有关的东西",拉丁语法学家发郎称之为"给予的格"(casus dandi)。其实也是从希腊语翻译来的:"与格"希腊语称为 δοτική。除了作为间接宾语之用以外,在某些语言(如印度—伊兰、拉丁、斯拉夫等)里,与格也可以偶然被用来表示动作所向而未到达的地方,例如拉丁语 it clamor caelo(叫声直上青天)。生格的作用在于表示领属关系,并表示全体中的一部分。"生格"拉丁语称为 genetivus,意思是"与世代或诞生有关的东西"。其实拉丁术语所从出的希腊术语 γενική 的原意是"类属关系"。表示领属关系的就是从这"类属关系"的意义引申出来的。例如:法语的 la parole du professeur(先生的话),这意思就是说这话是属于先生一类之中的一个先生的。由此也可以知道形容词加在名词前后的修饰关系和以名词的生格加在名词前后的结构是两种极不相同的结构,例如英语的 royal palace 是形容词加名词的结构,它的意思是一般王家的宫殿,而 king's palace 则是名词生格和另一名词的结合,它的意思是某一个别国王的宫殿。表示部分意义的生格也是从"类属关系"的意义引申出来的,例如法语的 je veux du pain(我要一些面包):一些面包是属于面包一类之中的某些部分。方位格是表示"在内"的格,但也可以表示"在附近"、"在上面"、"在下面"等方位。方位格是以静止的角度来说明方位的,如拉丁语的 domi,意思是"在家";"在家"不是从外面到家里来的,而是一直在家里的意思。来源格是表示"从什么地方来"的格。例如梵语的 mukhatás,意思是"从嘴中来"。来源格是表示事物的产生来源的,因此往往可以在某些语言里被用来代替生格,与生格相混。例如梵语的 nāvás 既可以说是“属于船的”，也可以说是“从船那里来的”。工具格是表示“用什么工具或方式做什么”或“跟什么一同来做什么”的格，例如梵语的 mr8gā mr8gaiḥ sangam anuvrajanti（鹿跟鹿找到伴侣），paś ubhiḥ samānāḥ（用野兽的方式去做…），yajñais tu devān prīṇatì（他用祭祠来同神和解），bhrātṛshehena kālo neyaḥ（用兄弟一般的友爱来过生活）。呼格是表示呼唤的格，例如拉丁语的 avĭs（鸟啊！）。

“人称”的语法范畴表明动作是由说话的人或者由说者的对话者，或者是由被说到的人（或事物）来执行的，于是就分为第一人称、第二人称、第三人称。“人称”是和动词发生关系的。因为执行动作的人（或事物）可以是单数，也可以是双数，也可以是多数，于是，动词有数的语法范畴，例如梵语的 bhárāmi（我带），bhárāvas（我俩带），bhárāmas（我们带）；bhárāsì（你带），bhárāthas（你俩带），bhárātha（你们带）；bhárātì（他带），bháratas（他俩带），bharanti（他们带）。

“时制”的语法范畴指明动作或过程发生的时间，如“现在”、“过去”和“将来”。传统的语法学家往往把“时制”的语法范畴和“体”的语法范畴混为一谈。其实“体”的语法范畴是和“时制”的语法范畴不相同的，不过彼此有密切的关系罢了。“体”的语法范畴指明动作或过程的状态或种类，如“完成体”、“未完成体”、“进行体”等。印欧诸语言往往“时制”和“体”同用，例如法语的 il écrivit（他写）一方面是“过去时”，一方面是“暂时体”，而 il ecrivait 则一方面是“过去时”，一方面是“绵延体”。“时制”和“体”的语法范畴，在印欧语里，往往是拿词形变化来表示的。这种词形变化往往是动词的前加成分，或称为“动词前缀”（preverb）。例如，拉丁语 faciō 的意思是“我在做”，con-faciō 的意思则是“我做过了”；又如立陶宛语的 darýtì（做）：padarýti（已做过了）；教会斯拉夫语的 mrěti（死）：u-mrěti（死去）；俄语的 читать（读）：прочитать（读过）。闪美特诸语言，严格地说，并没有“时制”，只有“体”。阿拉伯语的 yagtulu 并不指明“他现在杀”或“将要杀”，只指明他杀的动作还没有完成，从“时制”的角度来看问题，这里所说的动作既可以发生于现在，也可以发生于将来。

“体”的语法范畴是非常复杂而多样化的。一般见到的有进行体、暂时体、完成体、未完成体、起动体、意欲体、使动体、反身体、忍动体、恶果体、善果体、共动体、应然体、似动体、可动体、止动体、小动体、叠动体等等。“进行体”指明动作或过程正在进行，如英语 I am speaking（我正在说话）。“暂时体”指明动作或过程是一发出就结束了的，如法语的 j'écris（我写）。“完成体”指明动作或过程已经完成了，如俄语的 я прочитаю（我读过了）。“未完成体”指明动作或过程并没有完成，如俄语的 я читаю（我读——即：我还在读）。“起动体”指明动作或过程刚一开始，如峨特语的 ga-uak-nan（刚醒来）。“意欲体”指明想要发出某种动作或过程，如梵语的 vi-vid-is-ati（他想要知道）。“使动体”指明动作或过程可使另一事物产生结果，如拉丁语的 si-stō（我使它站）。“反身体”指明动作或过程反过来对主动者有影响，如希伯来语的 ni-šmar（自卫）。“忍动体”指明主动者在忍耐地试行产生一种动作或过程，如阿拉伯语的 qātala（他试着杀人）。“恶果体”指明动作或过程对人有害，如达恩沙语（Taënsa）的 hai-i-wove-r-i-jehōnì（说我坏话）。“善果体”指明动作或过程对人有益，如杜巴土拉巴尔语（Tübatulabal）的 wici-n-ana‘t（他替他煮好）。“共动体”指明动作或过程是几个人共同发生的，如达克尔马语（Takelma）的 lō^{n}-agwa‘en（我跟他一同游戏）。“应然体”指明动作或过程是应当发出的，如土耳其语的 sev-meli（他应当爱恋）。“似动体”指明动作或过程仿佛是发生了，如非洲西勒尔语（Serer）的 bind-adox-（仿佛写的样子）。“可动体”指明动作或过程有发生的可能，如达恩沙语的 vō-rewa（可能爱恋）。“止动体”指明动作或过程停止，不再发生，如福克斯语（Fox）的 pō'ni-pyä‘wa（他不再来）。“小动体”指明动作或过程是微小的，如德语的 lächeln（微笑）。“叠动体”指明动作或过程是重复着的，如法语的 rebattre（重复着打）。

“式”的语法范畴说明动作或过程进行的方式。[①] 这个术语是从拉丁语的 modus 来的，它的意思就是“方式”。“式”其实也是“体”的一

① 这些“式”多半是表示句型的变化的，因为许多语言都把这种句型变化表现在词形的变化上，既表示句型的变化，又表示词法的不同，因此，我们也在这里加以叙述。关于句型的问题，参阅高名凯《汉语语法论》中的“句型论”。

种，只因为希腊语法学家和拉丁语法学家还没有了解到"体"，而把某些"体"称为"式"，而一般语法学家也还沿用着这个术语，我们就把"式"列为语法范畴之一。

印欧语有四个主要的"式"：直陈式、虚拟式、愿望式和命令式。直陈式就是对事实的陈述，例如法语的 je viens（我来），我来陈述这桩事实。虚拟式指明动作或过程之可否实现要依赖其他的条件。虚拟式可以指明说者的欲求，例如拉丁语的 serpat（他要爬行），这种虚拟式就叫做可能性虚拟式。虚拟式也可以指出动作或过程发生的条件，例如拉丁语的 gratias agam si dicas（如果你说，我就要感谢你），这种虚拟式就叫做条件性虚拟式。虚拟式也可以说明将来要发生的动作或过程，例如拉丁语的 video quid sit ex hac re（我看这事情要变成什么样子的），这种虚拟式就叫做预期性虚拟式。虚拟式还可以指明疑惑，例如拉丁语的 in certōquid peterent（他们要找什么还不清楚），这种虚拟式就叫做疑惑性虚拟式。虚拟式退拉斯称之为假设式，因此，有的语法学家就称之为假设式。愿望式的作用在于说明愿望，例如梵语的 prátheya paśúbhiḥ（我愿富有家畜）。命令式指明对对话者下命令，使其发生动作或过程，例如梵语的 sárpātu（让他爬）。

其他的语言还有其他的"式"，例如闪美特语有强调式，阿拉伯语的 yaqtu lau（我一定要杀）即其一例。闪美特语还有一种劝告式，例如希伯来语的'e-šmər-āḫ（还是让我保守罢！）。

"态"的语法范畴说明动作或过程和主体的关系：动作或过程是由主体来完成的，叫做施动态；动作或过程是由主体来忍受的，叫做受动态或称被动态；动作与主体有某种方式的关系的，叫做中态。近代印欧诸语言有施动和受动二态，但是古代的印欧语，例如梵语、希腊语和峨特语，则有三态：施动态、中态、受动态（不过古印欧语的受动态为数极少，梵语只有 pacyate 一词有受动态的痕迹罢了）。中态在古代印欧语里有特殊的作用。拉丁语的残缺态（deponens）[①]表示发生动作或过程

---

① 古代语法学家称这种语言事实为"残缺态"的缘故，因为这些动词的变化既缺乏施动的形式，又缺乏受动的意义，它们所有的是受动的形式而有一个役格的名词作为宾语。

的主体是为自己而发生这动作或过程的，例如拉丁语的 imitatur patrem（他模仿他的父亲）。古代印度语法学家把这种态叫做 ātmane padam（“为自己的词”），例如 pácati 是施动态，意思是“他为别人煮饭”，而 pácate 就是中态，意思是“他为自己煮饭”。中态还有一种作用，就是表示“反身”，指明动作或过程回过头来影响施动者本身，例如梵语的 vártate（他回转身），拉丁语的 vertitur（他回转身）。中态有的时候也可以表示互动，指明动作或过程是和别人互相进行的，例如梵语的 vádanti（他们彼此谈话）。近代印欧诸语言的受动态多数是从“反身中态”变来的。

以上是就一般常见的语法范畴来加以叙述的。这些语法范畴都有其特殊的语法形式作为外部的标志，但其所以成为语法范畴，则有其特殊的语法意义。值得我们注意的，就是这些语法范畴所包含的语法意义在不同的语言里，范围并不相同。例如印度-伊兰语、吐火罗语及希腊语的愿望式，在拉丁语里则和虚拟式混在一起，而在斯拉夫语里则变成了命令式。这是因为这些意义在逻辑上都有联系，各语言的语法范畴如何在同样的逻辑基础上而有其不同的语法意义的概括，则有各语言的特点。另一方面，虽然退拉斯认为语法范畴是各词类的特点，但就个别的语法范畴来说，则有的语法范畴却可以是不同的词类所共有的。例如，“数”的语法范畴既可以是名词所具有的，也可以是动词所具有的，也可以是形容词所具有的；“性”的语法范畴也是如此，俄语的动词在“过去时”里就有阴阳性的区别。不过，在同一个语言里，同样的语法范畴在不同的词类里往往还有不同的语法形式。这是因为各词类的语法意义在逻辑的基础上可以和各种不同的语法意义发生联系：名词可以有数的语法范畴，因为“事物”这个意义可以在逻辑的基础上和“单数”、“双数”、“多数”等相联系，事物总可以有个数目。动词也可以有个“数”，因为动作的主体可以是多数的或是单数的，然而名词的“数”和动词的“数”毕竟在同样的逻辑基础上有其不同的意义特点：名词的“数”是名词所指的事物的数目，动词的“数”却不是动词所指的动作的数目，而是发生这动作的主体的数目；它们是拿同样的“数”的语法范畴应用在具有不同意义特点的不同范围里的。

七

语法范畴又指词类。布龙达尔甚至于把他的著作《词类论》加上一个副名“语言所有的范畴的研究”。[①] 欧洲人对词类的研究起于希腊人。希腊的诡辩派学者和哲学家们为着修辞和研究逻辑的目的，觉得有把词分为类别的必要。普逻泰哥拉斯(Protagoras)、克拉提尔(Cratyle)和柏拉图(Plato)就开始把希腊语的词分为名词和动词。[②] 亚里士多德又在这基础上加上了连词和冠词，给希腊语的词分成四个词类。其后，画廊学派的哲学家们曾经做过许多词的分类法，并且都给它们起个名称，可惜这些名称都已失传。阿历山大里亚学派的语法学家们对这些名称进行了选择，而由阿里斯达尔克(Aristarque)学派加以确定。由我们所能看到的退拉斯的著作《希腊语法》来代表的这一学派的词类分类法，是欧洲两千年来词类分类法的滥觞。纪元前第二世纪的拉丁语法学家发郎(Varro)——纪元前116—27——曾经在他的著作《拉丁语》(*De lingua latina*)里，把词分为四类：有格的变化的，称为名词；有时制变化的，称为动词；有格的变化又有时制变化的，称为分词；没有格的变化也没有时制变化的，称为虚词。纪元后第四世纪的拉丁语法学家唐纳土斯(Aelius Donatus)把词分为名词、代名词、动词、分词、副词、连词、前置词和叹词八类；除了叹词之外，都是沿用希腊人的术语的。[③] 这种分类法与后世的欧洲语法学家们的分类法没有很大的差别。

语法学家们为什么认为词类也是语法范畴呢？他们有什么根据把词分成这些类呢？词类到底是什么呢？原来词类是词的语法分类。因

---

① Viggo Bröndal，《词类论——语言所有的范畴的研究》(*Les Parties du Discours, étude sur les catégories du langage*)，法文节本，1928，哥本哈根。

② 他们所说的名词实在就是主词，他们所说的动词实在就是谓词。

③ 唐纳土斯并没有列出形容词一项，一直到中世纪，语法学家们才把名词分为体词(我们一般人所说的名词)和形容词二类。

为词是语言建筑材料的词汇单位，同时又是语言构造的语法单位，因此，词类是词的基本的语法的种类。因为词类是与某种语法形式结合在一起而表现某种语法意义的概括的，因此，词类是语法范畴，而研究词类也必须从词的语法意义和词的语法作用下手。词类是词的语法分类，这句话就说明了不是依照词的语法意义和语法作用来加以分类的，并不是语法学上所说的词类，例如依照词的语音特点而加以分类的单音词和复音词并不属于语法学上所说的词类问题的范围，依照词之是否模仿自然界声音而造成的摹声词和非摹声词的分类也不是语法学上所说的词类，只依照词的词汇意义来区别的词的语义分类也不是语法学上所说的词类。斯波皮洛夫说："词类是词的基本的词汇·语法的种类，在这些分类里实现了把最概括的词汇意义改造成对象、行为（作为过程、状态、品质、数量、状况的标志、概括的指示等）的抽象化了的语法意义。"[①]这句话很值得重视。词有它的词汇意义和语法意义。词汇意义不是区别词类的根据，而是区别词的语义类别的基础，因为只根据词汇的意义，我们就可以把"红"、"黄"、"蓝"、"白"等归为一类，成为"颜色"，但我们却没有在语法里有什么名叫"颜色词"的词类。一般的情形，词汇意义是由词根或词干来表示的。梅耶（A. Meillet）曾经在《关于句子理论的几点意见》里说：

> 在我们所能追溯的最古的时代里，印欧语和闪美特语是以"词根"作为构词的原则的。然而，这些词根之被一般规定为"动词词根"，并不是偶然的事情。拉丁语使人对这种过程有个观念，例如拉丁语的一个"词根"da-（给），一方面提供了动词 dat（他给），dedit（他给过），另一方面又提供了这一类的名词，如 datus（被给予的东西），dator（给东西的人），datio（给东西的动作）。无疑的，datus，datar，datio 是名词，但是人家可以在这些名词里感到有过程的意义贯穿其间，而 datus 和过去分词的 datum（一个表示动作的名词的役格）甚至都被包括在动词的变化之内。如果表明"嫁资"的名

① 波斯皮洛夫（Н. С. Поспелов）在苏联科学院关于词类问题的讨论会上的发言，见《关于词类的讨论》，《中国语文》，1955 年 5 月号。

词dōs和表明"礼物"的名词dōnum看来是纯粹的名词的话,这是因为词根是以古代的形式存在于这些词里边的,而这些古代的形式从前是广泛地存在于动词里的,现在却在那里变成了奇异的,同时又因为这样一来,dōs和dōnum就让人家加以不正确地分析了。[1]

虽然梅耶的目的在于说明印欧语的词根最初是动词词根,这种意见是否正确还值得讨论,但是他所举的例却给我们说明了印欧语的同一个词根可以作为名词和动词的基础。词根本身只有词汇意义,没有词类意义。词汇意义不是词类意义,因为词汇意义只代表没有语法作用的词的词汇部分的意义,并不代表词的语法部分的语法意义。但词也可以包含它的语法部分,而这些语法部分则包含有语法意义。斯米尔尼茨基曾经在他的遗著《词的词汇成分与语法成分》里列出一个表,而加以解释说:"这里,个别的词素形式是被这样的分配的:横的方面,是依照其词汇成分的共同性来加以分配的;纵的方面,是依照其语法成分的共同性来加以分配的。"[2]词的语法成分所包含的语法意义加以概括,可以得出词的词类范畴。这种概括可以从两方面来进行:一方面是把最概括的词汇意义改造为抽象化了的语法意义,而指明对象、行为等语法意义,一方面是把上节所述的那些狭义的语法范畴再加以概括而成功的。

波斯皮洛夫指出"把最概括的词汇意义改造为……抽象化了的语法意义",这是非常重要的,因为没有把最概括的词汇意义改造为……抽象化了的语法意义时,这种概括还只是词汇意义的概括,不是语法意义的概括,因此不属于语法范畴的范围之内,也与词类无关。比方说,

---

① A. Meillet,《关于句子理论的几点意见》(Remarques sur la théorie de la phrase),见其所著《历史语言学与普通语言学》(Linguistique Historique et Linguistique Générale)论文集,第2卷,巴黎,1938,第7页。

② A. H. Смирницкий,《词的词汇成分与语法成分》(Лексическое и Грамматическое в слове),见《语法构造问题》(*Вопросы Грамматического Строя*),苏联科学院出版,1955年,第16页。

俄语的 красивый(好看的),красова́ться(显得好看),красота́(美观)是三个不同的词,它们有共同的词根 крас-,这个词根的意义是“好看”或“美观”;另外又有 белизна(白色),белый(白的),белеть(使变白)三个词,其中也有共同的词根 бел-,这词根的意义是“白”。把这两个词根的意义“好看”和“白”以及许许多多其他的词的词根所包含的意义概括起来,就成为了最概括的词汇意义“性质”,但这也还只是词汇意义的概括,不是词的语法意义的概括。词是语法的单位,它有它的语法特点,表明一种语法意义。等到我们把这词汇意义依照其最概括而具有语法作用的情形加以改造,使其成为抽象化了的语法意义时,才可能有词的语法分类。例如,词根 крас-和 бел-所代表的词汇意义的概括,可以由于词的语法作用的不同,而被改造为名词 красота́ 和 белизна,而被改造成动词 красоваться 和 белеть,而被改造成 краси́вый 和 белый。于是,在同一个词根 крас-或 бел-的基础上,就产生了三种具有不同语法意义的词,名词(красота́,белизна)、动词(красота́ться,белеть)、形容词(краси́вый,белый)。正因为这个道理,在词汇意义上是“某种性质”的词,如 красота́,красова́ться,却是语法上的名词和动词;在词汇意义上是“某种动作”的词,如英语的 action(动),motion(运动),translation(翻译)等,俄语的 причитание(悲泣),уби́йство(杀人)等却是语法上的名词;在词汇意上是“某种事物”的词,如英语的 fire(火),book(书)却可以是语法上的动词(to fire,to book)。这情形似乎有点矛盾,其实是不难理解的。语言成分都包含有意义,这意义都有逻辑关系为其基础,而逻辑关系则有客观存在作为它的反映对象。客观事物有许多特点,人类的抽象思维可以在各不同的事物之间只抽象出其共同之一点来加以概括,构成一个概念。加尔基那-非多卢克说:“同样的现象能够在我们的思维里产生不同的概括,在词里产生不同的形式,就是不同的词类。”[①]一个事物并不是死的,它总在不断地运动着,它也有其特殊的性质。在具体的世界里,不进行运动的事物是不存在的,不具有性质的事物也是不存在的,而所谓运动或性质本身也就是事物之中的一种。只

① 《语言学中的历史主义问题》,第 167 页。

有在我们对这些事物加以抽象的时候，我们才依照其共同的一个特点来加以概括。不同的花都是事物，又都有运动，又都有性质。但我们却可以从这些不同的花之间依照其某一共同的特点加以抽象。于是，我们就可以依照其同是一个事物的角度，把它们概括起来，把它们看成事物；又可以依照其有变成各种颜色的运动，把它们概括起来，把它们看成动作；又可以依照其有各种颜色的性质把它们概括起来，把它们看成性质。结果“花”就可能具有三种不同的概括，被人看做事物的“花”（我看见一朵花），被人看做动作的“花”（他的头发花了），被人看做性质的“花”（花布）。当然，其所以能够被人这样加以不同的概括，因为这些不同的方面都是客观存在的。概括不但有不同的程度，而且有不同的方面。依照不同的程度，把“红花”、“绿花”、“牡丹花”、“李花”等概括成“花”之后，又可以把它们和“小狗”、“长虫”、“笔”、“墨”、“土地”、“国家”等在一起，概括成“事物”。依照其不同的方面，则“花”可以和别的事物在一起，从其有变成各种颜色的方面来加以概括，成为“花”的动作（他的头发花了）。我们说话的时候，总是要把我们的思维对客观世界的反映加以表达；表达的时候，到底是从哪一方面去把客观事物加以概括，就要明确地说出来。但在表达的时候，我们要运用语言的两个成分：词汇成分和语法成分。词汇成分的概括是一种概括，语法的概括又是一种概括。于是，在语法概括的时候，我们就可以依照不同的方面把最概括的词汇意义改造成抽象化了[①]的语法意义。换言之，如果我们认为名词指的是“事物”，这“事物”也并不是词汇意义所概括的“事物”，而是语法意义所概括的“事物”。词有语法特点，有语法意义。如果一个词包含有语法上的“事物”的意义，它就是名词，不管它的词汇意义是什么，虽然这语法上的“事物”的意义是从词汇的意义依照其在语法方面的作用而加以概括的。例如俄语的 красотá 这个词的词汇意义是它的词根 крас-所表示的“某种性质”（好看）；但在语法上，它却只能被用作

---

① 语言是抽象思维的承担者，词汇意义所代表的概念已经是抽象化了的思维形式，但和语法比，我们又可以说词汇意义是具体的，语法意义是抽象的。关于这一点，请参阅列弗玛特茨基《语言学概论》，第 191—192 页。

名词，表示“好看”这个“事物”（不是“好看”这个性质）；因此它具有“事物”这个语法意义，和其他在语法上具有“事物”这个语法意义的词，合成一类，称为名词。苏联科学院的《俄语语法》对名词的解释是：“名词是一些实词，它们或者是生物的名称（兄弟、蛇、虫子），或者指称客观现实中的事物、现象、事件（城市、树木、墙壁、地震），或者作为思想的对象来指任何行为、状态、特性或关系（斗争、叫喊、运动、游戏、睡眠、勇气、爱情、清洁、密切关系）。”[①]为什么名词竟可以指任何行为、状态、特性或关系呢？“行为、状态”难道不是动词所有的意义吗？“特性、关系”难道不是形容词所有的意义吗？如果名词所指的竟是动词和形容词所指的意义，名词和动词、形容词又有什么不同呢？在我看来，问题是很明显的。这里所说的“行为、状态、特性和关系”显然指的是词汇意义：名词所指的可以是词汇意义上的行为、状态、特性和关系。例如英语的action（动作）、法语的tranquilité（清净）都是名词，但其词汇意义却是行为（动作），或特性（清净）；尽管如此，它却仍然是名词，因为这些词在语法的作用上指的是“思想的对象”，即事物。当然，语法意义是和词汇意义有关的，语法意义就是从词汇意义加以概括而改造成的。“花”的词汇意义可以有各种不同的概括，“红”的词汇意义也可以有各种不同的概括。如果在语言的词汇里，一个词的意义是把“花”当做一个事物来理解它，其他的词如“红”、“白”、“走”等也是从其作为事物的角度来理解的，那么，这些作为事物看待的词汇意义就可以被概括而改造成词类范畴，即名词，而这名词也正是这些词的语法意义，而有其特殊的语法作用。

另一方面，词类意义是从词的各种狭义的语法范畴再行概括的结果。表示事物的属阳、中、阴，有多少数目，以及与动作发生如何关系的“性”、“数”、“格”[②]等语法范畴概括起来，就可以成为名词，因为有这种“性”的区别、“数”的区别和“格”的区别的词，它所有的这些语法范畴的

① 《俄语语法》，第1卷，第103页。

② 各类的词所具有的“性”、“数”、“格”等有意义上的不同，这里所说的是就其与名词意义有关的“性”、“数”、“格”的语法意义来说。

意义和“事物”这个概念有逻辑上的联系：只有“事物”有这种“性”、这种“数”、这种“格”的特点。正因为其有这种“性”、这种“数”、这种“格”的意义，所以可以把这些具有这种“性”、这种“数”、“格”等语法范畴的词归成一类，称之为名词。我们可以说，正因为它们是“事物”，所以它们可以有这种“性”、这种“数”、“格”等；也可以说，正因为它们有这种“性”、这种“数”、“格”，所以，它们才有这些语法范畴所概括起来的“事物”的语法意义。上面已经说过，动词也可能有“性”、“数”，但动词的“性”、“数”在意义上说不同于名词的“性”、“数”（不必说，在形式上也不相同）；因此，由具有不同于名词的“性”、“数”的语法范畴的“性”、“数”的词，再加上其他的语法范畴，如“时制”、“体”、“态”、“式”等，就概括成动词。这些语法范畴和语法上的“动作”的意义有逻辑上的关系：只有语法上的动作才可能有这些语法范畴。我们可以说，正因为这些词具有动作的语法意义，所以它们可以具有“时制”、“体”、“式”等语法范畴；也可以说，正因为这些词具有这些语法范畴，所以它们被归为动词一类。两者之间有密切的逻辑关系。正因为这个缘故，狭义的语法范畴就成为了词类的特征之一。退拉斯所以认为各词类都有其特殊的语法范畴（狭义）为其特征，正是这个道理。

但是，任何的语法意义都必须和语法形式结合在一起，因此，尽管我们从语法意义的角度来研究词类，我们却必须了解：如果没有形式的标志，就不可能有词类的存在，也不可能认出哪一个词是属于哪一个词类的。谢尔巴院士说：“不言而喻，这些范畴要有一些外部表现形式。如果没有外部表现形式，那么，在该语言系统里也就没有这些范畴，或者由于实际存在的语义联想，确有某些范畴，那么，它们也只是潜在的，但不是实现了的。”[1]但是所谓外部表现形式到底是什么呢？

关于词类的外部表现问题，语言学家们还没有一致的意见。有的人认为词类的外部表现就是词的词形变化。印度和欧洲的语言学家多半都认为词的形态变化是词类的外部表现；我们只能依照词的形态变化来规定词的类别。有的人则认为词的句法功能也是词类的外部表

---

① П. Н. 谢尔巴，《论词类》，见《中国语文》，1956 年 5 月号，第 41 页。

现。这不同的意见到目前还没有得到解决。苏联语言学家们曾于1954年6月讨论过这个问题。在这会上，多数的语言学家认为词类的外部表现应当是词的形态变化，一部分人认为词的句法功能或词在句子中的结合性也可以是词类的外部表现。巴尔胡达洛夫通讯院士在这会上做出总结后说：

> 如果把语法范畴了解为反映关系的范畴，那么，就根本不能承认词类是语法范畴；那只是名称的范畴，因为它们只指明物象、品质等。与其说它们可以认为是纯粹的语法范畴，不如说是词汇·语法范畴。作为词类的词的必要标志应该是它们具有外部的、物质的标记。……大部分发言者都倾向于不承认词在句子中的功能为区分词类的主要标准。同时，显然的，在表征出词类的若干标志之中，必须包括它们跟其他的词的结合能力。[①]

这段话的意思就是说，词类的外部表现主要的是词的形态变化，但在这主要的词类标志之外，还应当把词跟其他的词的结合能力包括在词类标志之内。把词的形态变化看做词类的主要外部表现，仿佛是没有人反对的，但在解决具体语言的词类时，往往有不同的意见，特别是缺乏词形变化的语言，例如汉语。王力先生在说明词形变化是区分词类的主要标志之后，又认为汉语的词可以拿词跟其他的词的结合性来区分，就是这种情形的反映。[②]

应当指出，词类是词的语法分类，因此词本身所有的词类标志，显然是词的形态变化，这种形态变化，有的时候是词根之外的专为表明词类的语法意义的形态，有的时候是词根之外的表示某些狭义的语法范畴的语法形式，因为这些语法范畴是“每一种词（词类）所特有的而不同于其他种类的词（词类）的”。[③] 这些形态变化而且是抽象性的，不是具

---

① 见《中国语文》，1955年5月号，第42页。

② 参阅《关于汉语有无词类的问题》，见《汉语的词类问题》，第二集，中华书局，1956年，第58页。

③ 《语法·语言的语法构造》，第11页。

体性的:我们不必在具体的言语环境里去找它们,单独地拿出一个词,就知道它有多少形态变化。所以,有词形变化的词,它的词类是容易加以区分的。当然这些词形变化也是和词的句法功能有关系的;它们就是把词的具体的句法功能加以抽象化的结果,并且是把这抽象化的结果用特殊的物质外壳巩固下来的。词的形态既与词的句法功能有关,那么,词的句法功能或词跟其他的词的结合性也就可以成为词类标志之一了。没有词的特殊形态时,词的句法功能还没有被巩固下来,因此,这种词的词类作用往往是摇摆不定的,这正是没有形态的词在词类的划分上有种种困难的原因。此外,我们也往往在具体的语言里找到许多词的形态所表示的词类作用和词的句法功能或词跟其他的词的结合性发生矛盾的情形。比方说,英语的 liberation army(解放军)的 liberation,以词形变化说,是名词,但在这里却是形容词的句法作用;法语的 comprendre est plus important que lire(理解比阅读重要)的 comprendre 和 lire,以词形变化说,都是动词,但是在这里却发挥名词的功能。[1] 这种矛盾的情形是语言发展过程中所常有的现象。在这种情形之下,我们显然只能根据词的形态来说明词类,我们只能说 translation 是名词,而在这里被用作形容词,comprendre 和 lire 是动词,而在这里被用作名词。另一方面,词跟其他的词的结合性是多方面的,只根据这个一般的原则去区分词类,那么,词就可以分为许许多多的类,例如,有些动词虽然也指的是动作,但因为动作还有种种不同的类别,能够同指明这些动作的动词相结合的其他的词就受到了限制,例如我们不能把表明未完体的动词和表示已经完成的副词结合在一起。词类是语法范畴,而语法范畴是语法意义的概括;词类是词的最基本的

---

① 有人认为在这种情形之下,作为主语用的仍然是动词性质的词,这种说法是不妥当的。如果我们知道"comprendre"是动词(因为它有动词的特殊形态),而在这里用作主语,我们就可以说它是动词而在这里具有名词的性质。如果我们并不知道它是哪一类的词,那么,我们就只能说它是名词性质的词,不能说它是动词性质的词,因为主语都指明被叙述的事物,而事物正是名词的语法意义。梅耶曾经说过,"由于它的本质,主语必须是名词"(《关于句子理论的几点说明》,见《*Linguistique historique et linguistique générale*》),第2卷,第5页)。这句话可以作为我们的参考。

概括，不是可以概括为一类的，都叫做词类。所以，词的结合性只是一种辅助的条件，只有在这种结合性能够表示这个词具有名词意义的时候，这种结合性才可以作为名词的一个标志。在有词形变化来区分词类的语言里，可能有某些词不具有词形变化，那么，我们就可以依照其能和具有词形变化的某类的词有同样的“结合性”（跟其他的词的结合性的简称）来规定它的词类，例如，俄语的 пальто 尽管没有词形变化，但却和其他有词形变化的名词具有同样的主要结合性，因此是名词。语言当中，还有一种消极的语法形式，例如英语的 book 并没有任何表示单数的语法形式，但它却是单数，因为多数的必须说成 books，两下相比，就显出 book 是单数了。这种消极的形态，语言学家们又称之为零形态。词类也是这种情形。印欧诸语言的副词往往是没有词形变化的，然而它既和有词形变化的词类不同，它就应当是另一类，但它却和 пальто 之类不同，因为它并不具备 пальто 所具备的主要结合性。可见，在有词形变化的语言里，词的主要结合性可以作为区分词类的辅助条件，而区分词类的主要条件却仍然是词的形态。传统的语言学家们一向是以词的形态为区分词类的标准的，这不但是因为他们所研究的是具有词形变化的印欧诸语言，同时也因为在实践中，完全脱离词形变化来区分词类是有极大困难的。

但是从理论的角度来看问题，我们应当如何解决这个问题呢？近来颇有一些语言学家认为没有词形变化也可以区分词类；他们的理论根据就是词的结合性可以作为区分词类的标记。我们已经说过，虽然语法意义必须有语法形式作为它的物质标记，但我们可以只就语法意义的角度来研究语法，不管它的物质形式是什么。从这个角度来看问题，没有物质标志固然是不能区分词类的，但这物质标记是否必须都是词的形态，则尚值得讨论。词的句法功能或词的结合性也是词的语法特点之一，词的语法形式之一，词的形态也就是词的句法功能或词的结合性的一个具有的表现；所以，词的句法功能或词的结合性在理论上也应当被认为可以作为区分词类的标准。不过，这种词的句法功能或词的结合性必须是词类的语法意义的物质标记，不是任何的句法功能或任何的词的结合性都可以作为词类的物质标志。例如，在句子里，凡是作为主语或宾语的，总是一个语法意义——“事物”，因为在语言里，只有“事物”才能是被叙述的对象（主语），只有“事物”才能是动作的对象（宾语）。如果一个词能够作为主语或宾语用，它就可能被视为名词。如果一个词能够和指明“事物”的词结合在一起，作为这后者的修饰语来限定这后者，它就有可能被视为形容词。为什么说它有“可能”被视为某词呢？因为它还必须和其他的词有所不同，如果它也能发挥其他的词的句法功能，那么，尽管它可以作为主语用，它却不能归成一类。波斯皮洛夫说：“词类的语法形状表现在词形变化的一定性质上（或者相当于这个的不变化的变化——按即消极的词形变化）和它们跟其他种类的词的结合性的一定‘限制上’，以及构词法的一定的形态学类型上。”[1]这里，他说词形变化和词的结合性，可知，他并不是说只有词的结合性就可以区分词类；但是这个问题，我们已经讨论过，这里不必多说。值得注意的是他所说的是词的结合性的一定“限制上”，换言之，如果词的结合性不是某些词所特有的，或某些词不是有某些特殊的结合性的话，那么，这些词就不能成为一类。我们还没有对全世界的语言都做过详细的研究，我们还不能证明只就词的句法功能或词的结合性来区分词类是否可以运用在语言的词类区分上，但是我们可以得出三条原则：

（一）词的形态变化应当是区分词类的主要标准，词的结合性或句法功能只是辅助的条件，在它和词的形态发生矛盾的时候，应该以形态为主。

（二）在理论上，我们可以假设词的句法功能或词的主要结合性可以作为词类的区分根据，如果被研究的语言是没有形态或缺乏形态的话。这假设之是否可以成为真理，要看实践的结果如何。

（三）如果实践的结果证明这假设是真的话，我们也需要把词类分为两种：一是狭义的，一是广义的。狭义的是就其有形态的标记来说，广义的是就其没有形态的标志来说，因为有没有形态是语言的一个重要的特点，不可加以忽视，而语法成分既是语法形式和语法意义的结

---

① 《关于词类的讨论》，见《中国语文》，1955 年 5 月号。

合,我们就有必要在同样的语法意义之下,就其重大的不同形式来加以分别。

为什么我们说只以词的句法功能或词跟其他的词的结合性来划分的词类必须和以形态来划分的词类区别开来呢?因为逻辑的规则只允许我们以同一个原则来进行分类,不允许我们依照两个不同的原则来把同一群事物加以分类。我们可以根据国籍的原则来把人们加以分类,于是,我们就分出苏联人、罗马尼亚人、南斯拉夫人、英国人、美国人等,我们也可以根据性别的原则来把人们加以分类,于是,我们就分出男人和女人。但是我们却不能拿国籍和性别两个原则混在一起来把人们分为苏联人、罗马尼亚人、男人和女人,因为男人当中也可以是苏联人和罗马尼亚人,而苏联人当中也可以是男人和女人。一般人认为划分词类的标准有三个:意义、词的形态和词的句法功能。这三个标准要如何运用呢?如果我们把它们看成三个不同的原则,那么,拿其中的一个标准运用在某些词的分类上,又拿其中的另外一个标准运用在另外一些词上,再拿其中的第三个标准运用在第三批词上,这种分类法是不合逻辑的。我们只能拿三种方式之中的一种来运用这三个原则:(1)这三个标准是结合在一起的,缺一就不行,于是,这三个标准的结合就成了独一的原则。依据这种方法,要把任何一个词归入任何一类,都必须要求这个词在三方面都具备词类的条件,缺一就不行。这样说起来,缺乏词的形态,就不能分类。(2)在这三个标准之中认定其中的一个是主要的标准,其他只是辅助的标准,主要的标准不可缺少,辅助的标准只在于补助说明而已。正因其如此,我们同意苏联语言学家们的意见,认为词的形态是划分词类的主要标准,词的句法功能只是划分词类的辅助标准。(3)三个标准各自独立,由这三个不同的标准所分出来的词类是不同性质的"词类"。依照这样的了解,根据词的语法意义来分类是不可能和不必要的,因为意义必须和语法形式结合在一起,有词类的语法意义自然也有词的语法形式,问题只在于这形式是什么。于是,事实上只剩下两个标准,词的形态和词的句法功能。这两个标准如果是独立的,那么,根据它们而划分出来的词类就是两种不同性质的"词类",因此,我们认为,如果词的句法功能可以被证明确有单独划分词类的作用的话，这种词类就必须和依据词的形态所分出来的词类不属于同一个范围，前者是词的句法作用的词类，后者是词的形态的词类，也就是一般语言学所了解的词类。

汉语的词类问题是一个不容易解决的问题。汉语的实词和虚词的区分是大家都承认的，实词和虚词的区分并且也是印欧诸语言所有的。主张以形态为区分词类的语言学家并不否认实词和虚词的分别，因为虚词是语法工具，它的语音结构就是它的语法意义的物质标记，引不起是否需要形态的问题。汉语显然有许多虚词的类别。虚词和实词之间既有区分，就不能说汉语没有词类，而主张汉语实词没有词类的分别也不能被视为否认汉语词类的存在。① 但是汉语的实词是否可以再行分类，则是一个问题。要解决这个问题，就要看汉语的具体事实。我们已经说过，语言成分都是意义和形式的结合，词类也不能例外，汉语的一个实词是否有固定的词类意义呢？只要看一看事实，我们就知道汉语的实词并没有固定的词类意义，例如，"红"既有语法上的"性质"的意义(这朵花是红的)，又有语法上的"动作"的意义(这朵花渐渐地红了)，又有语法上的"事物"的意义(红是一种颜色)。一般人以为"红"是"性质"，这只是就词汇的意义来说，不是指语法的意义而言。要知道，就是作为语法意义的基础的词汇意义来看，在汉语的"红"里也有不同种类的意义："花红了"的"红"就和"红是一种颜色"的"红"在词汇意义上有所不同，而这不同的词汇意义却是同一个"红"所具有的，因为同一个词原可以兼具中心意义和许多附加意义。当然同一个语言形式可以具有不同的意义，例如俄语 книга 的-a 既代表"阴性"，又代表"主格"，又代表"单数"。"红"这个声音也可以代表不同的意义，一个词汇意义，一个语法意义。词是语法的单位，它总有语法意义，所以，"红"在语法上也有词类意义。问题在于它所具有的语法上的词类意义是多样性的。汉语绝大多数的词都具有两个以上的语法上的词类意义，而任何一个汉语的词都可以具有"事物"和"性质"两种语法上的词类意义，极大部分的词可以兼具"事物"、"性质"和"动作"三个语法上的词类意义。洪心

① 我曾提过汉语的实词不能区分词类的意见，许多人都误会了，以为我说汉语没有词类。

衡先生曾就中小学的语文课本所收集的具体实例,分析证明汉语实词在广泛性的用法上有各种词类的效用。[①] 我们是不是可以因此而把汉语的实词分为"名—形词"、"名—形—动词"两类呢? 分类要有一定的标准和原则。如果汉语的实词可以分为两类,那么,在语法上表示"动作"的词就不应当也表示其他的词所表示的"事物"和"性质",词类之分为名、动、形等是有逻辑根据的,虽然它不等于逻辑。然而我们却没有能够根据词的词类意义来把汉语的实词分为名词和动词两类,或动词和形容词两类,或名词和形容词两类,这些词所具有的词类意义是彼此交叉的。不同类的东西可以在许多特点方面彼此交叉,具有相同的特点,但这相同的特点不能是本质的特点。词类的本质特点就在于它具有不同于其他词类的特殊的语法意义的概括,在这概括的语法意义上彼此相同,就不能把它们区分为不同的词类,何况"名—形词"或"名—形—动词"是不可理解的术语呢。[②]

从语法形式方面来看问题,汉语的实词是不是可以分类呢? 区分词类的语法形式,如上所述,不外是词形变化和词的句法功能或词的结合性。汉语的词有没有词形变化呢? 郭路特曾经说过:"显然,把形态了解为词形变化(狭义上所讲的,即变格和变位),对汉语来说是不适用的。"[③]郭路特的意见也就是一般语言学家的意见。但是,没有狭义的形态是不是就没有形态呢? 关于这个问题,我们已经在上面说过,词的分析形态或外部形态也有其存在的权利,只是我们必须区别其和狭义形态的不同特点罢了。汉语有分析形态[④],"了"、"着"等就是一种形态,它们是"辅助词形态",虽然它和印欧语的词形变化不同。但这种形态不能解决汉语实词的词类问题,因为形态必须和语法意义结合在一

---

① 《汉语语法问题研究》,上海新知识出版社,1956 年,第 1—11 页。

② 俄语的形动词是可以理解的,因为它的意思指的是由动词化来的形容词,它只具备一种词类的本质特点,但是我们这里所说的"名—形词"或"名—形—动词"则是另外一回事,这后者在逻辑上是讲不通的,因此是不可理解的。

③ 见《近几年来苏联东方学研究中的汉语形态问题》,见《中国语文》,1955 年 12 月号,第 31 页。

④ 我从前不同意分析形态,但经过细细研究之后,认为有承认分析形态存在的必要。

起,它是和词的词类意义有关的。"了"、"着"等和动词的词类意义有关,它只能是动词的补助词形态,然而汉语的一个实词,例如"吃",既可以有这一套与动词有关的补助词形态,又可以有一套与名词有关的补助词形态(例如"他就懂得一个吃,别的都不管啦"等)。从这个角度来看问题,汉语的词就没有固定在一个词类里。这和上面所说的汉语的词有多种的词类意义正好是同一个事实的不同表现:因为有不同的词类意义,所以可以具有不同种类的补助词形态。郭路特教授曾经转述宋采夫对这个问题的论证说:

> 以上每一组的每一个词都有自己一套形态和一套句法标志。比如,当动词用的"锯"字只不过是一个动词的"零形态",除了这个"零形态"之外,它还有许多其他形态:"锯了"、"锯着"。而当名词用的"锯"字就不可能有这些形态。从语音面貌上看,作动词的"锯"和作名词的"锯"在词汇的形式上彼此没有区别。但是,由于作动词的"锯"还有"锯着"等形态,所以可以认为作动词的"锯"字跟作名词的"锯"字在物质上是有区别的。……这是两个不同的词。……它们只在一个形式上是相符的,那就是在词汇形式上。[①]

宋采夫这种说法好像可以把问题解决了,其实不然。词类是词法问题;词既是词汇单位,又是语法单位;是不是同一个词并不能以其是否具有同一个语法形式来规定,而是以其是否有同一个中心的词汇意义来决定呢?俄语的 книга,книгу,книги 等语法形式各不相同,我们并不能因此而认为它们是不同的词,而应当认为它们是同一个词的不同语法作用。"锯"既有一套名词的形态和句法功能,又有一套动词的形态和句法功能,这正说明"锯"的语法作用是多方面的,就是在词类问题上(词类也是词的语法作用)也是如此,并不说明它是几个不同的词;因为宋采夫已经说得很清楚:"它们只在一个形式上是相符的,那就是在词汇形式上"。因为它们在词汇形式上既然相符,而它们的中心的词

---

① 郭路特,《近几年来苏联东方学中的汉语形态问题》,见《中国语文》,1955 年 12 月号,第 32 页。

汇意义又是一样的，它们就不可能不是同一个词。可知，在这个问题上，郭路特教授、宋采夫等语言学家和我们所看到的事实是一样的，不过他们认为在这种情形之下，无数像“锯”这样的词是好几个词，而我则认为它们是同一个而具有不同语法作用(包括词类作用)的词罢了。尽管在实践上，他们也得同样地说“作为名词用的‘锯’，作为动词用的‘锯’”，和我所说的同一个“锯”具有动词作用、名词作用……没有什么不同，但在理论上却有区别。因为根据他们的说法，我们就连什么是一个词都成了问题，更谈不到其他了。

从词的句法功能或词的结合性来说，也是同样的情形。汉语的任何一个词都可以当做句子的主要成分(主语和宾语等)用；这些并且是规定词类的主要的句法功能，然而汉语的任何一个词却都兼而有之。汉语的词尽管在某种情形之下可以有不同的结合性，但在表明词类意义的结合性当中，则没有一定的“限制”，“锯”既能和可以表示其有动词的词类意义的“已经”、“慢慢”、“先”、“后”等相结合，又能和可以表示其有名词的词类意义的“一把”、“铁”、“大”、“小”等相结合，还能和可以表示其有形容词的词类意义的“形”(锯形)、“齿”(锯齿)等相结合。这里，必须澄清几个问题。有人认为像“锯形”、“中国人民”之类的结合虽然是限定关系，由“锯”和“中国”来修饰名词，但是，这种修饰是名词修饰名词、不是形容词修饰名词。当然在有词形变化来规定词类的语言里，名词也可以修饰名词，那正是我们上面所说的词类和词类的句法功能发生矛盾的情形或是表示领属关系的。然而形容词的本质特点就在于能在句子中用作修饰语，汉语的词既要看它的句法功能来规定它的词类，那么，我们就应当以其句法功能为先决条件，因为我们还不知道它是什么类的词，如何能够先假定它是名词，而说它是名词修饰名词呢？说这种结构是名词修饰名词的人，事实上已经推翻了他自己所定的划分词类的标准，因为他已经不是依照词的句法功能来规定它的词类，而是先在脑筋里依据词的词汇意义来说它是修饰名词的名词。其实，这里的“锯”和“中国”应当是具有形容词功能的词，而不是具有名词功能的词。因为它所发挥的功能正是作为形容词本质特点的修饰作用。有人又认为这一类的结构是名词的领属关系。其实领属关系也有个限制：表明"种"和"类"的关系的是修饰关系或限定关系，表明个别特殊事物所占有的才是领属关系，例如英语的 royal palace（王宫）是修饰关系，因为这只说明这是"宫"之一"类"，一般王者之宫，不是公侯之宫，然而 king's palace（国王的宫殿）则是领属关系，因为它说明这是这个个别特殊的国王所有的宫殿。因此，不能把"锯形"和"中国人民"这一类的结构都说是名词之间的领属关系，它总有被用作修饰语的时候，因之它也总有具备形容的功能的时候。

有的人又认为汉语的词尽管可以发挥不同的词类功能，但在这些词类功能之中总还有一个主要的。这就是所谓"本性"与"变性"的问题。"本性"和"变性"的说法本来是王力先生提出来的，王力先生之不再主张这种理论，不是没有道理的，因为我们应当依照什么来规定一个词的"本性"和"变性"，是找不到根据的。有固定的形态来表示词类的词，可以说到"本性"和"变性"或"本性"和"词类的转化"，例如英语的 translation 本来是名词，而被用在 translation work 这个结构里时，就"转化"为形容词或变了性，然而没有固定形态而有不同词类作用的词要凭什么来规定它的"本性"和"变性"呢？可能的根据有两个：(1)依据词的词汇意义来决定，比方说，从词汇意义的角度来说，"花"总是一个事物，因此是名词。然而，正如我们上面所说的，"花"的词汇意义就有几个（一个中心意义和几个附带意义），应以何者为准本已成了问题，何况词汇意义与语法意义是两回事，而词类意义则是语法意义，不是词汇意义呢。(2)以应用的频率为标准来决定，比方说，"花"多用在"事物"的语法意义上，因此，它的本性是名词。然而词的实际应用是言语的问题，不是语言的问题，而语法则是语言问题，不是言语问题，何况言语环境是和应用语言的具体条件有关的，我们可能在一段话里找到完全把"花"用在动词意义之上的情形，也可能在另外一段话里找到完全把"花"用在名词意义之上的情形。再说，要把每一个词在其所有的应用环境里来加以统计，也是不可能的。这种统计在理论上并无根据（一个事物的本质特点不能以其应用频率的"量"来加以决定，一个兵士可以没有上过一次战场而仍然是一个兵士），在实践上又不可能，我们如何能够拿它来做规定词的"本性"和"变性"的标准呢？

至于有的人把汉语词汇里的所有的词分为好几批，其中的一批拿词的形态来加以分类，另外的一批则拿词的句法功能来加以分类，并且分的结果又正好是前一批的词所分出的同样的类别，则是不合逻辑规则的分类法。关于这一点，我们已在上面说过，这里不再多说了。

所以，无论从哪一方面来看问题，汉语的实词都具有不同的词类功能；汉语的实词可以在不同的言语环境里发挥不同的词类功能，但汉语的实词本身却没有被固定在哪一个词类里。我们说它具有不同的词类功能，不但是就其词类意义的多样性，外部形态的多样性，同时也是就其句法功能的多样性来说的。汉语一词多类的事实是谁也承认的。王力先生虽然主张汉语的实词有词类，但是他也说，“在汉语里一词多类的情形比较普遍”。[1] 这里，王力先生只说“比较普遍”，因为他认为应当把“锯形”、“中国人民”之类的结合看做名词和名词的修饰关系，如果认识到这种结构，应当被看做具有形容词功能的词和具有名词功能的词之间的修饰关系，那么，一词多类的情形就不只是“比较普遍”而已，而是几乎没有例外地存在着。任铭善先生曾经说过：“而‘一词多类，词无定类’的说法表面上看来是主张有词类的，实质上却非走到无词类不可。”[2]这是实话。我所说的汉语的实词没有词类的区分也就是说汉语的实词具有多种词类的功能而已。可见，表面上尽管在争论，实质上主张汉语的实词没有词类区分的人却多得很，因为事实如此，谁也不能加以抹杀。

虚词的分类是语言学中没有很好解决的问题之一。虚词也是一种词，它也应当在词类中占一席地。自从亚里士多德把希腊语的词分为四类的时候起，语言学家的词类分别中就有虚词的一分。亚里士多德的四个词类之中，虚词就占了两类（连词与冠词）。发郎的四个词类之中，虚词是一类。唐纳土斯的八个词类之中，也有不少是属于虚词的。即以现代的语法著作来说，苏联科学院出版的《俄语语法》也在俄语的词类中让虚词占了不少地位（如连词、前置词等）。但是，我们也不能否

---

① 《关于汉语有无词类的问题》，见《汉语的词类问题》，第 2 集，第 60 页。

② 任铭善，《主语·宾语问题是怎样的问题》，见《语文学习》，1956 年第 3 期，第 27 页。

认欧洲的语法学家对虚词的分类还没有给以足够的重视，例如他们对实词的词类性质都有比较详细精确的解释，而于虚词的特点则没有那样的加以充分的论述。一直到现在为止，什么是冠词，什么是前置词，什么是副词(一部分副词是虚词，而副词所包括的东西几乎是无所不包的)都还没有弄清楚。这是因为印欧诸语言虽然也有虚词，但其语法的特点基本上是由词形变化表现出来的，不是拿虚词来表达的，结果就把注意力放在词的形态变化或与词的形态变化所表示的语法范畴有关的实词的语法作用的研究上，而忽视了虚词的各种不同的性质。其实虚词的语法作用在某些语言里是有特殊的地位的。即以汉语来说，虚词的作用实在是汉语语法的重点之一；把汉语的虚词都依照其语法作用而归成类别，对汉语语法的掌握具有头等的重要性。其所以重要，不难理解。在印欧各语言用同一个词的词形变化来表示语法作用的地方，汉语并不是都像印欧诸语言似的也拿词形变化来表示，而多半是拿虚词来表示的。尽管从广义的角度来看问题，虚词也是形态之一，外部形态或补助词形态，但是这种形态本身却是一种词。所以，印欧各语言应用词的内部变化来表示语法作用的地方，汉语却可以用虚词。印欧诸语言的语法只把实词加以分类之后，就连带地把词的内部变化所起的语法作用说清楚了，既无需也不能够把表示语法作用的词形变化另归成词类，因为它们根本上就不算是词，如何能归成词类？然而汉语的情形就不同了。汉语的实词不易分类，正因为它们缺乏固定的词形变化或固定的外部形态(补助词形态并不固定为某种词所专有)，这情形就使得汉语表示语法作用的虚词有其相当的独立性(不是完全独立的)，而汉语由于缺乏内部形态的结果而运用的虚词，也就自然而然地比起印欧诸语言来，要多得多。这样一来，在汉语的词类问题上，虚词的类别就要自然而然地成为一个重要的问题。汉语虚词种类之多，正好是和汉语实词之无固定的词类成为一个对照，并且是互为因果的：正因为汉语的实词没有固定的词类，印欧诸语言作为实词词类标志之一的内部形态的作用在汉语里是由词外的虚词来负担的。汉语实词之所以不能固定，正是汉语虚词之所以多样化的一个原因；而汉语虚词之所以多样化，也正好是汉语实词之所以不固定的一个缘故。因此，如果我们说汉语的实词没有固定的词类，这不但不否认汉语词类的存在，实际上反而要承认汉语词类的众多。汉语的虚词都有其一定的语法意义和语法作用，把这些语法意义和语法作用概括起来，可以归成很多的词类，例如把“给”、“被”、“让”、“吃”等概括起来，可以归成“态词”或“表示被动态的虚词”，把“很”、“颇”、“甚”等概括起来，可以归成“量词”。这样概括起来，汉语的虚词将要被归成许多的词类。然而一直到现在为止，我们的语法学家却要一味地模仿印欧语的语法，拿印欧语的语法来套汉语的语法：印欧语的实词分类分得很清楚，我们也要跟着把汉语的实词勉强地照样分一分；印欧语没有多少虚词，因而不再把虚词加以细分，我们也就不再加以细分。在我看来，这种办法并不能正确地解决汉语的词类问题。[①]

八

上面已经说过，一般语法学家就狭义的语法范畴来理解，并不承认法语有“格”的语法范畴，因为法语并没有表示“格”的词形变化。这种看法当然并没有什么错误，但不能使人十分明确地了解语法范畴的特点。语法范畴既是“伴随着词所引起来的基本意义（和另一些观念间）的一种关系观念”[②]，那么，凡是伴随着词的基本意义（和另一些观念间）的一种关系观念，不论是用哪一种语法形式来表达它，都应当被视为语法范畴。布达哥夫曾经说过：“语法范畴乃是语言中取得词法形式或句法形式，而和各种类型的词及词组保持着多样的，甚至是互相矛盾的联系的一些语法概念”[③]，他认为语法范畴并不是伴随着词所引起的基本意义和另一些观念之间的一种观念。他所以这样说，因为同样的语法范畴可以和各种不同词类的词发生关系，例如上面所说的“数”的

① 本文不是专论汉语的词类的。关于汉语的词类问题，我于《汉语语法论》的修订版里有较详细的说明，这里只好从略了。

② 沙赫马托夫，《俄语句法》，1941 年，第 420 页。

③ 布达哥夫，《语言学概论》，时代出版社，1956 年，第 173 页。

语法范畴可以和名词、动词、形容词发生关系。但是，如果我们看到同样的“数”的语法范畴在不同词类的词里所具备的是同一个范畴的各种不同的应用范围，同一个“数”的语法范畴和各不同词类的词的结合具有不同的意义上的差别的话[1]，我们就可以说，语法范畴是伴随着词所引起的基本意义和另一些观念之间的一种关系观念，这些语法范畴是和词类意义有关的一些语法概念。不过，尽管这些语法概念都要有语法形式来加以表达，语法范畴的本质却仍然是语法意义的概括，而不是语法形式的表达方式。语法范畴固然是“在与一定类别的词的密切联系中出现”[2]的，但用什么语法形式来出现，却不能受到限制，因为语法范畴是语法意义学的问题，不是语法形式学的问题，虽然两者之间是有密切联系的。根据这样的理解，虽然就狭义的角度来理解语法范畴，我们不能把法语的名词看成具有“格”的语法范畴（因为语法范畴既与词的词类意义有联系，既与词的词类意义有逻辑上的联系，严格地说，语法范畴的“物质外壳”应当是词本身的形态变化，不应当是词之外的另外一个词，或其他的语法形式），但是，由于各语言的语法形式也还有其不同于其他语言的内部发展规律，用哪一种语法形式来和语法范畴相结合，则有各语言的独特情形。法语的名词固然没有“格”的词形变化，但是法语的前置词 de 却总是和名词连在一起，来表示名词的领属关系的。法语的前置词 de 是一种虚词。虚词尽管是词，却不能在言语里离开实词而完全独立存在，它总是伴随着实词的。法语的前置词 de 其实是伴随着名词而去表示名词的领属关系的，因此它也同样地表达了与名词这一种类别的词有某种语法意义上的关系的语法意义。虚词本身既然是一种语法工具，是一种语法形式，而 de 这个虚词所表达的既是与名词的语法意义有联系的关系意义（甚至于是俄语名词的生格所表达的同样的意义），它就有权利被称为语法范畴的一个组成员，换言之，“格”的语法范畴的一个组成员（生格或领格）。

当然，这不是说法语的 de 这一类的东西是和俄语的生格完全一样

---

① 布达哥夫，《语言学概论》，时代出版社，1956 年，第 68—69 页。

② 同上书，第 173—174 页。

的。语法范畴既然是和语法形式不可分离地结合着的，我们就必须考虑到它是和哪一种语法形式相结合的。在这种情形之下，用词形变化来和“格”的语法意义相结合的语法成分与用虚词来和“格”的语法意义相结合的语法成分之间就有所不同。不过，语法成分尽管不同，语法范畴却是一样的：前者是和词形变化相结合的语法范畴，后者是和虚词形式相结合的语法范畴。因此，法语的“格”和俄语的“格”不能等量齐观。换言之，俄语的“格”是严格的“格”，是由词的本身变化来表示词本身的语法范畴作用的“格”，而法语的“格”却不是这样严格的，它只是用词以外的其他的词来表示词的语法范畴作用的“格”。我们可以说，俄语的“格”是狭义的语法范畴的“格”，而法语的“格”则是广义的语法范畴的“格”。不过，因为一般语法学家已经从概括的程度来把“广义的语法范畴”应用在词类上，为有所区别起见，我们无妨称法语的这一类语法范畴为“准狭义的语法范畴”，因为它仍然是与词类有关的语法意义的概括，与严格的语法范畴只有表达形式的不同而已。

准狭义的语法范畴这个概念有强调提出的必要，因为在研究缺乏词形变化的语言时，如果没有这个概念，就会使我们否认语言与思维、语法与逻辑的关系，而认为这些语言没有表达逻辑范畴的语法成分。比方说，汉语虽然缺乏词形变化，但汉语却一样的有语法形式（虚词）来表达语法范畴。语法范畴是语法意义的概括，而语法意义又是和逻辑概念有联系的。如果我们否认汉语虚词有表达语法意义的作用，那么，汉语的虚词就不成其为虚词了。虚词既是语法工具，它总得是某些语法意义的表达工具，而既是语法意义的表达工具，这语法意义总不能不属于某个语法范畴。比方说，汉语的“了”和“着”，由于它们不是词的一个组成部分，它们不是词的词尾（我们可以说“他哭笑了一阵”，“了”不知道是哪一个词的词尾，是“哭”的词尾，还是“笑”的词尾；我们又可以说：“他就这么天天地吃喝着”，“着”也不知道是“吃”的词尾，还是“喝”的词尾）[1]，因此是虚词，然而它们却明显地表达和它们相伴随着的词（哭、笑、吃、喝）的某些语法关系，动作的完成和动作的持续。在这种情形之下，我们就不能否认它们是表达某种语法范畴的语法工具。于是，我们也就不能否认在汉语里有“体”这个语法范畴的存在，虽然汉语的语法范畴不是由词形变化来表示的。

当然，汉语的情形又和法语的情形不同。法语具有“格”的意义的de，à，par，pour 等前置词（虚词之一种）一定要和某一类的词相伴随着，而这一类的词也只能和具有“格”意义的 de，à，par，pour 等前置词相伴随着，不能和具有“时制”意义的虚词（例如 ai，as，a，avons，avez，ont）相伴随。汉语的情形就不同了。可以和具有“体”意义的虚词“了”、“着”相伴随的“红”、“白”、“剪”等，也可以和具有“单位”意义的虚词“这种”、“这类”等相伴随。其所以能够这样，正因为汉语的词具有多义性，一个词可以具备几个词类意义[2]；正因为它具有几种词类意义，表达各种与词类有关的语法范畴的各种虚词才可以都和它相伴随；也正因为这些表达语法范畴的工具是具有词的形式的虚词，是具有一半独立性的虚词，这些虚词才能单独成为一种等着运用的语法工具；“了”和“着”随时都具有表达“体”的语法意义的能力，只要我们把某一个词

---

① 许多人都认为“了”、“着”之类是词尾，其实词尾是一种特殊的语法形式，不是任何跟着词后面的都是词尾。词尾是词的不可缺少的部分，不能脱离词根而存在，没有任何的词汇意义，但是“了”、“着”之类不但不是词的不可缺少的部分，不用它也可以，同时还具有某些词汇意义，“了”分明还有一些“完了”的意思，虽然它的发音由于虚词在句子里所处的地位而可能起弱化作用，读成 le；“着”分明还有一些“着落”的意义。有的人以德语的 Literatur-und-Sprachwissenschaft 为例，认为词尾可以不必和每一个词连在一起，其实德语的这个结构是复合词的构词法问题，复合词本来就只是一个词，就只有其中的一个组成员（构成复合词的单词）起形态变化。这与“了”、“着”等是两回事。

② 《苏联大百科全书》的“无形态的语言”（第二卷 аморфные языки）条里说：“无形态的语言……是没有附加成分的语言，而各种词类的形态学的不定型性是它的结果。……无形态的语言的显著特点是每个词的多意义性。比方，汉语……‘上’有‘上面’、‘登’等意义”。这一段话可以作为参考。

里的某一个词类意义拿来运用的时候,“了”和“着”就可以立刻伴随着它来,作为表达这词类意义的一个有关的语法范畴(体)的工具。

准狭义的语法范畴这个概念,不但有理论上的根据,而且有实用上的价值,它可以帮助我们解决缺乏形态的语言的语法范畴问题,我们应当在这里强调地提出。

(选自《语法论集》第2集,中华书局,上海,1957年)

汉语的词类

分别词类的标准

一般谈语法的人都要把词分为类别，叫做词类。词类是语法学上的特殊术语，不是一切词的分类都叫做词类。我们可以把词分成单音词、复音词，拟声词、非拟声词，“江”韵的词、“东”韵的词，“见”母的词、“溪”母的词等等，但这些分类都与词类无关。词类是词的语法分类，每一类的词都有特殊的语法意义和语法作用，词有词汇意义，即基本语义，这是谁也不会否认的，但词类既是词的语法分类，它的分别就不是单纯词汇意义的分类，而是语法意义的分类。我们可以依照词的词汇意义，把“红”、“黄”、“蓝”、“紫”、“白”、“黑”等归成一类，把“纸”、“笔”、“墨”、“砚”、“铅笔”等归成一类，但这只是概念的分类，是词汇意义的分类，不是语法的词类。波斯贝洛夫认为词类不是只由语义加以区别的语义类别，而是词的基本的词汇·语法的种类，在这些分类里，实现了把最概括的词汇意义改造为对象、行为（作为过程、状态、品质、数量、状况的标志，概括的指示等）的抽象化了的语法意义。[①] 可见，词类是把词汇意义再行抽象化，而能在句法里实现某种语法作用的词的分类。例如俄语的 настрáивать（调音），обдéлывать（修饰）等，它们都指明动作，而且在句法上都有一定的用法，我们因此就把它们归入动词一类。词类具有把最概括的词汇意义改造为对象行为等的抽象化了的语法意义，同是词汇意义的“发展”，而英语则有不同的词，一是 develop，一是 development，前者是动词，后者是名词，因为人们对客观现象可以依照其所固有的特点加以不同的抽象，同是“发展”，可以把它抽象为语法上

① 《关于词类的讨论》，见《中国语文》第 35 期，第 40 页。着重点是我加的。

的“动作”，也可以把它抽象成语法上的“事物”，于是前者就是动词，后者就是名词。加尔基那·非多卢克说：“同样的一个现实的现象能够在我们的思维里产生不同的概括，在词里产生不同的形式，就是不同的词类。例如颜色的特性可以用名词来表现——белизна（白色），белок（眼白）；用形容词表现——белый（白的），беловагый（浅白的）；用副动词表现——белел（使变白）；用副词表现——бело（白的）。同时，抽象的能力也允许完全不同的现实现象提供、铸造、构成一个语法词类。例如：дом，поле，время，труд，любовь，государство，песня，женщина，ветер，солнце——名词等等”。[①] 所以，必须在词汇意义之上再加上语法意义的归类才有词类。英语的 red，redness，redden 三个词，从词汇的意义上说，都是词汇意义的“红”，但三个词却属于三个不同的语法上的词类：red 把“红”概括成语法上的“性质”，所以是形容词；redness 把“红”概括成语法上的“事物”，所以是名词；redden 把“红”概括成语法上的“动作”，所以是动词。不同的概括表示不同的语法意义，在句子的结构里，它们有不同的用法。

语言和思维是紧密地联系着的，但语言并不等于思维。因此，各语言可以拿不同的形式去表示同样的概括，去表示同样的逻辑意义。汉语虽然没有形动词，但它也可以拿其他的方式去表示俄语的形动词所表示的逻辑意义。然而，我们仍然说汉语没有形动词，这是什么缘故呢？原来，语法是语言的问题，不是逻辑，因此，必须是由语法形式这个“物质外壳”来作为某一词类的标志时，才有某一词类的存在。俄语有形动词的特殊标志，所以俄语有形动词，汉语没有形动词的特殊标志，因此没有形动词，但这不等于说汉语不能表达俄语形动词所表达的逻辑意义。

规定词类有三个标准，库兹涅错夫教授说：“词类是以意义、句法及形态标志彼此相区别的词的语法分类。意义和句法的标志虽然是划分词类所必要的，但总是不够的，如果没有允许划分不同词类的形态标志

① 高名凯译《语言学中的历史主义问题》，五十年代出版社，1954 年，第 167—168 页。

的话。”[1]语言表达思维[2]，思维是反映客观存在的，词的意义有其客观的根据，因此，分别词类应当注意词所表达的语法意义，脱离了语法意义，词就不成其为语法的单位，所以，某一类的词都有其所指明的语法意义，例如，名词指明“事物”，动词指明“动作”或“历程”，形容词指明“性质”。但是，正如上面所说的，同样的一个现实现象可以由人们加以不同的抽象或概括，指明“事物”、“动作”或“性质”等要看它是否有语法上的抽象或概括而定。“中国”、“山”等词的词汇意义当然指明的是“中国”或“山”的词汇意义上的“事物”，但“中国”或“山”之是否是名词或形容词要看是否在语法上再把它抽象成事物或性质，同是一个“中国”，在俄语里就有两种不同的语法意义，一是 Китай，一是 Китайский，前者指的是语法上的“事物”，后者指的是语法上的“性质”；同是一个“山”，在英语里就有两种不同的语法意义，一是 mountain，一是 mountainous，前者指的是语法上的“事物”，后者指的是语法上的“性质”。

词只是语言的建筑材料，必须拿词来造句，词才能完全发挥它的功用，才能使语言成了可理解的东西，因此，词的词类应当看它在句子里的功能如何而定。例如，在句子里能够用作主语和宾语的词，它就具有名词的功能，在句子里能够用作修饰语的词，它就具有形容词的功能，我们可以根据词在句子里发挥其功能的一定的可能性，把它归成类，换言之，即根据词在句子里和其他的词的结合性来规定它的词类。例如，英语的 man(人)可以在句子里和冠词 the 或 a 相结合，可以在句子里和数词 one 相结合，所以是名词。但是，词之所以有这种功能显然因为它具有反映客观现象的意义，而词在句子里的作用也显然是因为拿它去造句之后可以表达反映客观存在的一个完整的思想。man 之所以能和 the 或 a 或 one 相结合，因为 man 的意义所反映的客观存在“人”可以说成“这个人”或“某一个人”。脱离了客观的物质基础，脱离了反映客观存在的意义，它就不能发挥句法功能。

---

① П. С. Кузиецов，*Историческая Грамматика Русского Языка*，莫斯科，1953 年，第 30 页。

② 语言是通过表达思想，作为交际工具用的。

无论是语法意义也好，或句子功能也好，都需要一种语言的物质外壳来作为词类的标志。词类是语法问题，不是逻辑概念的分类（虽然它是以逻辑概念的分类为基础的），脱离了词的语言物质外壳，语法意义也就不存在了，因为没有语言物质外壳的赤裸裸的思想是不存在的。语言的物质外壳有很多种类，有的逻辑概念或范畴就可能不是由语法形式表达出来的，而是由词汇形式表达出来的。例如汉语的阴阳概念不是由语法形式表达出来的，而是由词汇形式表达出来的，而俄语则由语法形式来表达阴阳性和中性。词类既是词的语法分类，我们就必须拿词的语法形式来作为词的分类标准。词的语法形式就是词的形态变化。如果一个词有一种特殊的形态标志，指明这个词指的是语法上的“事物”、“动作”或“性质”的话，我们就可以确定这个词是名词或动词或形容词。库兹涅错夫教授说：“词类应了解为词的分类：各种词类的特征是具有一定的形态学的标志，即每一种类的词（词类）所特有的而不同于其他种类的词（词类）的一定的语法范畴，而这些语法范畴是由词的变化表现出来的。”[①]西洋的语言，因为名词、动词或形容词有其一套特殊的形态变化，作为词类的特征或“物质外壳”，所以，这些语言的词类划分可以一目了然。

词类的分别必须有个“物质的外壳”，这是不可动摇的原则，因为脱离了“物质的外壳”，脱离了“物质标志”来讲词类，就是唯心论的主张，而且事实上是不可能划分词类的。但是这“物质的外壳”是些什么，则有不同的意见。有的人认为词在句子中的结合性就是词类的“物质外壳”，有的人认为必须有词的形态才是词类的“物质外壳”，或“物质标志”。苏联的语言学家们曾在 1954 年 6 月讨论过这个问题。在大会上，大多数的人主张必须依据词的形态来分别词类，一部分人主张只有词的结合性也可以划分词类，没有得到结论[②]。但是经过这一个讨论

① 《语法、语言的语法构造》，人民出版社，第 11 页。

② 讨论会的记录《关于词类的讨论》发表于《语言学问题》（*Вопросы Языкознания*），1955 年第 1 期及《外语教学》（*Иностранные языки в школе*），1955 年第 1 期。译文载《中国语文》，第 35 期。

之后，大家都明确了一个道理，即这三个标准其实是三位一体的，其中而且是以形态为主要标准的。词汇意义当然是划分词类所必须注意到的，但只有词汇意义，正如上面所说的，不可能分别词类，因为同一个“红”的词汇意义就可能指的是语法上的“事物”，或动作，或性质，而且词类的语法意义的词类脱离了语言的“物质外壳”也就不存在了。词的句法功能当然是划分词类所要注意到的，但这功能显然是与词的语法意义有关，而且同一个词可能在不同的场合下有不同的句法功能，如汉语的“吃”既可以作为主语用，又可以作为动句的谓语用。所以，只注意词的句法功能也是不能分类的，因此，还必须注意词的形态。要知道词的形态其实就是语法上的词类意义和词的句法功能的标志。词的形态就是把词的语法类别，词的句法功能拿“物质的外壳”、“物质的材料”把它固定在词的上面的。词类的意义和词的句法功能其实就是词的形态变化所指明的东西。因此，由形态来讲词类事实上就已经注意到词的词类意义和词的句法功能。俄语名词的变格其实就是名词的句法功能的表现，作为主语的应当是主格，作为宾语的应当是宾格，都由词形变化表现出来了。正因为这个缘故，我们同意拿词的形态作为分别词类的主要标准。这并不是说我们不注意词的语法意义，不注意词的句法功能，而是说在这三位一体的分别词类的标准当中，我们认为形态是最主要的。这意见是和苏联科学院于去(1954)年所召开的关于词类讨论会的精神相符合的。巴尔胡达洛夫(Бархударов)在给讨论会做出总结的时候指出，作为词类的词的必要标志应该是具有外部的、物质的标记……大部分发言人倾向于不承认词在句子中的功能为区分词类的主要标准。同时，显然的，在表征出词类的若干标志之中，必须包括它们跟其他词的结合能力。[①]

汉语有没有词类的分别

关于汉语有没有词类分别的问题，一向有种种不同的看法。西洋

① 《关于词类的讨论》，见《中国语文》第35期，第42页。

的汉学家在研究汉语语法时，一般的情形，都拿西洋语的一套词类来把汉语的词分为几类，如法国汉学家戴遂良(Wieger)[①]、加斯皮尔曼(Gasperment)[②]、儒莲(Stanislas Julien)[③]等就是这样做的。另外一些人，如德国汉学家葛柏莲(Gabelentz)则在其所著的《汉文典》里认为汉语的词应当分为两种词类，一是词的基本类或自然类，一是功能类[④]。而法国的汉学家马伯乐(Maspero)则认为汉语的词没有词类的分别[⑤]。在苏联方面，一般汉学家多半认为汉语的词可以分类[⑥]，而一般语言学家，如契科巴瓦(Чикобава)[⑦]和库兹涅错夫[⑧]等人则认为汉语的词没有词类的分别。我国的情形，马建忠在《马氏文通》里把汉语的词根据词汇意义加以分类，而黎锦熙则曾经有过汉语"词无定类"的主张，王力则曾经依照叶斯柏森(Jespersen)的理论，认为汉语的词可以依照词义分为词类，依照词在句中的功能分为词品。在这样复杂的意见当中，我们应当用科学的方法来把汉语的词类问题作个彻底的解决。

汉语有没有词类的分别呢？这问题的解决，首先要看什么是词类？分别词类要拿什么作标准？上面已经说过，词类是词的语法分类，划分词类是拿意义(而且是语法意义，不是词汇意义)、句法功能和词的形态三位一体的标准来规定的，其中又以词的形态为主。可见，只根据词的词汇意义而加以分类的，是错误的办法，马建忠的错误就在于他完全依照词汇意义来分类。可见，把意义的分类和功能的分类作为两个截然不同的类别，也是错误的办法，因为它割断了意义和词在句中的功能的关系。葛柏莲的错误也就在于他把这两者的关系分割开来，同时又在于只照词义来分类，显然是脱离了词类的"物质外壳"来进行的。其实，

---

① 见其所著 *Rudiments de parler et de style Chinois*。

② 见其所著 *Etudes de Chinois*。

③ 见其所著 *Syntaxe Nouvelle de la langue Chinoise*。

④ *Chinesische Grammatik*.

⑤ *Les langues d'Extrême-Orient*, Encyclopedia Française, tome I, Larousse, Paris.

⑥ 如鄂山荫在《苏联大百科全书》汉语条里的主张，龙果夫在其《现代汉语研究》里的意见。

⑦ 见其所著《语言学概论》下册，高等教育出版社，1955年，第172页。

⑧ 见本书《绪论》第四章所引库氏文。

要看汉语有没有词类的分别，就要拿上面所说的词类分别标准来衡量。根据这标准，我们认为汉语的词可以分为实词和虚词两大类，而汉语的虚词又可以分为许多类。

关于汉语的虚词可以分成许多类，没有人提出异议，但是，汉语的实词是否可以再行分类，大家的意见就不一致。我们认为汉语的实词不能再行分类，这意见是许多人所反对的，反对的理由不外下面几种，让我们一一加以说明。

（一）有的人认为说汉语的实词没有词类的分别，就等于说汉语是低级的语言，因此认为不能说汉语的实词没有词类的分别。持这种论调的人用心是良好的，但是他们是站在一个极端错误的理论上来看问题的。19 世纪的比较语法学家们和马尔（Mapp）都曾说过汉语没有词类，没有形态变化，因此汉语是低级的语言。持这种论调的人不愿意把汉语说成低级的语言，然而却不知道拿什么论证来证明。他们全盘接受了这个错误的理论，认为语言有高级和低级的分别，认为没有印欧语所有的那种词类分别和形态变化的语言就是低级的语言，因此，如果说汉语没有实词的词类分别，根据这个理论，自然就只能得出一个结论：汉语是低级的语言。其实语言并没有高级和低级的分别，任何语言，除了不再为人们所应用或变成了“社会方言”之外，都能够很好地为说话人社会服务，都能够表达说话人社会所要表达的思想，都能够很好的作为说话人社会的交际工具用，都能够随着社会的发展而发展着。上面已经说过，各语言尽管有不同的语法结构，但各语言却都能够表达同样的思想。各语言的不同的语法结构只说明各语言的特点，不说明各语言的高低。何况，汉语尽管在词的形态变化上没有印欧语那样丰富，词类的分别不是印欧语的一套，但汉语之应用虚词和词序却远非印欧语之所能及。我们既不能拿汉语作为高级语言的标准，来断定没有汉语这样富于虚词和词序规则的印欧语是低级的语言，也不能够拿印欧语作为高级语言的标准，来断定缺乏实词的词类分别和词形变化的汉语是低级的语言。兹维金采夫在最近的一部著作里说：“因此，只有使语言与社会脱离，剥夺它的全民性，或者社会死亡，才会引起语言的退化和死亡。……上述的各种条件可以使语言停止发展，或者使其趋于死亡。在所有其他的情况下,语言都是可以发展的。换句话说,只要语言作为社会组成员的交际工具而为社会的需要服务,同时是为整个社会服务,并不站在偏爱某一阶级或某一社会集团的立场,那么,语言就是处在发展的过程中。如果遵守上述各种使语言本身能够存在的条件,语言就只能是处于发展的状态;由此可知,语言(活的语言,而不是死的语言)的存在形式本身就是它的发展。在谈到语言发展的时候,不能只一味拘泥于语言形式方面的变化,拘泥于词尾变化和其他形式变化的增加或减少。我们不应该忘记,语言是与思维具有密切关系的……因此,语言发展的必要的先决条件不仅是它的形式完善,而且还要有丰富的内容。从本质上来说,二者是密不可分的。在这样理解语言的情况下,语言发展的具体表现不仅在于它日益增加新的规则和新的形式,同时还在于它的不断完善、改进和修正已有的规律。……因此,使语言更加完善的过程的形式,会依语言的构造和在语言中现在起作用的语言内部发展规律而有所不同。"[①]他又说:"各种语言发展速度的急缓,并不能作为说明某种语言比另一种语言发达程度大或小的根据。例如:下列事实即特别明显:英语在同一历史时期的范围内,其语法方面的变化比德语大得多,这绝不是说英语现在要比德语发达得多。如果根据语言在比较少数的时间内的发展来判断语言发展程度的大小,那是不合逻辑的和不适当的,但在语言科学的现阶段中还没有任何尺度可以用来比较和评定它们的'综合'状态。显而易见,这样的尺度也是不能有的,因为各种语言是依照自己的特殊的内部规律、以自己的特殊方式来发展的,它们的发展过程具有各种不同的形式,因此,实际上,在这种情况下就成为不能比拟的现象。"[②]可见,语言尽管可以发展或因其不为社会服务而不发展,但各语言之间却并没有高低的区别,因为各语言都有其不能比较的特殊的内部发展规律,而仅仅某种语法形式之有无更不能作为评定语言高低的标准。要知道资产阶级的语言学家也曾拿

① 兹维金采夫,《语言的内部发展规律》,时代出版社中译本,第14—16页。着重点是我加的。

② 同上书,第23页。着重点是我加的。

与马尔相反的根据来说明语言有高低的分别的。叶斯柏森就是这一学说的创始人。他认为英语在其存在的历史时期中,逐渐改变它的语法结构,由综合结构变成分析结构。他又认为只有在历史途程上依照分析方向前进的那些语言,于其发展中才会有进步存在[①]。根据这种理论,形态少的语言反而是进步的语言,形态多的语言反而是退步的语言。这也同样是错误的。总之,我们不能在各不同语言之间评定其高低,虽然为各全民社会所运用的语言都随着社会的发展而发展着。

如果有人认为语言有高低之分,而高低的标准又在于有没有词类、有没有形态的话,那么,他的结论就会和他的愿望恰恰相反,他就不可避免地要认定汉语是低级的语言。语言既有高低之别,高级语言既以有无词类和形态为标准,那么,汉语就只能被认为是低级的语言,因为尽管他说汉语的实词有词类的分别,汉语的词有形态,他却没有能够否认汉语的词类分别没有印欧语那样清楚,俄语有形动词,汉语没有形动词,汉语的形态总没有印欧语那样多,这不就等于说,汉语无论如何也赶不上印欧语,也没有印欧语那样“高级”吗?何况世界上有许多语言,如果汉语不是低级的语言,难道根据这种理论,别的语言就可以不分个高低吗?所以,这种论调是极端错误的。汉语实词有没有词类的分别应当只是汉语语法的特点问题,不应当和高级或低级的语言连在一起谈,汉语有没有词类都不会影响汉语是高度发展了的语言。

(二)有的人认为汉语的实词可以分类,因为世界的事物都可以分类,词的分类是客观存在的,我们的意识一听到“吃”、“喝”之类的词,就知道它指的是动作,它是动词。这种论点实在是很不容易成立的。上面已经说过,词当然可以分类,而且可以分出许许多多的类,但这不是语法上的词类。词可以分类并不足以说明语法上有词类的存在,正如人可以分类并不足以说明人可以分为三头六臂和无头有尾的人。词类是客观存在的,只是一句断语,这断语需要论证加以证明,只说词类是客观存在的,而没有加以证明,是任何科学家也不能满意的。“吃”、“喝”等一听就知道它指的是动作,也许是事实。“从词汇意义上说,确

---

① 兹维金采夫,《语言的内部发展规律》,时代出版社中译本,第12—13页。

是如此”，但语法科学的知识并不是就能够这样得到的，何况没有人一听到人家说“他有三好：吃、喝、穿”，就会知道它指的是语法上的动作，相反的，却会知道它指的是“吃”、“喝”、“穿”这些事，在语法上是把“吃”、“喝”、“穿”当做事物来了解的。所以，这种论调是和科学相去太远的。

（三）有的人知道形态是规定词类的主要标准，于是他们就设法证明汉语的实词有形态。他们所说的形态有下面几种：

A. 声调的变化或“读破”是分别词类的形态。这种理论是有所本的，它的来源是高本汉的《汉语词群》(*Word Families in Chinese*)，高本汉在这部书里以为在汉语古代文献中常常有一字两读而表示词类不同的情形。例如：“从”字有名词和动词的分别，作为“从者”解的名词念为 tsi̯ung，而作为“随从”解的动词则念为 d'i̯ung；“长”字有动词和形容词的分别，作为“生长”解的动词念为 ti̯ang，而作为“长短”之“长”解的形容词则念为 d'i̯ang；“朝”字有名词与动词的分别，作为“早晨”解的名词念为 ti̯og，而作为“朝见”解的“动词”则念为 d'i̯og。这是以同样写法的字来说。高本汉又以为就是不同写法的字，因为发音相类，意义相若，也可以表示词类的分别。例如：“碇”是名词，念为 tieng，而“定”则为动词，念为 d'ieng；“子”是名词，念为 tsi̯eg，而“孳”则为动词，念为 dz'i̯eg；“中”是名词，念为 ti̯ông，而“仲”则为形容词，念为 d'iông。[1] 我们暂且不讨论高本汉的古音拟构是否正确。即认其为正确，这种情形也不能证明这些词有词类的分别。按上所述，高本汉所谓汉语之有词类分别者，实有两个根据：一是我们所谓的“读破”，即一字两读的情形。一是形声字中读音略有不同而表示词类之不同者。但虽为两点，而合在一起讲，实只是一个原则，即：高本汉以为汉语中读音的略有不同表示词类的分别。高本汉只注意到清浊和吐气不吐气的不同，实则汉语的“读破”还有声调的问题。例如：“生长”之“长”与“长短”之“长”不但有吐气不吐气，清声或浊声的分别，实在还有声调的不同（生长之“长”属上声，而长短之“长”则属下平声）。我们知道语法成分的成立不仅依

---

① 见高本汉，*Word Families in Chinese*，末节。

赖词尾的“屈折”，声调的不同以及辅元音的变化都可以表示。高本汉就是根据这个原则，以为古汉语是有词类的分别的。然而我们试就高本汉所举的例而研究之。第一，高本汉清浊吐气而分词类的原则并不是应用在某两种词类的分野，例如：名词与动词，而是表示一种空泛的普通的不同。例如：“碇”、“定”的分别是名词和动词，而“中”、“仲”的分别却是名词与形容词；两个“从”的分别是名词和动词，而两个“长”的分别却是动词与形容词。不但如此，高本汉还以同样的原则去解释语法范畴的不同。例如：念为 kian 的“见”是“主动”，而念为 g‘ian 的“见”（或现）则为“被动”。这更是说不通。语法的结构有逻辑根据，哪能用同一的原则去应用在一切不同范畴的分别之上？第二，高本汉并没有告诉我们除了这些例子之外，其他有同样分别的词是不是也应当有语音上的分别。他也没有告诉我们有同样的发音分别而没有所谓词类的分别到底是什么理由。例如：他认为“螽”念为 ti̯ang 而“虫”念为 di̯ông，然而“螽”和“虫”都是他所说的名词，而意义上却有相关。原来高本汉的错误就在于他误把词义学的问题当做词类的问题[①]。要知道这种“读破”确有存在，而形声的引申也确可以创出许多音相似而义亦相近的词。然而这只是每一个新词的创作问题，并不是语法上的词类的分别。例如：高本汉以为念为 ti̯ang 的“长”字是动词，而念为 diang 的“长”字是形容词；然而“长者”的“长”不是所谓形容词而与“生长”的“长”字同样念法吗？这是由于基础的词汇意义引申出新的词汇意义，再由语音的变化去分别两者的不同。这种变化的方法很多，高本汉所云不过是其中的一种。这新的词汇意义可以带名词的功能，也可以带动词的功能，也可以带其他词类的功能，而这功能也并不是固定的，要看它在句子里的地位如何而定。所以在这个地方，所谓音变实在是代表两个词，并不是代表一个词所起的两个语法上的变化，而每一个词也都可以具有各种不同的词类功能。例如：“和”字，《说文》谓“相应也”。

---

① 刘复也不重视“读破”的作用（见其所著《中国文法通论》第二讲第一节《附篇》，第48—52页）。但其立论是在于“读破”方法之不普遍；我这里则以意义学的立场来说明不同声调的读法是代表不同意义的词，不是语法变化。

《易经》有“鸣鹤在阴,其子和之”一句,《战国策》有“与荆人和”一句。前者是“相和”的意思,即《说文》所谓的“相应也”。后者有“讲和”的义训。《尔雅》训“和”认为是“笙之小者”。“和”的最初意思当是“笙之小者”。因为“笙之小者”是乐器,用以调和乐调的,所以可以引申为“相应”、“和诗”、“调和”、“和平”、“温和”、“讲和”等意义。这些又可以归纳为两大类:一是“相应”,一是“调和”。这两个不同意义的“和”,按段玉裁所说:古时是念为同一声音的。然而《广韵》却列训为“笙之小者”,“和顺也,谐也”,“不坚不柔也”的“和”字入下平声戈韵而列训为“声相应”的“和”字入去声过韵。现在的口语,这两个不同的读音还存在。可是这并非语法的不同。因为下平声的“和”可以具有各种词类功能,如“我和解他们的争论”(动词),“天气很温和”(形容词),“世界的和平”(名词),而去声的“和”也可以具有各种不同的词类功能。如:“我和他一首诗”(动词),“我给他寄了一首和诗”(形容词),“调高和寡”(名词),声调的变化实在是代表从同一来源所引申出的不同词汇意义的词,不是代表词类的不同。我国古代学人常常用“假借”去解释同一方块字所表示的不同的词;他们知道文字不过是代表语言的,只要能够代表音就行,并无所谓“别字”的问题[①]。现在去古太远,人们反而被文字所迷而看不出文字背后所代表的词。实则“读破”乃是用同样的方块字去表示不同词汇意义的词。

其实不只是高本汉,远在18世纪,法国马若瑟神父(Prémare)即谓汉语有名词和动词之形态的分别,声调之变化可使名词变为动词,动词变成名词[②]。19世纪末叶德国康拉迪(Conrady)也认为汉语的动词有及物与不及物(外动与内动)两种动词的形态分别。这分别是由于声母的清浊。清者为及物动词,是前加成分所留下的痕迹。浊者为不及物

---

① 章炳麟在《国故论衡》中说“古人为之,谓之通借,今人为之,谓之别字”,可作参考。

② 见马伯乐文 *La Langue Chinoise*, Conférences de L'Institut de L'Université de Paris, 1933, p. 64。

动词，本来没有前加成分[1]。康拉迪后来又以声调的变化为根据，认为古汉语的询问虚词都是上声字[2]。这些理论的困难都是在于语义问题和语法问题的相混。

B. 汉语有拿重叠作为形态的。汉语事实上有拿重叠来表示语法作用的地方的，但这重叠既不是词的形态，也与词类的分别无关。词的形态是词内的音缀的重叠，而汉语的重叠则是词的重叠，与词的内部形态无关，"日日"、"人人"的重叠，只像英语的"very very good，""merrily merrily I say unto you"之类，不等于梵语的 ghurghurah，没有人认为英语的"very very good"是词形变化。何况重叠之后表示些什么呢？我们既可以说"天天是星期天"，也可以说"他天天来看我"，也可以说"天天的事，天天了"，这重叠到底说明了"天天"是什么词类的词呢？再何况重叠并不能使一类的词不同于其他种类的词呢。"我慢慢说"，"树上结了一个红红的人苹果"，"我到外边去跑跑"，"人人都喜欢他"，重叠说明了什么词类的分别呢？

C. 词头词尾作为词的形态的，汉语的确有一部分词头和词尾，但这些词头和词尾都只是构词法上的形态，不是词类分别的形态。库兹涅错夫说："对于任何语言，划分构词的形式和词形变化的形式之间的界限是很重要的。构词的形式指的是从同一个词根构造成不同的词，……词形变化的形式指的是同一个词的各种不同的变化。"[3]许多人没有了解这种区别，他们把构词法上的形态看成了一般的词形变化，因此就认为汉语中的"子"、"儿"、"者"等是名词的词形变化，是词的形态。其实，像"子"、"儿"、"者"之类确是词尾，但这词尾和一般的词形变化的词尾无关，只是拿它来构造另外一个词罢了。比方说："者"是词尾，加在"工作"之后，成为"工作者"，"工作者"已是另外一个词，与"工

---

① Conrady, *Eine Indochinesische Kausativ-Denominativ-Bildung und ihr Zusammenhang mit den Tonakzenten*, Leip zig. 1896.

② *Der Altchinesische Fragesaz und der steigende Ton*, M. S. O. S, Berlin, 1915, Ostasiat, Aft., pp. 261—297.

③ 《语法・语言的语法构造》，第 18 页。

作”不同,因为“者”已是“工作者”这个词的一个不可缺少的部分,去掉了它,“工作者”这个新词就不存在。但是“工作者”就不一定是名词,因为它可以和“身份”结合在一起,组成“我以工作者身份来说这句话”,于是,以句法的功能来说,它就具有形容词的功能。“子”和“儿”也是同样的情形。有的时候,“子”和“儿”只是词的一个音缀,如“桌”加“子”,成为“桌子”,意义并没有不同,但并不因为加了“子”,“桌子”就一定是“名词”,“桌子”可以和“面”相结合成为“桌子面”或“桌子的面”,于是,根据句法功能,它就具有形容词的功能。至于“李”加上“子”,成为“李子”,就构成了另外一个词,“李子”指的是李树的果实,不是李树,但这“李子”也并不一定是名词,“李子核儿”之中的“李子”,根据句法功能,就具有形容词的功能。“儿”有的时候,只表示感情作用,说话随便些,许多词都可以加上“儿”,没有什么分别词类的作用,“慢慢儿”、“好好儿”、“脸盆儿”、“玩儿”的“儿”都不能把这些词规定成某一特定的词类。有的时候,“儿”是构词法的形态,加上“儿”,就成为另外一个词,如“白面”和“白面儿”,加了“儿”并不使这两个词成为不同词类的词,例如这“白面儿”就不一定是名词;在“白面儿粉儿”这个结合里,“白面儿”却具有形容词的功能。可知这些形态都只是构词法上的问题,与词类的词形变化无关。有的人为着说明这些词是名词,就说加在另外一个词前面作为修饰者用的仍然是名词,如“中国风俗”中的“中国”,“桌子面儿”之中的“桌子”,“李子核儿”之中的“李子”仍然是名词。这种说法是不正确的,一来根据词的句法功能,这种场合之下的这些词分明是修饰语,而修饰语正是形容词的特征之一,如果否认这些词具有形容词的功能,就必须否认句法功能在分别词类中所起的作用,二来这种场合下的这些词,在有形态变化的语言里,多半都带有形容词的词尾,如果我们认为它们不是形容词,那么我们就必得否认说汉语的人有把这些词汇意义抽象成“性质”的能力,换言之,就得承认说汉语的人不可能把“桌子”、“李子”等抽象成“性质”;因为我们并没有其他的语言形式可以表示这种抽象的,这就是一个非常危险的结论。其实说汉语的人显然也能够把“桌子”、“李子”等抽象成“性质”,只是主张加“子”的词必得是名词的人硬要否认这种抽象能力罢了。

D. 认为“了”、“着”、“的”等为形态的。大多数研究汉语的人都认为“了”、“着”、“的”之类的语言成分是虚词，不是形态，但是也有一部分人认为它们是形态，有的原先认为它们不是形态的，也为着要“证明”汉语的实词有词类的分别，而又把它们说成形态的。其实，词的形态和补助词或虚词是有区别的。词的形态是词的变化，它是词的构成成分，不能脱离词，而词也不能脱离它们。汉语的词并不是非得和这些成分结合在一起不可，只是在必要的时候，拿它们来补助说明而已。我们不一定要说“吃了”，说“吃过”也行。“了”而且可以放在很远的地方，如“我吃三碗饭了”，更值得注意的，补助词或虚词是个词，我可以在词典里找到它们，就是用作语法工具的时候，它们也还保存有一些实词的意义，“了”是“完了”的意义，它本来是个实词，现在虚化了，也还是拿“完了”的意义来表示动作的完成的。这不是词的形态变化所有的情形。所以，我们同意龙果夫教授的意见，认为汉语的实词没有形态的变化。[①]汉语里还有一种特殊的情形，如果说“了”是动词的形态，那么，它就只能够和一般人所说的动词——“走”、“吃”、“喝”之类的词连在一起，作为它们的词尾，可是，事实上并不如此，我们还可以说“红了”、“好了”、“剪了”、“怎样了”、“奈何了”，可知“了”并不是某一类词的词尾，而其自身本来就是一种词，不能把它看做是词的形态。就是有人把它看成词的形态，它也只是广义的形态变化或词的外部形态，它也不能帮助我们解决词的分类问题，因为和它相结合的词还可以和其他不同类的所谓外部形态相结合，如“好”既可以和“了”相结合，也可以和“三”相结合（三好），又可以和“的”相结合（好的），于是“好”到底是什么类的词，就没有能够由“了”来规定了。

（四）有的人认为汉语虽然没有分别词类的形态，但可以根据词和词的结合性来规定汉语的词类。比方说，可以和数词（一、二、三……）、指示词（这、那）、数位词（个……）相结合，而能够在前面加修饰语的是名词，可以和否定词“不”相结合，而后面可以加“了”、“着”等虚词的是动词，可以和“很”、“非常”、“极”等相结合，而后面可以加“的”，加被修

① 龙果夫，《现代汉语语法研究》，译文见《中国语文》，第31期，第5页。

饰语的是形容词。这种说法在一般的理论上应当认为是正确的，但不能解决汉语实词的词类问题。要知道绝大多数的汉语的词都不只有一种结合性，汉语绝人多数的词都可以跟许多种类的词相结合。例如“火”、“言语”等既可以和数位词相结合（一团火、一段言语），又可以和指示词相结合（这团火、这种言语），又可以和“的”相结合（火的热度、言语的内容），甚至于可以和“了”类相结合（火了、言语了），和“不”相结合（不火了、不言语了），又可以前面加修饰语（红火、热烈的言语），又可以后面加被修饰语（火红、言语的热烈）。像“中国的伟大”和“伟大的中国”这两种不同的结构，在汉语里是普遍存在的。根据这种理论，我们就无从规定“中国”是什么词，“伟大”是什么词。如果说“中国的伟大”中的“中国”具有形容词的功能，而“伟大的中国”中的“中国”具有名词的功能，那么，结论就是“中国”没有固定的词类。主张汉语实词有词类分别的人当然不愿意这样说。于是，他们认为两个“中国”都是“名词”，两个“伟大”都是“形容词”。然而这种说法的结论是什么呢？就是在“中国的伟大”中，“中国”是“名词”，“伟大”是“形容词”，“名词”限定“形容词”，这是我们所不能了解的。又如“好”、“坏”等既可以和“很”相结合（很好、很坏），又可以和“不”相结合（不好、不坏），又可以和“了”类相结合（好了、坏了），又可以和数词、指示词、数位词相结合（三好、一坏；这种好、这种坏），又可以和“的”相结合（好的、坏的），又可以前面加修饰语（大好、大坏），又可以后面加被修饰语（好事、坏事）。如果根据词与词的结合性来规定词类的理论是正确的话，我们也就非被迫承认汉语的实词没有固定的词类分别不可。又如“团结”、“运动”等既可以和“了”类相结合（团结了、运动了），又可以和“不”相结合（不团结、不运动），又可以和数词、指示词、数位词之类相结合（这种团结、一个运动），又可以和“的”相结合（团结的精神、运动的进行），又可以前面加修饰语（紧密的团结、剧烈的运动），又可以后面加被修饰语（团结的力量、运动的方法）。如果根据词和词的结合性可以规定词类的理论是正确的话，这情况也就只有强迫我们承认汉语的实词没有词类的分别。要知道主张可以拿汉语的词和其他的词的结合性来划分汉语实词词类的人，他们的理论根据就是坡斯贝洛夫教授等人的主张，然而他们却没有了解坡斯贝洛夫教授的意见。坡斯贝洛夫教授说的是："词类的语法形式表现在词的词形变化的一定性质上（或者相当于这个的不变化性的变化）和它们跟其他种类的词的结合性的一定限制上，以及构词法的一定的形态学类型上"。[①] 而主张汉语的实词有词类分别的人却只拿和"了"、"着"等相结合的情形来规定某一个词是动词，而没有注意到这种结合性是不是有一定的限制，没有注意到和"了"等相结合的是否只限于某些词，而这些词是否也只限于和"了"等相结合。

上面已经说过，划分词的标准是词的语法意义、句法功能和形态三者，这三者而且是三位一体的。拿这标准来衡量汉语的实词，就很难使我们承认汉语的实词有词类的分别。

最值得注意的就是，1954 年苏联科学院所召开的大会上，尽管在划分词类的标准上有不同的意见，但对汉语的词类问题，却只听到沙皮罗教授否认汉语有词类的发言，他说："词类不是世界上一切语言所必须有的。世界上有许多语言（例如汉语），在这些语言里，词并不依照以特殊的形态标志的特征的一定类别进行归类，——应用到这些语言里去的时候，没有任何理由可以谈到词类"。[②] 一般主张汉语的实词可以分类的人们，在他们的研究实践当中，事实上已经承认汉语的实词没有词类的分别，因为他们总要在讲完某一词类之后，加上一句话：这种词在别的场合下又可以作为别的词类用。汉语的词并不是没有形态，但这形态只表现在构词法和一些虚词的语法作用上，并不表现在实词的分别上，即使我们承认"了"、"着"、"的"之类的虚词是形态，也不能证明汉语的实词有词类分别，因为可以和"了"、"着"、"的"之类的虚词相结合的词还可以和其他极不相同的一类虚词相结合。即使我们承认不必用形态，只要用词和词的结合性来规定词类，汉语的实词，正如上面所说的，也不能分别词类。即使我们承认只凭语法意义可以规定词类，汉

---

① 见《关于词类的讨论》，《中国语文》，第 35 期，第 40 页。

② 《关于词类的讨论》，见 *Иностранные языка в школе*，1955 年第 1 期，第 127 页。讨论记录分别在该刊及《语言学问题》上发表，《语言学问题》的记录有许多删略的地方，《中国语文》的译文是根据《语言学问题》所发表的记录翻译过来的，因此，没有这一段话。

语的实词,正如上面所说的,也不能够划分词类。如果我们认为分别词类必须以词的语法意义、句法功能和形态三位一体的标准来进行,那就更不能把汉语的实词来加以分类了。一般主张汉语的实词有词类分别的人并不是从汉语的实际情形出发,而是希望把汉语的实词说成有词类的分别。这其中有两个原因:(一)他们认为说汉语没有词类,就等于说汉语是低级的语言。这种想法,正如上面所说的,根本上是从一个错误的观点出发的。(二)他们认为不讲词类就不能讲语法。这种观点也是同样错误的。语法的范围很广,词类只是其中的一部分,汉语虽然没有实词的分类,这也并不等于说汉语的任何词类都不存在,这也并不等于说汉语就没有语法,汉语的语法就没有方法讲。何况我们虽然认为汉语的实词没有词类的分别,汉语的实词没有足以分别词类的形态,我们却强调的指出汉语的语法在虚词和词序方面远非印欧语之所能及呢!何况我们虽然否认汉语实词的词类分别,却并没有否认汉语的实词在句子中的词类功能呢。要知道以为不讲实词词类就不能讲语法也是站在一个错误的观点来看问题的。他们认为只有印欧语所有的语法结构才算是语法,别的语言所有的语法结构就不算是语法。并且汉语语法的研究所以陷入困难,其中的主要原因之一,就是硬把汉语的词归入一个固定的词类。我们现在甚至于连什么是名句、动句、形容句,什么是主语、宾语等都没有能够说个明白。因为一定要把“红”固定为形容词,结果“花红了”就只能是形容句,然而到底什么是形容句就说不清了。因为一定要把“吃”说成动词,结果“吃是人人都想到的一桩事”的“吃”就只能是动词,然而动词怎样会是主语,主语到底是什么就说不清了。“我不好吃”的“吃”,如果是动词,那么,动宾结构是什么?宾语是什么就说不清了。一连串的问题都发生了。这样的情形只有使汉语的语法研究成为不可理解的东西。汉语有其独具的特点,我们为什么一定要拿印欧语的语法格局来硬套在汉语的头上,而不愿意依据汉语的具体特点来研究汉语语法的内部规律呢?

汉语实词的词类功能

汉语的实词虽然不能分词类，但这不等于说汉语的实词在具体的句子结构里没有词类的功能。

语言是抽象思维的担负者，而抽象思维则是客观存在在人脑中的反映。既是反映，它就必定要受到客观世界的决定，所以，语言是有客观世界作根据的。语言既通过它所表达的思想而反映客观的存在，那么，我们所说的话总是要说明客观世界的某一现象是什么东西，客观世界的某一现象是什么样子，客观世界里发生了什么事情。因此，句子总可以分为名句、动句和形容句，而作为反映客观世界的句子之中的每一个词也总要反映客观世界各事物之间的关系。因此，词在句子中总要指明客观世界的某一事物，描写客观世界某一现象的性质，叙述客观世界某一现象的发生。如果我们说某一个词有词类的分别或没有词类的分别，这只是说，某一个词是否有一定的范围在句子里只能指明事物，或性质，或动作。如果这样的话，我们就说这个词是名词，或是形容词，或是动词。如果一个词可以由于不同的场合而指明事物，或性质，或动作的话，它就没有固定的词类。然而这个词总要加入句子作为句子的成分，而在加入句子的时候，它也总要在这特殊的场合下指明事物、性质或动作，也总要在这种场合下具有名词（指明事物的词）、形容词（指明性质的词）、动词（指明动作或历程的词）的功能。我们说汉语的实词不能分词类。这句话只说明汉语的实词并没有一个固定的功能，它可以在不同的场合里具有不同的词类功能。正因为它可以具备不同的词类功能，我们才不能说它是某一个固定的词类。词类功能和词类是两个不同的概念。要规定词类必须说它是哪一种词，我们显然不能够把同时可能具有不同词类功能的词说成某一固定词类的词，正如我们不能说某人又姓张，又姓黄，又姓李，又姓赵，而让人家知道他是姓什么的。但这没有固定词类的词却可以在不同的场合下由于不同的句法作用具有不同的词类功能。有形态变化的词，已由形态把它固定在某一种词类之上，因此，这种词在句子里只能担任某一固定的词类功能。汉语的词既可以由于不同的结合而指明"事物"、"性质"或"动作",它就能够在不同的场合下具有不同的词类功能。这是根据汉语的实际情况而得出的结论。有的人认为发挥不同词类功能的词就是不同的词,例如"红"既是名词,又是形容词,又是动词,而且这三种"红"就是三个不同的词。这种说法在实践上和我们的说法是一样的,他们也同样地注意"红"的三种不同的词类功能,但在理论上却和我们的说法不一样,他们否认了同一个词的统一性,如果因为有不同的功能就说成不同的词,那么,汉语的每一个"词",如"红"就不只可以分为三个词,甚至可以分为几十个词,词不但在语法上有不同的功能,就是在词汇系统里也可以发挥不同的功能,如果根据这个理论来处理问题,首先就要先依照"红"的中心意义和附带意义分成许多词,再把这许多词分成词类。这样看,连一个词是什么都成问题了。有的人不愿意面对汉语的这个事实,要把汉语的每一个词规定成一定的词类,他们以为这样一来,汉语就不会被认为是低级的语言,汉语的语法才有办法讲。其实,脱离了实际来下这种断语,结果只有把汉语说成低级语言,只有使汉语的语法无从讲起。上面已经说过,把语言看成有高级和低级的分别,把印欧语所有的词类分别和形态变化来作为高级语言的标准的理论只能够迫使我们承认汉语是低级的语言。所以,要把汉语说成高级语言的人们,结果却只能得出汉语是低级语言的错误的结论。把汉语的词勉强分为固定的词类,对汉语语法的讲解有所帮助吗?在我们看来,不但没有帮助,而且反而造成极大的混乱,比方说,一定把"红"说成形容词,把"火"说成名词,把"好"说成形容词,把"运动"、"团结"、"吃"、"喝"等说成动词,结果如何呢?首先,我们就不能够对任何人(甚至于自己)解释"红了"的"红","火了"的"火","三好"的"好","一个运动"的"运动","吃和喝都是他所喜欢的"之中的"吃"和"喝"到底是什么词。其次,依照这样的理论,我们就只有闭嘴不说话,因为我们的每一句话几乎都要成了问题,不合这种"规律"。我们既不能说"毛主席提倡三好"(因为依照这种说法,"好"一定是形容词,然而这里却不指明性质,而指明事物),也不能说"批判资产阶级唯心论思想是一个运动"(因为依照这种说法,"运动"一定是动词,然而这里却不指明动作,而指明事物),也不能说"我们需要世界人民大团结”(因为依照这种说法,“团结”一定是动词,然而这里却不指明动作,而指明事物),诸如此类的情形还多着咧。最后,就是必得承认说汉语的人缺乏各种抽象的能力。正如,加尔基那·非多卢克教授所说,人类对同一个现实的现象有各种不同的抽象,各语言的表现也都证明了这一点。有词类分别的语言把各种不同抽象的“好”说成各不同种类的词,我们却用同一个词在句法的形式下去表达这各种不同的抽象。语法形式尽管不同,所表达的抽象思维却是一样的。我们显然也可以把“好”抽象成语法上的事物、性质或动作,因此“好”可以具有不同的词类功能,代表不同的抽象,然而硬把“好”说成形容词之后,这“好”就只能把这现实现象在语法上抽象成性质,不能把它抽象成事物和动作。这种理论的结果就是否认说汉语的人能够把“好”抽象成语法上的事物或动作。主张汉语实词有词类分别的人希望能够把汉语语法讲好,然而,因为不从实际出发,结果是适得其反。我们根据汉语的实际情形,认为汉语的实词没有固定的词类分别,而在不同的场合下可以具有不同的词类功能,这就使得汉语语法讲得通,没有困难。

汉语的实词不只有一种词类功能,这是铁一般的事实。在这种情形之下,主张有词类的人就只能走两条路:或是认为在不同的词类功能之中有一个基本的功能,作为规定词类的根据,或是认为不同功能的同一个词是不同的词。如果走第一条路,结果就是叶斯柏森的信徒。哪一个是基本的功能呢?只能依照词的词汇意义来决定,而以词的句法功能来规定其次要的功能,这正是“以词汇意义来规定词类,以句法关系来规定词品”的叶斯柏森的错误的理论。如果走第二条路,把同一个“红”说成三个词,一个名词,一个动词,一个形容词,这就取消了一个词的统一性。

总之,汉语的实词尽管没有词类的分别,汉语的实词却具有不同的词类功能,研究汉语语法的人正应当重视汉语语法的这一特点,注意词在句子里所发挥的词类功能和作用,不要忽视这种特点。硬把汉语的实词加以固定的分类,使我们的语法脱离汉语实际,造成极大的损失。

汉语的实词和虚词

虽然汉语的实词没有固定的词类分别,但实词和虚词的分别则是显然的。实词属于词汇的范围,虚词虽然也是词,可能具有一些实词的意义,但却用来作为语法工具。依照分别词类的三个标准,实词和虚词的分别都是明显的。虚词所代表的语法意义和实词所代表的词汇意义不同。虚词本身的作用就是代表语法意义,因此,它的语音形式就是这语法意义的物质外壳,不像实词那样,除了代表词汇意义的语音形式之外,如果要把它固定成某一语法词类,还需要其他的语音形式或形态作为词类分别的标志或物质外壳。虚词在句子中都有它的一定的作用,发挥一定的句法功能,离开了句子,它就没有着落。当然,有的时候,因为虚词是实词的虚化结果,还具有一些词汇意义,可以作为虚词用的词也还可以当做实词用,如"我在家"的"在"是实词,而"我住在北京城里"的"在"则是虚词,又如"我跟你,咱们都是中国人"的"跟"是虚词,而"我跟了他五年"的"跟"则是实词。但这种情形并不妨碍我们把虚词和实词分开,因为实词和虚词在语言的结构上是极不相同的两类词。

上面已经说过,实词虽然没有固定的词类,但在句子里却具有词类的功能,而这词类的功能是和语言通过表达思想达成反映客观存在的作用有关的。因此,汉语的实词虽然不能分为词类,我们却可以把它们分成具有名词功能的词,具有形容词功能的词,具有动词功能的词。当然,这要看词在句子中的作用如何而定。凡在句子中由于句法的支配而在语法上指明事物的,就是具有名词功能的词。凡在句子中由于句法的支配而在语法上指明动作的,就是具有动词功能的词。凡在句子中由于句法的支配而在语法上指明性质的,就是具有形容词功能的词。词类指的是个别词的分类,词类功能指的是词在具体的句法中所具有的相当于具有固定的词类分别的某一固定的词类在这一场合下所具有的功能。我们所说的具有某种词类功能的词都是指词在句法中所具有的这种功能而言。

虚词是语法工具,它表达关系语义。虚词有语音形式作其所代表的语法意义或关系语义的物质标志。虚词在句法中都有其一定的功能,因为它们都要表达某种固定的关系语义,来补助说明实词和实词之间或句子成分与句子成分之间等关系。因此,我们可以根据虚词所表达的不同语法意义的类别,虚词所表达的不同种类的句法关系,把它们再分成类别。因为虚词的物质标志、句法功能和语法意义是三位一体的,我们可以根据虚词所表达的不同语法意义(这语法意义也就是虚词在句子中所发挥的句法功能的根据,也就是和虚词的语音形式相结合的意义),把它们分成下面几类。

1. 代表虚词 我们说话的时候,往往拿一个比较简便的词去代表实词。比方说,语言的环境(包括上下文和客观世界)让我们明白谈话内容所指的对象的时候,我们就不拿指明这对象的实词来说话,而拿一个代词或指示词去代表它。上面说了"斯大林"之后,底下就只说"他"。眼睛看得见"近处"或"远处"的山岭,就只说"这个"或"那个"。这种虚词叫做代表虚词,因为它本身的意义是无定的,需要依据它在语言环境里的地位来确定。

2. 范畴虚词 给实词的意义指明一个范畴的叫做范畴虚词。比方说,"笔"是具有名词功能的词的时候,这"笔"是多数的呢,还是单数的呢?它在客观世界里是属于细长一类的东西呢,还是属于平铺一类的东西呢?这些都可以拿一种虚词去指明。规范是一种关系,因为它指明实词所代表的意义是在哪一种状态之下,是属于哪一个范畴。这里所指的语法范畴就是确定实词的意义属于哪一种意义范畴的意义范围。比方说,"走"是实词,但是我所说的"走"是属于已经完成了的状态呢,还是属于正在进行的状态?如果是前者的话,我就说"走了";如果是后者的话,我就说"走着"。"了"表达"完成","着"表达"进行"。这种虚词叫做范畴虚词。

3. 结构虚词 词和词排列在一起去结成一个构造的时候,两者之间就发生了规定关系,或引导关系,或并列关系。这些关系除了词的次序以外,还可以运用虚词去表示。这种虚词可以叫做结构虚词。例如:"红的花"、"好看的衣裳"。"红"和"花","好看"和"衣裳"之间有规定的结构关系,因此"的"是一种结构虚词。又如:"我住在北京城里"、"往东走”。“在”和“北京城里”,“往”和“东”有引导的结构关系,因此“在”和“往”都是一种结构虚词。又如:“我跟你”、“张三和李四”。“我”和“你”,“张三”和“李四”之间有并列的结构关系,因此,“跟”和“和”都是一种结构虚词。表示词和词之间或句子和句子之间的呼应关系的承接词也是一种结构虚词,因为它在语言结构里有承上接下的作用。例如:“虽然他可恶,你也不正经”的“虽然”和“也”。“我是老师”中的“是”也是结构虚词,因为它是在句子的结构里当做联系主语和谓语的语法成分用的。

4. 口气虚词 同样一个词或一句话可以拿不同的口气去说它。“你来”可以拿否定的口气、询问的口气、怀疑的口气、命令的口气、感情的口气去说它,把它说成“你不来。”“你来吗?”“你来吧?”“你来!”“你来呀!”口气的表达是一种关系,因为它说明这句话是在说话人的哪一种态度的关系之下说出来的。一般地说,口气是广义的感情。这种关系有的时候就拿虚词去表达它,于是,这种虚词就是口气虚词。汉语有一种用在句子尾巴上的口气句终虚词。如“吗”、“呢”、“吧”等都是用在句子尾巴上的。这说明我们是拿另一种口气去说一句话,把整个的句子改了一个型。型的种类很多,但是大体说来,可以分为两种:一是表达知识的句子,一是表达感情的句子(包括意志的表达在内,因为意志是特殊的感情)。

虚词是语法成分,但是语法成分并不一定都是虚词。词序的安排、声调的变化等等都是语法成分。虚词是以词的形式去表达语法作用的语法成分。为什么它是“词”呢?因为词是语言建筑材料的单位,汉语的虚词可以脱离实词而自成单位,可以跟实词分开。为什么它是“虚”的词呢?因为它虽然可以跟实词分开,但可只有半独立的状态,多半的情形,它都必须和实词合用。忽然说一声“着”,谁也不明白是什么意思,必须说“走着”,这“着”才有明确的作用。我们可以在语言的环境允许之下单说一个实词,但可不容易单说一个虚词,只有一部分的叹词、指示词和代词是例外。既然有例外,可知能够不能够单独存在并不是分别实词和虚词的基本标准。从本质上来说,分别实词和虚词要看它所表达的意义到底是基本的意义,还是关系的意义。虚词所表达的都是关系的意义。就是单独地叹词，如“嗨”、“噢”等也表示说话人是在哪一种感情关系之下的。当然，这些关系意义还可以分为更小的种类，我们也就可以看一个虚词所表达的是哪一种关系而叫它做什么虚词。如表达规定关系的“的”叫做“规定词”或“规定虚词”，表达复数的“们”叫做“复数词”或“复数虚词”，属于数词范畴之内。

语法学家往往要把词分为几类，叫它做词类。但是一般人对汉语的词的分类都是抄袭西洋通俗语法书的格套，不足为训。我们应当依据汉语的特点给它做出一个合理的分类。

分类的原则有两条：

（一）表知的词应和表情的词分开，因为同一个词可以拿两种不同的态度去表达它。

（二）实词应和虚词分开，因为这两种词有本质上的区别。

于是，我们可以根据上面所谈的，给汉语的词的分类制出一个表（表见下页）。表里所用的专门术语，下面自有机会解释。

（选自《汉语语法论》第一编“构词论”第一章，商务印书馆，北京，1986 年）

- 词
  - 表知的词
    - 实词
      - 具有名词功能的词　如：“昨天来的人。”
      - 具有动词功能的词　如：“杀敌”。
      - 具有形容词功能的词　如：“高楼”。
    - 虚词
      - 代表虚词
        - 指示词　如：“这好。”
        - 代　词　如：“我来。”
      - 范畴虚词
        - 数　词　如：“我们。”
        - 数位词　如：“六块砖。”
        - 次数词　如：“踢一脚。”
        - 体　词　如：“吃了饭。”
        - 态　词　如：“给打破了。”
        - 欲　词（愿词）　如：“我要走了……。”
        - 能　词　如：“我能办。”
        - 量　词　如：“大家都说。”
      - 结构虚词
        - 系　词　如：“我是中国人。”
        - 规定词　如：“红的纸。”
        - 受导词　如：“向南流。”
        - 连　词　如：“我跟你。”
        - 承接词　如：“与其……不如。”
  - 表情的词
    - 实词
      - 具有名词功能的词　如：“对敌人的仇恨。”
      - 具有动词功能的词　如：“我讨厌伪君子。”
      - 具有形容词功能的词　如：“丑恶的现象。”
    - 虚词（口气虚词）
      - 否定词　如：“我不喜欢它。”
      - 确定词　如：“我实在不知道。”
      - 询问词　如：“你要去吗？”
      - 疑惑词　如：“他不知道吧？”
      - 命令词　如：“去罢！”
      - 叹　词　如：“嗨！”

汉语语法研究中的词类问题*

一 导 言

(一) 汉语语法研究历史简述

汉语语法的研究,开始得较晚。古人虽然也曾进行过这方面的讨论、研究,而且也有论著,如刘淇的《助字辨略》、王引之的《经传释词》等,但是,他们不是把汉语语法作为整个科学系统来加以研究的。把汉语作为一个系统来进行研究的始于马建忠。马建忠采取当时西欧极为盛行的波特-罗耶尔学派的语法理论,即以逻辑为语法研究的出发点的理论来研究汉语语法,最后写成了《马氏文通》。不过,他也没有能够在研究的过程中始终贯彻这个立场。事实上,波特-罗耶尔学派的语法学家们也不得不注意到一些语言事实,语言的民族特色及其他方面的一些实际问题。但是,他们总是想尽办法在研究中贯彻其理论。这一学派的理论在语法学中的影响是很大的。

不言而喻,逻辑和语法是有着极为密切的联系的,不考虑语法所表现的一些逻辑的关系就不可能理解语法,而马建忠也并非完全照搬西洋的一套语法来套汉语。但是他没有把不同于拉丁语的汉语的基本特点表现出来,则是他的一个严重的缺点。之后,黎锦熙先生开始重视汉语的语法特点,提出汉语词无定类的主张。再后,王力、吕叔湘和我,开始以普通语言学的理论为指导来研究汉语语法,但是我们的工作也仍然摆脱不掉旧的影响。

解放以来,党和国家特别重视语言科学的研究工作,广大人民群众

---

* 这是1962年11月应邀在安徽大学讲学的讲课记录。孙洪德同志整理。

也迫切需要知道一些语法常识。于是,《人民日报》于1951年连载了吕叔湘、朱德熙的《语法修辞讲话》。由于党的领导:语言科学家的不断努力,近几年来我国语言学的研究工作取得了不小的成绩。但也不可否认,我们的汉语语法的科学研究还存在着不少严重的缺点。举出一个事实就可以说明这种情形。1959年北京大学举行过一次关于汉语词类问题的科学讨论会,当时特邀了张志公先生到会发表意见。张先生谈到中学汉语教材时,认为问题很多,因为他曾经收到很多信,里面谈到很多问题,大部分是涉及词类问题的,都是他所无法回答的。

(二)目前存在的情况

是的,汉语语法的主要问题是词类问题。如果这一问题能够得到比较妥当的解决,其他问题就可以更容易地解决了。例如汉语语法里要讲主语,然而,因为人们既把汉语的实词看成有固定词类作用的词,这就逼着他们认为汉语的主语可以由名词、动词、形容词等来充当。结果,就发生了极大的问题:主语究竟是什么?语法学家们对主语本来有明确的定义,认为主语是陈述的对象。但在这样处理汉语语法的实践中却遇到了种种困难,因为动词或形容词所表明的显然不是陈述的对象。于是,面对着这个事实,有的人就只好提出主语即"主题"的说法,至于主题又是什么,则又众说纷纭,莫衷一是。其实,在所有词类已经分得出来的语言里,它们的主语没有一个不是由名词或其等价物来充当的。正如法国语言学家梅耶所说的,按其本质说,主语一定是名词或其等价物。但是由于我们对汉语的词类问题没有加以正当的解决,人们为了要把汉语的实词说成具有固定词类的词,就不得不说汉语的主语可以是名词、动词、形容词等,因而只好把主语说成主题之类的东西,结果,不但词类问题成了一笔糊涂账,就连主语问题也成了一笔糊涂账了。又如在分析"我喜欢看"这个结构格式时,有人就认为"喜欢看"是动宾结构,宾语是由动词"看"来充当的。这又发生了一个问题:宾语既然是由动词来充当的,那么这种结构岂不成了动—动结构了吗?其实,任何语言的事实都证明宾语只能是名词或其等价物,只因为要把这里的"看"说成有固定词类作用的动词,就只得说这种结构是动词作宾语的结构，这又使宾语和动宾结构成了一笔糊涂账了。他们又说“飞鸟”的“鸟”是名词，“飞”是动词，“飞鸟”又成了动宾结构。这就叫我们对动宾结构到底是什么，越发地糊涂起来了。

正是这个缘故，汉语的词类问题便成为汉语语法研究中争论的焦点了。

二　汉语词类问题的争论

（一）“意义观点”与“形式观点”之间的争论

描写汉语的语法不能照搬西洋的一套，这是肯定的。因此，以西方语言中有词类区别的词所包含的意义情况来硬套汉语是不对头的。以往的语法学家只从意义出发来研究汉语的词类，不注意词类的形式标志问题，这是一个极大的缺点。所以争论开始的时候就形成了“意义观点”与“形式观点”之间的争论。当时，我就是批评“意义观点”的人，我认为汉语的实词没有作为词类标志的内部形态的变化，因此，汉语的实词不能加以分类，而汉语的语法系统也不能建立在词类上，我们必须根据汉语的语法特点来建立汉语的语法系统。不过，我当时所批评的“意义观点”事实上指的是以词汇意义为标准的划分词类的观点，我所说的形式指的是足以作为词类标志的形式。我的主张是：批评波特-罗耶尔学派的理论，反对从词的词汇意义出发来划分汉语的词类，认为词类是词在语法意义上的分类，世界上以“走”、“红”为词汇意义的词不乏其例（如英语的 action，redness），在语法上都是名词，但从词汇意义上说都是动作和性质，这就证明词类并非是词的词汇意义的分类。英语的 ability 是“能干”的意思，从词汇意义上说是性质，但却是名词。汉语的“三十六计，走为上计”的“走”，显然指的是一种策略，怎么能说它是动词呢？不过，词的词类意义要有物质标志——形态。但是，绝不能说有没有形态就决定了有没有词类。问题在于这种形态是否作为词类标志的形态。认为汉语的“子”、“儿”、“头”等等是形态，就证明汉语有词类，这种看法是值得商榷的。高本汉认为“好”由上声变为去声，这是形态。

其实这两个“好”是两个不同的词,因此,这种形态只是构词法上的形态,与词类问题无关。从语法作用上看,读去声的“好”,并没有使其语法作用固定下来成为动词。我们可以说“三好(三种嗜好)”,这里的“好”和“三人”中的“人”在语法作用上是一样的。我们又可以说“三好”(三种完善的品质),这里的“好”也在语法上指明事物——名词。所以,这种形态变化只使词义(即词的词汇意义)起变化。因为我当时着重指出形态在划分词类中所起的作用,所以争论的焦点就集中在汉语的词是否有形态这一问题上。

(二)“狭义形态观点”与“广义形态观点”的争论

在讨论的过程中,大家同意汉语没有足够的标示词类的词的内部形态,于是就出现了所谓“狭义形态”与“广义形态”之争了。有人认为汉语的词虽然缺乏词内的形态变化,但是从词在句子中的地位来看,它是有形态的,这种形态也就是词与词在句中的结合功能。有人认为汉语毕竟也有一些所谓“狭义的形态”,即词的内部形态,例如“了”、“着”等只能跟一部分词组合在一起表示一定的语法意义,因此它们就是一种“狭义的形态”。但也有人认为这仅仅是一种标签似的东西,表示和它连在一起的词的词类,并非“狭义的形态”。我认为,词在句子中的地位可以作为词类的标志,但这只是所谓的“广义的形态”。一般理解的形态是词的内部形态,即词本身的各种变化,这就是所谓“狭义的形态”。词的语法特点可以由词的形态来表示,而词的外部形态则是某些虚词及其他存在于词外的标示词的词类意义的成分,这也属于“广义形态”的范围。我认为“了”、“着”等只是词的外部形态,但这问题到现在为止,还争论不下。

形态可以这样分为“广义”和“狭义”的。词在句子里的结合功能也可以作为确定词类的一种标志。不过内部形态,即“狭义的形态”的作用是明确的,而句法功能的作用则是不很明确的。现在大家都同意这种“狭义的形态”和“广义的形态”的作用。问题在于根据这种“广义的形态”是否就能给汉语的词分出词类来?我认为仍然不能,因为汉语的词在句法结合能力上也是多样性的。我们可以说“红了”,但也可以说

“一点红”、“红墨水”。“红”作主语大概是没人否认的吧！那么“红”究竟属于哪类词呢？句法功能无法解决汉语的这些具体的词类问题。于是，就产生了三种标准的理论：意义、形态和句法功能的兼收并用，企图以此来解决汉语的词类问题。

（三）“三个标准问题”的争论

主张三个标准的学者们认为，意义、形态和句法功能都可以作为划分词类的标准。他们所说的意义事实上就是词汇意义，他们所说的形态就是词的内部形态，他们所说的句法功能就是词在句中的地位或词跟其他的词的结合能力。比方说，他们认为像“走”这样一个词，一看它的词汇意义就知道它代表一种动作，当然是动词了；其他的词可以根据其形态或句法功能来划分词类。其实，这种主张是各种学说的杂凑。主张这种理论的人认为，我们可以拿其中的一个标准运用在某一些词的分类上，又拿其中的另一个标准运用在另外一些词上，最后再拿第三个标准运用在第三批词上。结果，据他们说，这样地归类之后，汉语里就只剩下少数的词是一词多类的了。目前很多人认为这种学说是可行的。其实，这种分类的方法根本上就是不合逻辑原则的，因为逻辑规则只允许用一个单一的标准去对一堆事物进行一次分类。这种分类法既在实践上行不通，又在理论上存在着种种问题。因此，我曾在《语法理论》里针对这种理论提出评论，并明确地论述我对词类问题的看法。我认为，词类属于语法范畴问题。对语法的研究必须看我们所要解决的是什么问题。词类是词的一种语法上的分类，属于语法范畴的问题，而语法范畴则是语法意义的高度概括。词类是词在语法意义上的最基本的分类，并不是可以归成一类的词都叫做词类。划分词类的标准其实只有一条，即词的语法意义的最根本的概括。因此，词跟其他词的结合能力只能是划分词类的一种辅助的凭借，只有在这种结合功能能够表示这个词具有某类词的词类意义时，这种结合功能方可以作为划分词类的一个标志。语言中有一种消极的语法形式：零形式。如英语的 book 并没有在任何地方出现指明它是单数的积极的词法形式，但它却是单数。因为多数必须说成 books，两相对比，自然就显出 book 是单数来了。这种消极形式，语言学家称之为零形式。所以称为零形式，因为它一方面和单数的语法意义相结合，一方面自己又成为一种形式，虽然这种形式是消极的。离开了它所表示的“单数”的意义，它就是零，而不是零形式。

可见，形式离不开内容。关键在于所要研究的是形式的问题，还是内容的问题？形式是一回事，内容又是一回事。绝不能拿形式的特点来说明内容的特点。形式的特点只能帮助说明内容的特点，它对内容的特点的规定不起决定性的作用，它只是规定内容特点的一种凭借。既然如此，汉语的词类问题，或一般语言的词类问题到底是属于形式方面的问题，还是属于内容方面的问题呢？它是属于内容方面的问题，即语法意义方面的问题。所以它是属于语法范畴方面的问题。这就是说，一个词类之所以成为单独存在的一个单位，不决定于它到底有没有形态，它有什么样的形态——内部形态也好，外部形态也好，词的结合功能也好，都可以。问题在于，这些形态到底是否表现了这个词的某一特定的词类意义，并且只表现这一种特定的词类意义。尽管汉语的词有某种句法结合功能，这种结合功能是否就体现出这个词一定只具有某一特定的词类的语法意义呢？问题就在这儿。我们可以举出很多事实来说明这一问题。翻一翻有词类分别的语言的词典，就会发现，同样是名词，它们的形态却可以是千变万化的，它们的形态的花样多极了。可是它们都统一在一个问题上，那就是，尽管形态不同，其所表明的语法意义却都是“事物”，只要它表示的语法意义是“事物”，就是没有形态（狭义），它们也仍然是名词。形式上如何，当然是要看到的，没有形式是不行的。这就是我最反对“意义观点”的原因。但是仅仅形式上的不同并不决定其为动词或名词，因为词类问题本质上不是语法形式的问题，而是语法意义的问题。我们所要讨论的问题，是它有没有这样一个语法意义上的特点，不是它有没有某种纯粹的形式特点。当然意义脱离不开形式，我们甚至于还要从形式下手去研究它，因为形式是它的物质标志。但是，既然认为它只是标志，要断定这标志所标示的语法意义是什么情况就仍然要看语法意义本身的情况。我们当然要参考形态和句法功能，但是参考也只是参考而已，有没有语法意义上的某种特点还要决定于它有没有这个意义。如果没有这个意义，不管它形式上如何不同，都不能解决这个问题。我在《语法理论》一书中同时提出一个问题，即认为汉语的任何一个词都可以用作主语，仅仅这一个事实就足以说明汉语的实词不能依照其某一固定的词类意义来加以划分，汉语的任何一个实词都可以用作主语，这就说明了汉语的任何一个实词都在名词的作用上彼此相同，分别不开，何况汉语的任何一个实词在不同的言语环境中都不只发挥一种词类作用呢。

汉语的词类问题一直没有解决，尽管许多人反对汉语实词不能分类的理论，但到现在为止并没有任何一个人把汉语的实词分好词类。科学院编的《现代汉语词典》就不注明词类。事实上，近二三年来，关于汉语词类问题的讨论还在进行着。这主要表现在名物化观点和句法功能观点的争论上。

（四）“句法功能观点”与“名物化观点”之间的争论

“名物化观点”所要解决的问题，就是我在《语法理论》里所提到的问题，那就是，汉语的任何一个词都可以作主语。这一事实说明了汉语的实词不能分词类。有人说，我们汉语的特点决定了汉语的动词和形容词也可以用作主语。这种说法是违反原则的。因为既然有词类的语言都证明了作主语的是名词或其等价的东西，人们既然要拿句法功能来看词的词类性质，那么，我们就只能说，尚不清楚其词类性质的汉语的实词，由于它们都能充作主语，都具有名词的作用，因而无法在词类上彼此分别清楚。就马克思主义观点而言，特殊的情形是一般之内的特殊，不能借汉语的特点而拿超过一般原则的所谓标准来解释汉语的词类。

“名物化”论者认识到这样解释是违反原则的，但又知道不对这个问题作出回答是不能确定汉语的实词有词类的分别的，因此就提出主张，认为动词、形容词在具体的句法地位上，即在主语和宾语的地位上，就起了变化，成了名词，而这名词是和原来的动词、形容词不相同的。他们认为动词、形容词处在主语、宾语的地位时，它们的语法特点与名词相同，所以就变成为名词。我认为，动词、形容词与名词的语法特点是有区别的。这些词既然在处于主语、宾语(即居名词地位)的地位上时,就会具有名词的语法特点,这就说明了它们在词类作用方面的语法特点是多样性的,它们既然各类词的特点都有,我们也就没法把它们确定下来,说它们是某一确定的词类。“名物化观点”则认为它们已经变成名词了。这种说法,事实上违反了一个原则:把语言跟言语混淆起来。我们有必要把语言跟言语的区别弄清楚。我认为一个词是作为词汇单位而存在的,既然是词汇单位,它在不同的言语单位里就可以体现出不同的变体。它既可以有语音上的变体,也可以有语义上的变体和语法上的变化。多义词是一个词,但在不同的言语环境里却可以出现不同的意义,并且在具体的言语里,也只能有一个意义出现。但这不等于说,它已经变成了不同的词,而是说它以这个词的某一个意义变体的身份出现在这一特定的言语里。词的语法特点也是这样的。例如英语的同一个词可以有单数和复数的语法特点,但在具体的言语环境中它却只能有其中的一个语法特点——单数或者复数。我们不能因此而认为出现单数的是一个词,出现复数的又是一个词,而认为它们都是同一个词的语法变体。所以,我认为所谓动词、形容词居主语、宾语的地位(具体言语里)时,假若有名词的特点,那也只体现出它们的一个语法变体,而不能说它们已经变成名词了,它们在语言中还是原来的那些词,并没有变成别的词,只是在不同的言语里体现不同的变体罢了。这种理论上的矛盾,仍然不能解决汉语的词类问题。可是尽管理论上讲不通,这种主张却告诉了我们一件事,即所谓动词、形容词居主语、宾语的位置上时就具备名词的一些特点。而这一点却恰好证明了汉语的实词不能分词类。于是“句法功能”论者就出来想用另一种办法来解决这一问题,认为汉语的实词仍然可以分成词类。

“句法功能”论者根据结构主义的分析方法,分析汉语的一个词或语言单位在各种不同环境中的出现情况,看它能在句子中的哪一个地位上出现,再把能够出现在同类环境中的汉语的词加以归类。他们认为运用这种方法,可以把汉语的词划分成词类。下面逐点讨论一下他们的论点。

三　对“句法功能观点”的评论

（一）“句法功能观点”的主要论点

1961年《北京大学学报》（人文科学）第四期上发表上朱德熙、卢甲文、马真三人合写的文章：《关于动词、形容词“名物化”的问题》。这篇文章表面看来是针对“名物化观点”的理论进行了批评，实际上是设法证明汉语的实词可以分成词类。它的主要论点有五个：

（1）广义的“事物范畴”并非作为名词这个词类的语法意义的“事物范畴”。他们认为，的确像“名物化观点”的理论所说的那样，动词、形容词居主语、宾语的地位时有事物的意义。但是他们认为这是广义的“事物”，广义的“事物”不是名词这个词类所有的“事物范畴”。

（2）词类的特征是某一类词在句法结合性上所具有的不同于其他任何一类词的语法“个性”，根据原则来区别两个不同的东西，不能只看它们是否有一点相同的特点而要看它们是否有各自彼此不相同而为各自所专有的特点，所以应把语法性质跟语法特点区分开来。前者是一般的语法性质，后者是语法特征，语法特征是某一词类所专有而不同于其他词类的词的那些语法性质。这是确定词类的原则。正如事物有一般特点和本质特点一样，一般特点可能和别的事物共有，而本质特点则只为这一事物所专有，因此，他们认为要规定汉语词的词类就要看它是否有不同于其他类的词的语法特点，即语法特征，也就是说要看它是否在语法特征上和别类的词有对立的情形。他们认为汉语的词在句法功能上有这种对立的情形，所以可以分成词类。他们认为，如果某种句法功能和别类的词相同，这种句法功能就不能拿来作为划分词类的标准，因为这不是某一类词所专有而不同于任何其他类的词的语法特征，不与其他类的词的语法特点相对立。他们认为名物化论者所说的主语、宾语位置上的动词、形容词所具有的出现在主语、宾语位置上的语法特点只是动词、形容词和名词的共性，不是其中任何一种词类的语法特征，也就是说，不是名词所专有的语法特征，因此，动词、形容词在主语、宾语的位置上并没有变成了名词。

（3）名词与谓词在语法特征上的对立。他们认为，根据汉语的情形，可以把动词、形容词并为谓词。谓词和名词在语法特征上是对立的。至于在什么地方对立，文章里没有交代清楚，只是举例说谓词可以作谓语，可以加“了”、“着”，名词则不能。他们认为这就是谓词所具有的不同于名词所有的语法特征；既然谓词与名词在这些语法特征上相对立，谓词与名词就是不同的词类了。

（4）他们认为，把动词、形容词并为谓词，其道理跟小类并大类一样，没有什么值得奇怪的。

（5）他们认为“个体词”跟“概括词”不能混为一谈，因此以个体词的身份而且有与名词共同的语法性质的动词、形容词并未名物化。所谓个体词和概括词，事实上就是一般语法学家所说的词位和词的词汇形式。作为词汇单位的词位就是概括的词，词在语言中的变化或词的词汇形式就叫做个体词。他们认为词类应以概括词的语法特征为划分的标准，名物化论者所说在主语、宾语位置上的动词、形容词具有名词的特点只是就个体词而言，不足以说明他们在这种情况下已经失去了动词、形容词的语法特征而变成了名词，它们仍然是动词、形容词，没有变成名词。

（二）对上述论点的评论

（1）关于广义与狭义的“事物范畴”

句法功能论者认为，处在主语、宾语位置上的动词、形容词的确具有“事物”的意义，但这只是广义的“事物范畴”，不是狭义的“事物范畴”。那么什么是狭义的“事物范畴”呢？他们没有说明，只是举例说，在汉语里，我们可以发现两个东西的对立，一是“什么”，一是“怎么样”，根据它们可以代替的东西，就可以看出汉语的词在另一个层次或另一个平面上所表示的“事物”，这个“事物”就不是广义的“事物”，而是狭义的“事物”，至于这狭义的“事物”到底是什么，他们就没有交代。可是在方法上却有这样一些情况，看来他们是用这种代替的办法来解决狭义的“事物”这一问题的。比方说，“怎么样”，问：“你怎么样？”可以回答：

“我很好。”也可以回答:“我来了。”“来”是动词,“好”是形容词。这两个词都是谓词。如果问:“你怎么样?”回答说:“我。”就不行——没有这么说的。但是用“什么”就可以代替这一类的说法。如“这是什么?”——“这是人”。也可以说:“你喜欢什么?”——“我喜欢黄、绿。”还可以问:“这是什么?” “这是红。”或“红颜色。”还可以问:“你的办法是什么?”——“走。”这里的“什么”可以拿名词、动词、形容词去代替。按照他们的结论,能代替“什么”的该是名词,但是这里代替上去的却还有动词、形容词。能代替“怎么样”的就只有动词、形容词。然而他们却说在汉语里“什么”和“怎么样”的对立体现出在另一个平面上的事物范畴。我们实在不知道这另一个平面上的事物范畴到底是什么。这里产生了一个严重的问题:如果能代替“什么”的就是名词,那么,我们就不能拿动词和形容词来代替“什么”,然而他们却正好拿动词和形容词来代替;如果认为只有在代替“怎么样”的情况下,我们不能拿名词去代替,只能拿动词或形容词去代替,而在代替“什么”的情况下,我们却可以拿名词、动词、形容词等去代替,因此看出其中有对立的情形,而这对立的情形就体现出狭义的事物范畴,那么,这对立就不是“什么”和“怎么样”之间的对立,这被拿来代替“什么”的词就不能被称为动词、形容词或动词性、形容词性的词,而这对立为什么被称为狭义的事物范畴也仍然没有下文。所以我们认为这种方法本身就是矛盾。问题在于:到底语法上的事物范畴是什么东西。他们在以后谈到这一问题时,曾用逻辑跟语法的不同来解释,认为在逻辑判断里可以把动作、行为、性状搁在事物的平面上作为主语来进行判断,他们所指的的确是事物,而语法上所说的事物就不同了。逻辑跟语法当然不是一回事,但是这种解释法却是不恰当的,因为这样就产生了一个问题:逻辑跟语法是否就没有什么联系。语法当然不同于逻辑,但不能说语法和逻辑没有联系。事实上,语言科学在其发展的过程中也常常出现正反合的趋势。波特-罗耶尔学派用逻辑讲语法,寻求全世界各语言的共同语法。自从历史比较语言学出现以后,波特-罗耶尔学派的理论大受批判,至今还在受批判。可是,最近机器翻译的出现又给大家提出一个问题。因为机器翻译要通过一种媒介语去进行,而这种媒介语就相当于共同语法之类的东西。

当然这种共同语法是不存在的，它是人造的。但是人们也不是可以随意加以拟制的，而是从各种不同结构的语言里找出其共同之点，再依靠符号逻辑的公式把它建立起来的。因此，语言学界现在又有这样一种趋势，即对波特-罗耶尔理论的合理的内核部分加以提取，吸收。当然，语法是有民族特点的，它与逻辑不相等，可是语法跟逻辑的关系却是相当密切的。马克思说，语言是思维的直接现实。在逻辑里我们有许多独立的概念就是属于句子里的主语所指明的事物范畴的；同时逻辑里还可以把表明性质、行为的概念再概括成更高一层的概念，把性质和行为看做一种抽象的事物。这正是语法书中所说到表性质的名词，表行为的名词的逻辑根据。英语就非常明显地体现了这一点。但是，无论是思想或是言语，一般都不是只运用单独地概念或词。单独地概念不成其为思想。思想的最小单位是判断，下判断时不能随意用概念，要受逻辑规则的制约。判断的对象一定是事物，这事物也可以是把性质或动作等加以再概括而成的概念，换言之，就是广义的事物。运用语言也是这样的。个别的词可以只代表逻辑上的狭义的事物、行为、性质等，但是作为句中的主语的词却必得是表示广义的事物意义的，因为句子是逻辑判断的表达形式，它的主语一定是代表逻辑上的广义的事物的概念的，而语法上的名词本来也就是指明广义的事物的，绝不像句法功能论者所说的仅是狭义的事物范畴。所有的语言事实都证明了这一点。世界上的任何一种语言，它的主语所表示的都是广义的事物，也只有表示广义事物的词才可以充当主语，不是表示广义事物的词绝不可能放在主语、宾语的位置上。正因其如此，在所有有词类分别的语言里，它们的名词所表示的没有不是广义的事物的，无一例外。所以名词所表示的本质上就是广义的“事物”，不是什么狭义的事物。这事实是客观地存在着的，不是依人们的主观意志而转移的。因此，说在主语位置上的谓词所指明的事物不是名词所指明的事物，是毫无根据的。汉语也是这样的，并不例外。这样地强调汉语的特点，未免有些言过其实。汉语的“走为上计”的“走”，明明指的是广义的事物，即任何有词类分别的语言所一致指明的广义的事物。任何人都不会仍然把它看成与广义的事物相对立的动作来对待，语法与逻辑可能产生表面上看来有些矛盾的情形,但在根本上语法不能违反逻辑。假若我们说的话都不合乎逻辑,那么谁还能够懂得我们所说的话呢?因此,我们认为,句法功能论者的这一论点是站不住脚的。所有的语言事实都证明名词的特点就在于它在语法上指明广义的事物。句法功能论者没有能够对狭义的事物作出解释,只用矛盾的对比法来对付一下,也许正是他们所找不出语言事实来证明他们的论点的缘故。

(2) 关于词类的语法特征

句法功能论者认为,某种词类的特征是某类词所专有而不同于其他任何词类的语法性质,并且认为只有在语法特征上有对立才能区分不同的词类。关于这个一般的原则,我们当然是同意的。归类当然要考虑特征。问题在于什么样的特征。我们对某一堆事物进行分类,首先必须考虑好两个问题,一是分什么类,二是用什么标准来分类。我们不能只考虑特征,也不能只考虑是否有对立。我们要进一步地追问:对我们所要分的类来说,什么特征起作用?什么对立起作用?因为仅仅有某一性质上的对立,并不能作为任何事物的分类标准。如:猫吃肉,兔子吃草,这二者在肉食与否的性质上完全对立。但是,是否可以拿这一对立来作为划分猫和兔子的标准而说凡是吃肉的都是猫,凡是吃草的都是兔子呢?当然不能这样说。为什么呢?道理很简单。我们没有弄清楚我们所要分的是什么类,我们所要依据的对立是在哪一种性质上的对立。如果我们所分的是肉食动物与草食动物的类,我们就可以拿肉食与否之间的对立来做分类的标准,如果在一批动物里分出猫和兔子,这对立就不太起作用了。语法特点的对立,这种说法非常含糊。从语法形式上看有许多对立,如英语的 book,没有词尾形态:books 有词尾形态,两相对立,是否可以因为有此语法性质的对立就硬说前者是动词,后者是形容词呢?当然不能。单纯词和复合词也在语法性质上对立,但谁也不会拿它来作为划分词类的标准。句子成分当然也彼此相对立,主语绝不是谓语。但是这种对立是否就可以区分词类呢?所有有词类区别的语言都有这样的事实:谓语既可以是名词,也可以是动词和形容词,和名词相结合既可以是另一个名词,也可以是形容词,没有人能够只根据这种对立来划分词类。只有作为分类标准的特征上的对立才能对分类起作用，而规定分类的标准又要看所分的是什么类。这种对立并且要在同一个平面上的分类中才能起作用，每一次分类只能用一个标准，因此，改变了分类的平面时，就不能再用原来的某种性质上的对立来进行分类。

从词类问题上说，有形态也好，没有形态也好；复合词也好，单纯词也好；不论词在这些语法性质上是否对立，只有词所具有的语法意义有语法上的事物、行为、性质之间的对立，这对立才可以作为划分词类的标准，因为我们所要分的类是词在语法范畴上的类，不是别的类，而语法范畴上的语法特征的对立正是这些意义之间的对立。当然，在划分词类时，句法功能不是不可以参考的，它是体现词类的语法意义的一个标志，但是由于它只是一个标志，它和词类的语法意义并不是“一对一的等符”，我们只能以它为凭借，不能以它为根据。因此，不能笼统地讲在语法上有任何一种对立的就是不同的词类。这样的立论原则上既讲不通，方法上也存在着问题。句法功能论者拿谓词来和名词相对比，他们的目的就是要让它们对立起来，以为这样对立起来就可以划分名词和动词、形容词。但这与事实并不相符，也违反了原则。他们认为动词、形容词都可以作谓词，名词则不能，因此两者在这一点上对立起来。其实，这一点用不着我来批评，他们在别的文章里所举的许多例子就自己证明了这是不符合语言事实的。如“今天星期几”，“我北京人”，“他傻瓜”……的谓词都是名词，并没有跟名词对立起来。他们又说谓词后面可以加“了”、“着”，而名词不能。然而“官僚主义”、“火”、“花”等是所谓名词，都可以在后面加“了”、“着”，如“官僚主义了”、“火了”、“花了”……为了自圆其说，他们就提出类似“官僚主义”和“官僚主义了”之类的“一把锁”跟“锁了”的“锁”是两个不同的词的主张，认为作为动词的“锁”可以加“了”，作为名词的“锁”就不能加“了”，企图这样地证明名词和谓词在语法特征上相对立，并列表加以说明：

锁$_1$	有锁	一把锁	很多锁	旧锁	—	—	—
锁$_2$	—	—	—	—	锁门	锁着	不锁

这样看起来仿佛有名词和谓词的对立了。这也算是个办法吧。但是，这样一来，到底什么叫一个词就发生问题了。他们也注意到这一个问题。他们认为别人说“黑是一种颜色”里的“黑”是名词，“脸黑了”的“黑”是形容词，这是破坏了词的同一性，其实它们仍然是同一个词。既然如此，把“锁”分为两个不同的词，就自相矛盾了。其实，问题还不止于此，就说是可以把它分为两个不同的词，又能怎么样呢？我们可以在锁$_1$和锁$_2$项下再加上一些和它们能否相结合的环境，看看情形如何：

锁$_1$的质量　锁是一种工具

锁$_2$的方法　锁是一个办法

加的越多，两者所具备的相同的特点也就越多。事实上，如果我们认清作为主语用的词都具有名词性，那么，只要看一看锁$_1$和锁$_2$都可以用作主语，我们也就可以断言，就是把锁$_1$和锁$_2$说成两个不同的词，我们也无法把它们划成动词和名词。所以，这种办法也并没有能够帮助我们去鉴别名词和谓词。至于无法像锁$_1$、锁$_2$那样勉强分为两个词的“官僚主义”之后之能加“了”更是与他们的立论相矛盾的事实。

(3) 关于名词跟谓词的对立

“谓词”这一术语本身就表现出他们所说的对立不是根据一个标准来着眼的。对分类起作用的对立是作为分类标准的特征上的对立。然而谓词和名词的对立是怎样的呢？“谓词”是说明句法特点的一个术语，“名词”是说明词类特点的一个术语，两者是不同的分类，要有不同的分类标准。与谓词相对立的应该是主词和宾词，而不是名词。名词怎么能与谓词对立呢？所以“谓词”这一术语本身就成了问题。动词、形容词当然可以合并起来，但合并之后，就必须放在另外的一个与名词不相同的平面上，因之，也不能拿它来和名词相对立。比方说，根据他们的意见，名词是狭义的事物范畴，那么，动词和形容词合并为谓词之后，它和名词是在什么范畴上相对立呢？谁也讲不出其所以然来。

词类范畴是词的语法意义的最基本和最高度的概括，因此，动词、形容词合并之后就没法给它起个范畴上的名称，也说不出这个合并起来的一类词指明的是什么具体的单一的意义。这也许正是句法功能论者只好就其句法的某一作用来给它起个名称，叫它做“谓词”，而不给它就范畴上的特点来起名称的缘故。所以，这种合并本身就是不合理的。现在让我们看一看他们所说的对立到底怎样。他们说一个词类有不同于其他词类而为它所专有的语法特征，而这语法特征也就是句法功能上与其他任何词类的句法功能之间的对立。然而汉语的事实怎样呢？如果我们拿数目有限的一堆汉语的词尽可能比较其所有的句法结合能力，我们就发现，这些词中具有不同于其他词的语法特征，即句法结合能力的词就很多，根据这样的比较，汉语的词类就多得无可计算，何止是动词、名词和形容词；例如“官僚主义”可以和“了”相结合，“汽车”就不能和“了”相结合，因此，“官僚主义”就应当是属于不同于“汽车”之类的一个词类的词；“星期五”、“中秋”、“国庆”之类的词可以加在“今天”、“明天”、“后天”之类的词后面，“人”、“刀”、“手”、“足”、“山”、“水”、“虫”、“鱼”之类的词就不能，因此，这又是两个不同的词类。如果我们尽可能地一起比较汉语所有的词，我们就会发现另一结果，即汉语中就没有任何一个词在任何一个句法结合上有不同于任何其他的词的情形，因此汉语的词类是不存在的。事实上，根据他们的理论，这后一种对比法才是正当的对比法，因为他们所要寻找的是一类词所专有而不同于任何其他类词的语法特征。然而这个方法所给我们的结果，却是汉语的实词分不出词类。

(4) 关于小类与大类

句法功能论者又认为汉语的词可以从大类再分小类，如动词可以再分为及物动词和不及物动词。这又和他们的原则相违反了。

我们根据语言学家们对词类的一般理解，逻辑学家们对分类的一般规则的规定，承认汉语言中的词类可以从大类里再分为小类，如把名词再分为抽象名词、具体名词等，因为在从大类再分为小类的过程中，我们已经改变了分类的标准，适合于下一层次的分类的新的标准。但是句法功能论者却用同样的一条标准(句法功能)再把大类分为小类，这就不对了。

同一个标准分出来的应当是平等的类，不可能是大类和小类。就是在所谓大类里，他们对汉语的词所作出的词类划分也只证明了汉语的词不像他们自己所说的那样可以分成词类。他们把汉语的词分为名词、动词、形容词三类之外，又认为汉语的词还有“名—动词”、“名—形词”、“动—形词”三类。据他们说，“名—动词”是既具有名词特征又具有动词特征的词，“名—形词”是既具有名词特征又具有形容词特征的词，“动—形词”是既具有动词特征又具有形容词特征的词。既然这样，汉语里还有什么词类可以具备不同于任何其他词类的、它们专有的语法特征呢？名词的特征为“名—动词”、“名—形词”所共有，“名—动词”和“名—形词”的特征也为名词和形容词所共有，动词和形容词的特征又为“名—动词”、“动—形词”和“名—形词”所共有，结果就没有任何一个具有不同于任何其他类而为其所专有的语法特征，因之，根据他们自己的理论，汉语里也就只能被证明没有任何一个词类的存在。

（5）关于“个体词”与“概括词”的问题

“个体词”和“概括词”的分别是正确的。“个体词”即现代语言学中所说的词汇形式，“概括词”就是现代语言学中所说的“词位”。“词位”是研究语言词汇以及整个语言系统的一个不可缺少的概念。语言系统的每一个成分或每一个要素单位都是概括性的。现代语言学中所提出的“词位”的概念和其他所有的“位”的概念（如音位）一样，也是极其重要的。平常人们对“词”这一概念是非常含糊的。人们常常把言语中的一个片段叫做词。其实，言语中的一个片段只可能是词的变体。词的词汇部分的语音结构和语义结构，词的语法部分的语音结构和语义结构都可以在言语中有所变异，但这些变异都只是词的一种变体，词的语音变体、词的语义变体或词的语法变体。从语言的角度来讲，我们所说的词不是指词在言语中的变体，而是指这些变体的统一体，即以词汇单位的身份而存在的词位。同一个词位在言语中可以起语法上的变化，但这种变化只是同一个词的语法变体，绝不能因为词在言语中有不同的语法作用就认为它们是不同的词。词是语言单位，不是言语单位，它是从言语中的词的变体概括出来的。句法功能论者以此来批判名物化论者是正确的。名物化论者的确没有区分所谓“个体词”与“概括词”，因此，以为用在主语、宾语位置上的动词、形容词已经变成了名词。其实，只要词的词汇部分是同一个词，词在不同的言语环境中之用作动词或名词，就只能说明这些都是同一个词的变体，即词的语法部分的变体。问题在于：到底怎样才是同一个词或一个词位。关于这一方面，句法功能论者就没有能够贯彻自己的主张了。如果按照他们所说的动词、形容词处在主语位置上时所起的不同的作用，并没有使它们失去其同一性，那就应该把它们在这位置上所起的名词作用的特点也算作它们的特点之一，也就是说，应该把它们的这种特点看成它们本身的特点之一。这样一来，就没有什么动词、形容词跟名词在词类作用上的对立，而只有同一个词在不同言语环境里的不同的语法变体了。当然，他们可以说，在主宾位置上出现并不是名词的语法特征，因此，动词、形容词还是和名词相对立的，但是我们已经说过，根据他们自己的理论和分类的实践，他们已经否认了汉语各类词的语法特征的存在，所以，就是根据他们自己的理论和实践，也谈不到有什么动词、形容词和名词的语法特征的对立，甚至于谈不到有什么动词、形容词和名词的存在，更谈不到什么主宾位置上的动词、形容词没有失去其语法特征了。这是个矛盾。但是个体词和概括词的分别则是大家都同意的，不可否认的原则。我认为，一个词之所以成为一个词，这是因为它是一个词汇单位。因此，是不是同一个词决定于词的词汇部分，不决定于词的语法部分。一个词的语法变体可以是无限的，甚至可以是绝对的。俄语同一个动词的语法变体可以是第一人称、第二人称或第三人称，而第一人称、第二人称与第三人称则是彼此相对立的。尽管词的语法部分彼此相对立，这都不影响其为同一个词。从来也没有人否认其为同一个词。究竟是不是同一个词，要看它们的词干是否具有同一性，因为词干是词的词汇部分，词的代表，词干具有同一性，就是同一个词，尽管词干的语音结构和语法结构也可以有变体。词干的意义也可能在不同的言语中不完全相同，但只要这些不同的意义之间有直接的联系而没有失去其语音的同一性，它们就仍然是同一个词干的语义变体，也就是词干所代表的同一个词的语义变体，不能因此而说它们就是不同的词干或不同的词。这就是语言中占绝大多数的多义词的情形。从来也没有人否认一个多义词是同一个词。如果真正地贯彻“个体词”和“概括词”的分别，汉语词类问题的真相是可以看得出来的。可惜句法功能论者没有实事求是地对待这一问题。

四　汉语词类问题的实际情况

(一) 汉语有词类语法范畴而无实词词类

词类属于语法范畴的问题,一个词到底有哪些语法范畴,各种语言的情况并不相同。俄语有"性"的语法范畴,可是"性"这一语法范畴在俄语的名词和形容词两方面却是很不一样的。俄语名词的"性"是作为词的一部分而存在的,属于词的词干部分,如 студент——студентка,二者不是同一个词的语法变体,而是两个不同的词。于是,在俄语的名词里,"性"的语法范畴就被两个不同的词(阴性名词、阳性名词)所分有了。俄语的形容词就不然。俄语的同一个形容词可以在不同的场合起阴、阳、中三性的变化,而没有失去其词干的同一性。于是,在俄语的形容词里,尽管也有"性"的区别,然而这些不同而对立的阴、阳、中性却是同一个词的不同的语法变体。结果,俄语的名词分为阴、阳、中三类,而俄语的形容词则不能这样分。可见,词类的语法范畴和词类是两回事,俄语的名词和形容词都具有"性"的语法范畴,但是俄语的名词可以分为阴性名词、阳性名词、中性名词三类,而俄语的形容词就不能这样分,因为词类范畴是语法意义学的问题,只要有这意义的存在,不论其出现于什么地方,都要承认其存在,词之划分为词类,不是按照词所具有的词类意义而把词加以归类,而是要看词所具有的词类意义的实况来进行的。当然在不同的语言里,情形是不相同的。正因为如此,我们要看某一语言里的同一个词干在语法变体上到底有哪些词类意义的体现,去确定这一语言中的一个一个的词可以在词类范畴上归成几类或能不能归成词类,而不是看这一语言里是否有词类范畴的存在。

汉语的情形是:一个词的词干就是一个词位,它在词类的语法范畴上可以在言语里体现为不同的变体,这就是说,汉语的同一个词干或词可以在不同的场合具有不同的词类意义,因此,汉语具有词类范畴,但正因为这些不同的词类意义可以是汉语的同一个词干所有的不同变体,所以汉语的实词不能依照其所具有的词类意义的情形而被分成名、动、形等词，正如俄语的形容词不能依照其所具有的“性”的语法意义的情况而被分为阴性形容词、阳性形容词、中性形容词。我们甚至于可以不必像从前那样地争论汉语的实词是否有构形形态就可以断言汉语的实词没有词类的分别，因为对一个词的鉴定是以词的词干，即词的词汇部分为根据的，同一个词干所具有的语法变体，无论是以内部形态或外部形态来充作语法形式，它们都仍然只是同一词的语法变体，尽管这变体可以是各种各样的。

（二）汉语词位的特点

语法问题没有不具备对立性的。语法以格式类聚为特点。和有词类分别的语言不同，汉语的每一个词位都在词类的语法意义上具有多义性，也就是某些人所说的“一词多类”，汉语的任何一个词位都具有两个以上的词类意义，即具有名词和形容词的词类意义或更多的词类意义。有人以为可以把具有不同词类意义的汉语的词分为几个词，因为这些词类意义是彼此对立的，应当加以划界，这样就可以把汉语的词加以分类了。这种主张是没有根据的。其实，没有过去式就没有现在式，没有第一人称就谈不到第二人称，二者彼此对立才能成为语法事实，成为一套语法规则。只有一个“性”就无所谓“性”的语法格式。任何的语法格式都是彼此相对立的。既然是同一个词干就得承认这同一个词干所具备的对立的语法意义仍然是同一个词的不同变体。如果可以因为同一个词干具有名词和动词的语法意义就可以把它分成名词和动词，那么，我们也就可以把同一个词干所具有的第一人称、第二人称、第三人称的语法意义把同一个动词分成第一人称动词、第二人称动词、第三人称动词。然而谁也没有这样做。从个别的词位来说，这情形也并不是汉语所特有的，英语就有许多词是这样的情形。霍克特(Hockett)在他最近一部著作里，认为词类是词干的分类，并把英语的词列为 N（名），V（动），A（形），NA（名形），AV（形动），NV（名动），NAV（名形动）和 particles（虚词）八类，[1]其中除 N、V、A 和虚词是固定的词类之

---

① Charles F. Hockett, *A Course in Modern Linguistics*, New York, 1958, p. 227.

外，其他的都是一词多类的。汉语不过是没有英语中前几种情形罢了。事实既然如此，我们就不能拿传统的以拉丁语法为蓝本的语法系统，即以词类为基础的语法系统来套汉语的语法。

汉语实词词位的这种特点是铁一般的事实，只要我们了解语法学上所说的词类是什么东西，词是什么东西，再看一看汉语的事实，我们就会无从否认这一事实。这事实并且只说明汉语词位的丰富多彩，不能随便拿它来作为说明汉语是低级语言的借口。正是这铁一般的事实使得坚决主张汉语的实词必须加以分类的人们一直到现在为止，既不能在理论上证明他们的论点，也不能在实践中把汉语的实词分好词类。陆志韦先生研究汉语语法历有年数，最近他在科学院语言研究所的科学讨论会上说，他搞了这么久的研究工作，却分不出汉语的词类来，认为汉语的词不能分类。他的经验体会可以作为参考。

五　汉语语法研究的前途

（一）汉语词位的语法变体的研究

词是词汇单位，又是语法结构的材料，因此，要研究语法，就不能不研究词的语法特点，要建立汉语的语法系统，就不能不研究汉语的词位的语法特点。汉语词位具有多样的语法变体，这个特点是研究汉语语法时首先要加以注意的。但分析汉语的词位并不是要给汉语的词硬套上词类，追求什么“词有定类，类有定词”。而是按照具体的事实把汉语的词所具有的各种不同的词类作用，更次一层的语法意义，以及它们的表达形式加以全面的分析。换言之，要分析汉语词位的各种可能的语法变体。因为语法是个系统，各语法成分之间有一定的联系，汉语的各个词位所可能具备的语法变体也一定有其结构特点，例如同是具有名词的语法意义这一个语法变体的词位，可以因为其所具备的名词的语法意义又有不同的变体，一是具体名词的意义，一是抽象名词的意义，其所可能具备的更次一层的语法意义就不相同，前者可以和一类单位词相结合，后者只可以和另一类单位词相结合。这样地，根据词位及其语法变体的不同结构可以把汉语的实词分成几个类型，不过，这样归类的结果，已经不是词类，因为它不是以词之是否在词类范畴上相对立为原则而分出来的类，而是按照词位之能具备哪些同类的语法变体而分成的类，这种分类无妨称之为词型。

(二) 以句法分析为基础的汉语语法分析的原则

但是，由于汉语的词缺乏形态，词位的语法特点是以它在句法中的可能出现的情况来体现的，因此，汉语的语法分析要以句法分析为基础，而要分析汉语的句法就要分析句法结构中各种可能的句法意义的结合。这是否走回头路呢？不是的。我们反对单纯研究词的词汇意义的语法分析法，我们绝不能从词的词汇意义出发去研究汉语的语法系统。但这不等于说，我们否认研究汉语语法意义结构的重要性。从整个语言来讲，声音只是语言的物质外壳，意义才是它的内容。有人认为声音是语言中最重要的东西，这是错误的。任何东西都是以其内容为主要的。不过，内容不能脱离物质外壳，没有声音也不行，因此，语法的声音形式也要研究。不过更重要的是研究声音形式所表达的语法意义。最近美国的描写语言学派也有人改了口气。他们从前只注意形式的研究而排斥意义的探讨，现在则认为不能不顾及意义了。语法中最基本的东西就是把有意义的词或形位(即一般人所说的词素)来进行有意义的安排。离开意义就不可能进行任何语言成分的研究，虽然这种研究要考虑到和意义相结合的声音形式。声音形式对意义有制约的作用，声音形式不同而意义相近的，是不同的语言成分。同一成分也要相同的声音形式作为外壳。同义语法成分的声音形式不同，尽管意义相同，仍然是不同的语法成分。可是在声音形式制约的情况下，各成分的语法作用则决定于内容。词在句中和其他的词相结合不是由于声音形式的原因，而是由于意义上的配合，为什么这个词跟那个词结合在一个句子里，另一个词就不能结合在一个句子里，不是因为它有某种声音形式，而是因为它有某种可以和那个词的意义相结合的缘故。一个词所以在句子里和其他的词相结合，都受某种语法意义关系所决定。我们可以同意结构主义者的说法，认为语言结构的分析是科学研究语言的重要任务，但是我们认为语义结构的分析才是科学地研究语言的基本任务。语言符号系统是以意义为内容的符号系统。不研究意义的关系和意义结构就不可能有效地进行语法分析，所以我们必须研究句法中的意义结构。丹麦学派的结构主义者叶尔姆斯列夫在第八届国际语言学者会议上，强调指出研究意义结构的重要性，认为不这样就不能完成分析语言结构的任务。可见，就连结构主义者中也有重视意义结构的研究的，一些崇拜美国的描写语言学派结构主义的人们说什么可以不研究意义而能分析语法，恐怕是把问题看得太简单了。总之，汉语语法的分析要以句法分析为基础，而句法分析又要以句法的语义结构的分析为中心。我们要把汉语的各种句子，参考其语音形式上的特征，根据其意义结构的类型分析出各种不同的句型，再分析每种句型的各个句子成分之间的细致的语义结构的模式，然后分析充作句子的每一个词位到底能在各种句子里担负语法意义结构中的什么角色，把所有的词位归成词型。

（三）汉语语法意义结构类型的研究

由上所述，汉语语法研究的基本问题就是研究以语音形式为物质外壳的各种语法意义的类型。无论是研究汉语词位的各种语法变体也好，或是研究句子的语义结构的类型也好，其中心环节都在于分析各种语法意义的结构类型，这种语法意义的结构类型，事实上也就是各种语法关系的规则。

我认为传统语言学的错误不在于他们注意了意义的研究，而在于他们只是从词汇意义或逻辑关系着眼去处理语法意义问题，事实上他们的缺点正在于对语法意义的研究不够细致，做得还很差。当然，细致地研究语法意义是一件十分困难的事，但我们不能因噎废食，像美国的描写语言学家那样，在困难面前退缩了，说什么意义是无从捉摸的，可以不研究意义而能研究语言。因为语言根本上就是包含有意义的符号系统，它是表达思想的工具，它这一本质特点就决定了意义是其核心的东西，不研究意义就等于不研究语言，不了解意义的各种情况就无法运用语言去进行交际。科学事业本身就是征服自然或研究对象的过程，我们只能努力克服困难对结构复杂的研究对象一步一步地进行分析，不能在困难面前放下武器，不能主观地把客观对象看成简单的东西，以分析其表面的特点为满足。

以上只是一些原则，至于如何具体地分析汉语的语法尚有待于进一步地考虑。科学的问题需要大家共同努力来解决。认识到汉语词类问题的真相之后，我们就可以走上另一条路去考虑问题，针对汉语的具体情况想出办法，去建立汉语的语法系统。

（原载《安徽大学学报》1963 年第 1 期）

汉语规定词"的"

一

语言是由人类口中所发出的声音,但这种声音必是代表社会群中其他分子所共同了解的意义的。不代表意义的声音只是物理现象,并非语言。所以凡是语言中的任何一个单位(语词),必是音和义两个成分的组合物。[①] 因此,要规定一个语词必得看它在发音和表意两方面是不是一致。如果音同而义也同,必是同一的语词。如果音和义两方面只有一方面相同,问题就发生了。在这种情形之下,我们是以意义为依归的,因为语言的功用本来是要表达意义。所以,如果有两个语词,它所代表的意义是同一的,语言学家就叫它们做同义字,就算它们做一个语词也无不可。例如《左传》"吾以女为夫人"和"我奚御哉"两句,[②] "吾"、"我"二字就是义同音异的同义字,我们说它们是两个语词固然是对的,就说它们只是一个语词也未尝不可以。然而等到音同而义不同的时候,我们就非把它们当做不同的语词看不可。例如《礼记》"不以食道用美焉尔"[③]的"尔"字和《仪礼》"弃尔幼志,顺尔成德"[④]的"尔"字,都是属于纸韵"儿氏切"的读音(《广韵》),现在的北京语都是念为 ɚ 的,然而两者间意义的差别是谁也不知道的。又如《诗经》"生于道周"[⑤]和《离骚》"虽不周于今之人兮",前后的"周"字,都是一样的读音,《广韵》

---

① 参阅 F. de Saussure, *Cours de Linguistique Générale*,第三章。

② 《左传·庄公八年》。

③ 《礼记·檀弓》。

④ 《仪礼·士冠礼》。

⑤ 《诗经·唐风·有杕之杜》。

作“职流切”,属于尤韵,现在的北京语都念做 tʂou,然而这两个“周”字意义的不同却是显而易见的。事实上这两个不同意义的“尔”和“周”,都应当算是两个不同的语词。这本来是一个极其平常的语言学原则,可是因为中国文字的特殊结构,学者们往往在不知不觉之中,受其影响,而对中国语词的认识也常常发生错误。即此“的”字的解释就是一个例子。

“的”字《说文》作“的”,许慎认为是“明也”。① 古书对于“的”字的训诂,说法很多。除《说文》之外,以“的”有明白之训者,《广雅》:“的,白也。”②《玉篇》:“的,明见也。”③以“的”有实之训者,《增韵》:“的,实也。”④《正韵》:“的,端的也”。⑤ 以“的”有鹄的之训者,《玉篇》:“的,射质也。”⑥《正韵》:“的,射侯之中。”⑦以“的”有莲子之训者,《尔雅·释草》:“其实,莲;其根,藕;其中,的”,⑧《玉篇》作“菂”。⑨ 以“的”有马之训者,《易·说卦》:“其于马也……为的颡”,注:“额有白毛,今之戴星马”,⑩《尔雅·释畜》作“驹”。⑪ 又有以“的”有妇人面饰之训者,《仙经》:“鲍姑以艾灼龙女额,后人效之,谓之龙的”,⑫《集韵》通作“黔”。⑬ 这许多不同的诂训,实在是代表不同的语词,和我们今日用作语助的“的”字毫无关系。作为语助用的“的”字自有其来源。本文的目的就是

---

① 《续古逸丛书》宋刊《说文解字》卷七上,第 1 页下。

② 《文选楼丛书》本《广雅》卷四,第 2 页上。

③ 《玉篇》(影宋版)卷二十,第 5 页上。

④ 光绪二十八年上海宝善斋本《康熙字典》午中,第 9 页下所引。

⑤ 明正德三年重刊本《洪武正韵》卷十六,第 14 页下。

⑥ 同注③。

⑦ 同注⑤。

⑧ 《古逸丛书》本《尔雅》卷下,第 4 页下。

⑨ 《玉篇》卷十三,第 2 页上。

⑩ 《易经·说卦》第十一章注。

⑪ 《古逸丛书》本《尔雅》卷下,第 25 页下。

⑫ 《康熙字典》午中,第 9 页下所引。

⑬ 《姚刊三种》本《集韵》卷十,第 36 页上。

要就语音和意义两方面来研究语助词“的”字，其在现代口语中所有的语法价值，及其在历史上的演变痕迹。

二

一提到“的”字，我们就会想象到“我的父亲”、“好看的花”等类的用法。这里所用的当然就是我们所谓的虚字，或语助词。然而这语助或虚字所表达的到底是哪一种语法价值，则是我们所要确定的。一般西洋和受过西洋影响的语法学家，对于“的”字用法的解释不谓不多，不过他们的解释大都不是把“的”字所有的不同的意义混在一起谈，就是把“的”字的同一意义误为不同的用法。其最大的原因就是没有直接注意到“的”字音义两成分的组合，而拿西洋的语法来套中国的虚字。代表前一派的，是法国的戴遂良（Wieger）和我们的赵元任先生；代表后一派的是鲁迅及一般受西洋语法影响的人。戴遂良在他分析语体文中“的”的用法时，认为“的”字有下列的功用：①

（一）代表名词的领格，如：这个人的……。

（二）代表代词的占有格，如：我的书。

（三）代表动词原式的占有格，如：走的时候。②

（四）代表动词的被动格，如：你说的好。

（五）代表动词的可能格，如：吃的（吃不的）。

（六）代表方位格，如：他爬的桌子上。

（七）代表形容词的语尾，如：要紧的。

（八）代表副词的语尾，如：快快的，慢慢的。

（九）代表句终，如：我去说的。

① 见其所作 *Rudiments de Parler et de Style Chinois*. 第一卷。这系统是我为他归纳的，氏于其近代 *Chinois parlé, manuel* 中尚举有许多用法，我们不必再为转录。

② 氏以为此处的“的”有类于拉丁 *gérondif* 语尾 *di*，因为“走的时候”可以译为拉丁的 *tempus eundi*，见前书第 81 页。

赵元任先生在他的《北京、苏州、常州语助词的研究》[1]中以为北京语中发音为“得”字的语助词实在就是“的”字，他认为北京语中“得”(按，即“的”字)字的用法有下列数种：

(一) 领格，如英文之’s。

(二) 前置形容词词尾，如：好看得衣裳。有的时候像西洋的关系代名词，如：吃饭得时候。

(三) 后置形容词词尾，如：我要一个好得。这是真得。相当于文言文的“者”字。

(四) 事类，如：告诉了他，他会生气得。不行，这样一定会出事情得。

(五) 副词词尾，如：好好儿得走。

(六) 动词结果——性质，如：他唱得好听着呐。

(七) 动词结果——程度，如：他累得走不动勒。

(八) 可能，如：看得见。

(九) 等于“跟”、“和”，如：八块得七块是十五块。

赵先生所用的“得”和一般人所用的“的”字，只是文字上的不同。大约是因为北京语里语助“的”字的发音是 tə，而 tə 近于“得”，(赵氏标音 de)，他就用“得”字。我们知道“的”字在这个地方只代表念为 tə 音的一个虚字。因为语助词在句子中的地位不重要，说话的时候，往往把元音读成最模糊的中元音，有的时候就连它是什么音都不很清楚。西洋人称这种现象为中性音调，因为不但元音，就是音调(即四声)也和本来的读法不同。有人曾用实验的方法证明这种音调和其他四声的不同，而称之曰“第六音调”(阴平、阳平、上、去、入五声以外的)，可是他的意思却和西洋人所说的中性音调并无分别。这种中性音调的元音可以用希伯来文的 Cheva(即比较含混的元音 ə)来代表。实在很难说它的读音是“得”，而不是“的”。不过以元音的性质来说，当然“得”(tə)是比“的”(ti)近于 Cheva，可是如果我们知道 tə 是“的”用为语助词时的必然的读音，而“得”字又有其他的用法，即由实字“得”演化而来的语助词

---

① 见《清华学报》第三卷第二期，1926 年。

“得”，而这两者又有相混的可能，我们觉得还是用一般人已经通用的“的”字来得妥当。不过这也不是重要的问题。我们所要说的是：戴、赵二氏所举的语助词“的”（或“得”）的用法，显然都有两种困难。第一，他们都把许多不同意义的语词混在一起谈；第二，他们都是用西洋的语法来解释中国的语法。我们看戴遂良所列的用法中，第五条代表动词的可能格，第六条代表方位格，和第九条代表句终的说法就有一点格格不相入。“吃的吃不的”的“的”字，以发音来说，也许和“快快的”的“的”字相同，然而在意义上显然是不同的。这“的”字正如戴遂良自己所说的一样，是表示“可能格”的，从语源学的立场来说，确是“得”字演化而来的语助词，尚存有可以得到或不可以得到的意思。纵使我们不能用语源学的意思来解释现实的语法价值，可是就以现实的用法来说，大家也都知道这两者意义的不同，实在不是一个相同的语词。至于“他爬的桌子上”的“的”字，更是不妥。戴遂良自己说，这里“的”字有“在”或“到”的意思，[1]可知这是另外一个语词，和一般人所说的“我的父亲”之类的语助词“的”完全是两回事。赵元任先生所举的也是一样。“动词结果——性质”中的“他唱得好听着呐”，“动词结果——程度”中的“他累得走不动勒”，都是表示可能性和动作所达到的可能程度，和一般的“的”字毫无关系。至于“八块得七块是十五块”的“得”字，更是另外的东西。此处戴、赵二氏的困难可以说是太注重于发音而忽略了意义。赵先生说：“北京 de 得这个语助词似可以分为‘得’、‘的’两个不同的语助词……但这样分法是文字上的分化，在语言上的事实上，其实都是说 de‘得’的，所以北京话只有一种语助词当许多种用法。”[2]这就是明证。中国老先生研究语法太注重于表面上的文字，而戴、赵二氏能够脱离这个束缚，而到文字背后去注意发音的异同，这当然是一个极大的进步。然而要知道中国语是单音缀的语言。在中国语中，表示不同意义的语词往往有同样发音的可能。戴、赵二氏还有一个困难，即用西洋的语法

---

① 见 *Rudiments de Parler et de Style Chinois* 第一卷，第 122 页，戴遂良也许也认为这是另外一个语词，只是他没有说明。

② 《清华学报》第三卷第二期，1926 年。

格局来套中国的语法。比方说，戴遂良以为“的”字有表示动词被动格的功用。因为“你说的好”这句话译成法文是 Ce que tu as dit est bien. 这里 ce que 的 que 是目的格关系代名词，所以这个动词是被动格，就是“被你所说的”的意思。然而在中国人看来，这里的动词明明是主动格。“你说”就是“你说”。“的”不过是表示那句话和“你说”的关系而已，表示那是“你说的话”不是“别人说的话”。这样由于外国文的翻译而来说明中国的语法，则中国的语法必和任何一种语言的语法相同。然而这是不可能的，因为我们明明知道各语言的语法是不同的。如果中国语的语法和任何语言都相同，则这和任何不同语法的语言都相同的语法结构必是一个怪物。如果是以外国文翻译时所用的外国语法范畴来说明中国语法的话，则戴、赵二氏所举的又嫌过略。“说话的那个人就是我的父亲”可以译为法文 Ce lui qui parle est mon père. 这里 qui 是主格关系代名词，则“的”字又可以说是主格关系代名词的语助词。“往东流的水”可以译成法文 1'eau courant à 1'est，则“的”字又可以说是现在分词的语尾。这样说起来，将无底止。所以要研究一种语言的语法，应当看在这种语言中，是不是有一种特殊的语法形式去表示一种特殊的语法范畴，换言之，即是不是有一种特殊的语音形式去表示一种特殊的语法意义。

和戴、赵二氏相反的，则有鲁迅和一般受西洋语法影响而硬要划分中国语言中形容词、领格及副词语尾的用法的。鲁迅译西洋著作时，往往用“的”、“底”、“地”三个字去分别西洋的领格、形容词及副词。例如，在他所译卢那卡尔斯基《艺术论》的《原序》[①]就有这么一段：

> 本书是将在种种的际会，因种种的端绪，写了下来的几种论文，组织底地编纂而成的，这些论文，由共通的题目所统一。但这并非本来的意义上的美学的理论。在这些论文中，于趣味，美底知觉，美底判断的本质，都未加解剖。

这样划分领格、形容词及副词语尾的办法，固不止是鲁迅一人。一

① 《艺术论》，上海大江书铺，1929 年。像这一类的文章，到处都是，固不止于此。

般受西洋语法影响的作家们都是这样。要知道这三个字之用作语助者都是念为 ti,或是 tə,它们在发音方面是一样的,并不会因为文字上写成三个不同的字就成为三个不同的语词。不然的话,“爾”和“尔”、“國”和“国”、“聲”和“声”、“郤”和“却”,也是不同的语词了。所以,纵使是用了三个不同写法的文字,如果它们的读音是一样的,而它们所表示的又是同样的意思,这种分别只是多余的。我们知道宋朝禅家语录常常用“者”、“遮”和“这”三个字去表示指示词“此”。例如《云门匡真禅师广录》[①]中就有这样不同的写法:

> 者里也须是个人始得。(一九八八号 545 页上行)
> 须到者个田地始得。(同上中行)
> 这个是长连床上学得底。(同上 551 页上行)
> 总似这般底,水也难消。(同上 553 页上行)
> 遮个公案。(一九九九号 959 页上行)

谁也知道这三个字只是同一语词的不同的写法。然而为什么鲁迅等人就以为“底”、“地”、“的”可以代表三个不同的语法范畴呢?这是因为他们有意地学西洋语法的办法。在西洋语言中,形容词、副词及名词的领格大都有三个不同的语法形式,他们也以为中国的语言也应当分别这三者。[②] 要知道应当不应当是另外一个问题。语法是一种社会的传习,本来无所谓应当不应当,更谈不到合乎逻辑不合乎逻辑。我们要看中国的语法是不是有这三者的分别,只要看中国人说话的时候有没有用三个不同的形式去表示这三个范畴。即退一步,承认这三者有分别的必要,我们也应当创造三个不同的形式去表示它,绝不是用三个同样发音的字所能胜任的;因为在说话方面,这三个不同的字还不外是一个同一的语词。从发音方面说,这三个不同的字并没有不同。那么从

---

① 《大正新修大藏经》,第四十七卷《诸宗部》四,目录号数第一九八八号。

② 一般人以为用“他”、“她”、“它”三字,就可以给中国语法增加上“性别”的范畴,也是一样的可笑。要知道,不管这三个字写得如何不同,只要说话时,仍然都说成一样,语法的性别范畴还是不存在的。用文字去分别男女,正如画男女的图像一样,是另一回事,不是语法的问题。

意义方面说,它们是不是有分别呢?这也就是我们所要讨论的问题了。

三

思想和说话的关系是一个谜。有的人以为有了思想才会说话,有的人以为学会了说话才会思想。大约这两种说法都有相当的道理。实在的情形是这两者虽然不是一个东西,却谁也离不开谁。没有语言的思想是没有着落的思想,所以许多思想观念的成立都有赖于名词的创造。在思想里有了某个范畴,在语言中必有它的表征。不过语言的表征却不仅是语法的结构,每一个语词的意义成分也可以表征思想范畴。在语法的结构中,如果只有一个形式,而其所代表的意思又可以归纳在一个范畴之中,我们就只能算它是一个语法范畴,不必注意这个范畴之中还可以包含多少更小的观念。没有语言形式的思想界限是模糊不清的。比方说,在英语里头,表示多数的就有一个多数格,就是在名词之后加上一个语尾-s。有了这个语尾的形式,我们就可以说英文有"多数"这个语法范畴。多数这个观念是包括双数的、三数的。英语 two books, three books,就其意义说,是有双数和三数的范畴的,然而这双数和三数云云是 two 和 three 这个字的意义成分表征出来的,并不是-s 这个语法形式表现出来的。所以仅就思想的立场上说,说英语的人当然是有双数和三数的观念。然而就语法的立场上说,英语只有多数格。不过有的时候,同一的思想范畴也可以由不同的语法形式来表现,而在意义上则没有任何的不同。我们可以说这不同的语法形式是表现同一的语法功能。这正如同义字一样,都是用不同的发音去表示同样的意义。例如:德文中的多数格就有各种不同的形式。

照上节所云,"的"字和"底"、"地"在发音上是相同的,所以只是一个共同的形式。即按其意义说,虽然用翻译的办法,这同样的发音形式可以相当于西洋语言中的领格、形容词、副词以及关系代名词等等,可是这只是一种割裂的办法。这些意义实在可以归纳在一个范畴之内,称之曰:"规定关系",而"的"字也可以叫做"规定词"。所谓语法范畴,原不外是表示一种关系的观念,不过关系的观念很多,也并不都得由语法来表达。在关系观念之中,有一种叫做规定关系,是一切语言所共有的。规定关系就是在两个或两个以上的语词,其中有一个是给另外一个语词一个范围去规定它的界限的,在中国语中,规定者是在被规定者之前的。比方说《金瓶梅》第八十八回有一句:"这秃和尚贼眉贼眼的只看我。""和尚"是比较空泛的观念。"秃"就是规定"和尚"的一个语词。加上"秃"字,和尚的范围就规定了。意思说:这只是秃和尚,而不是其他的和尚。"看"也是一个比较空泛的观念。"贼眉贼眼的"就给"看"一个规定。意思说:这只是贼眉贼眼的看,而不是其他的看。这种规定关系有时只由语词的秩序来表示。"秃和尚"就是一个例子。有的时候,就在规定者之后加上一个"的"字。这种规定关系在印欧语言中有各种不同的表示较小观念的语法形式。比方说,形容词是规定名词的一种语词,印欧语的形容词有其特殊的形态,所以是一个语法格式。领格是规定被领的名词或代名词的一种语词,印欧语有其特殊的形态,所以是一个语法格式。副词是规定动词的一种语词,印欧语的副词有其特殊的形态,所以是一个语法格式。这是三种常见的规定词,实在可以算做规定词的固不止此。关系代名词也就是规定词之一种,因为它所领导的整个句子就是给前头的名词一个规定的。然而中国语并没有特别的形态去分别这些观念,中国语只有一个"的"字去表达这一切的观念。在中国人的语象里,我们只有一个"的"字去表达规定的关系。这并不是说中国人只有一个规定关系的观念,并没有规定观念所包含的其他较小的观念。这只是说:在中国人说话的时候,他只有表示较泛的规定关系的语法形式,而"的"字的语法价值也只是在于表达这个观念而已。这是我们所以称"的"为汉语规定词的理由。

这也可以于现代的口语和白话文里看得出来。中国人说"好看的花"和说"快快的走"时,并不觉得这两个"的"有什么分别。中国人说"很富的人家"就没有像戴遂良所说的一样,有 la famille qui est riche 的意思,其中的"的"字是表示关系代名词的。在中国人看来,这句话的语法结构和上一句一样,都是表示一种规定关系。在白话文里头,现在受了英语语法影响所写的文章,乱用"地"、"底"、"的",我们不去管它,但在明清小说里,"的"是用在一切表示规定关系的地方的。我们且以

《红楼梦》为例。《红楼梦》表达规定关系时，不论这种规定关系是否可以译成西洋的形容词、领格、副词或是关系代表名词，都用“的”：

用土和马粪满满的填了一嘴。（第七回）

凤姐和贾蓉也遥遥的听见了，都装作没听见。（第七回）

我就是个多愁多病的身，你就是那倾城倾国的貌。（第二十三回）

咱们谋到了，靠菩萨的保佑，有些机会，也未可知。（第六回）

若迟了一步，回事的人多了，就难说了。（第六回）

忽见周瑞家的笑嘻嘻走过来，点手儿叫他。（第六回）

忽见堂屋中柱子上挂着一个匣子，底下又坠着一个秤砣是的，却不住的乱晃，……有煞用处呢？（第六回）

《金瓶梅》也是同样的情形。例如：

你早替我叫下四个唱的，休要误了。（第八十回）

俺们倒没意思刺刺的。（第八十回）

你不知道这小油嘴，他好不辣达的性儿。（第八十回）

隔壁谁家屋里失了火，烧得红腾腾的。（第八十回）

你今日到那里去来，为何沉沉昏昏的？（第八十回）

我的嫂子被他娶了多少日子？（第十回）

恁个没天理的头命囚根子。（第八十九回）

武松口衔着刀子，双手去干开他胸膊，扑乞的一声，把心肝五脏生扯下来。（第八十回）

在《金瓶梅》里，我们还可以发现两个现象，即《金瓶梅》的作者和赵元任先生正相反，他是用“的”去表达规定关系，同时又用“的”去代替“得”，去表达可能性和可能的程度的。例如：

一个亲娘舅，比不的他人。（第八十回）

你等怎抵斗的他过。（第八十回）

做不的主儿。（第八十回）

见他吃的酩酊醉，也不敢问他。（第八十回）

这显然是用同音字去表达两个不同的意义，在语法上是表达两个不同的语法范畴，和规定词“的”是两个不同的语词。

还有一个现象颇堪注意，即在表达带有副词性质的语词时，《金瓶梅》的作者有的时候就用“地”，例如：

> 忽见吴月娘蓦地走来。（第八十回）
>
> 说养我一场，怎地不与他清明寒食烧纸？（第八十九回）

不过这里也有个情形，就是像这一类的用法，有的时候也用“的”，例如：

> 你怎的只顾在前头，就不进去了？（第八十回）
>
> 你告诉我你心里怎的？（第八十回）
>
> 不知怎的，心中只是不耐烦。（第八十回）

这到底是什么原因？这可以不可以证明中国语法中副词和其他的规定词是有分别的？我们以为像这一类语词之用“地”，乃是因为这些语词已经成为成语，和其他的规定词略有不同。这些语词，在“地”或“的”之上只有一个字，因为中国语往往要音调的协和，自身的独立就比较的困难，所以常常是和“地”或“的”字连在一起用。我们看最初加在带有副词性的语词后面的，也就是这一类“蓦地”、“私地”、“怎地”、“特地”等，所以容易成为成语。既然成为成语，则更改就没有那么方便。我们看较早的用法，五代宋初的副词是和其他的规定词有别的。这时候，如果要用语助词去表示副词意义的话，就用“地”。“地”字到后来才和“的”字合流。但从“地”字改到“的”字的过程中，只有这一类的语词，因为习惯的关系是最晚的。《金瓶梅》尚存有此类“地”字的用法，但作者有时还用“的”，也可以显出“地”字在消灭过程中的挣扎痕迹了。

四

有人也许要说：“的”、“地”、“底”三字的用法是有历史的根据的，宋人语录中不用“的”字，只用“底”，而“地”的用法也和“底”不同，这当然是个很有力的论据；但我们要知道纵使在历史的过程中，中国语曾经有某种语法范畴的分别，可是，这只是历史的陈迹，不能代表语法的现实价值。照现在的情形言，中国语法（这当然是指国语而言）并没有领格、形容词及副词语助的分别，现代人之用“地”、“的”、“底”三字也并不能表现中国语有这三者的划分。我们用历史的眼光来看，就知道古时中国语之用“地”、“底”、“的”，都有它的原因和理由的，并不是和现今的办法一样，只是无谓的人工的区别。

规定词之用“的”字者，是宋代末年的事。在白话文的历史中，最初用作规定词的是“底”字。顾亭林在他的《唐韵正》中说：“‘的’字在入声，则当入药音，都略切，灼酌妁芍之类也。转去声，则当入啸音，都料切，钓屿杓豹之类也。后人误音为滴，转上声为底。按宋人书中凡语助之辞皆作底，并无的字，是近代之误。……今人小的字当做小底。《宋史》有内殿直小底，入内小底，内班小底。《辽史》有近侍小底，承应小底，笔砚小底。”[①]这句话虽然有点武断，晚宋话本中已用“的”字，并非“并无的字”，但宋人语录确是不用“的”。不但是《宋史》、《辽史》，《隋唐嘉话》亦载：“崔湜为中书令，张嘉贞为舍人，湜轻之，常呼为张底。”[②]以我们所知道的最早的白话文材料来说，敦煌所发现的变文虽然带有白话的成分，但规定词的语助词却没有发现过。我们只在刘复所集的《敦煌掇琐》中，看到一处，是在杂文《齖魺新妇文》中：[③]

> 便即下财下礼，色（即索）我将来，道我是底，未许之时，求神拜鬼，及至入（乙本作将）来，语我如此。

此外还有两处用“地”的，但这“地”到底是不是一个纯粹的规定语助词尚成问题。这两个“地”字一见《敦煌掇琐》的《燕子赋》，一见《掇琐》的《丑女缘起》：[④]

> 雀儿被额，更额气愤；把得话头，特地更闷。
>
> 私地诏一宰相。

① 思贤讲舍本《音学五书·唐韵正》卷十九，第28页下。

② 语见《史通》郭注。

③ 见国立中央研究院历史语言研究所专刊之二，《敦煌掇琐》十五。

④ 同上书，三至四；又八。

“特地”、“私地”云云虽有副词的意义，但却类似成语，不能当做纯粹的语助词看。用“地”表示纯粹的语助词，是在五代禅家语录中才发现的。

敦煌所发现的写本，虽云“无在公元第十世纪（北宋初年）之后者”，[①]但这些变文的著作时代，我们却知道得不大确实。尚有早期的白话材料，而其著作年代及作者生平大体为吾人所认识者，则是禅家的语录。我们现在还看得到的最早的禅家语录要算是敦煌所发现的《神会和尚语录》残卷。《神会和尚语录》残卷共有三种，都藏在巴黎国家图书馆里，经胡适先生校写，合并伦敦大英博物院所藏的神会和尚《顿悟无生般若颂》残卷和《景德传灯录》卷二十八所载的《菏泽神会大师语》刊成《神会和尚遗集》。神会和尚，据《宋僧传》云，是于上元元年（760）死的，卒年九十三岁。[②] 他的全盛时代当在唐开元、天宝间。这些语录当是第八世纪初中叶的作品。不过在神会和尚的语录里，白话的成分并不多，和我们有关系的，只有一个例子：

若是实者，刹那发心，岂能断诸位地烦恼？

这个“地”是用在相当于西洋所谓的领格。领格语助词之用“地”者，除此例外，我们在一切的材料中就没有发现过第二个，此当是笔误或后人抄写错的。可是，“底”之作为语助用的，却看不到。除了《神会和尚语录》以外，还有五种唐代的禅家语录，是第九世纪的作品而用白话写成的：

（一）《庞居士语录》[③]

（二）《筠州黄蘖断际禅师传心法要》[④]

（三）《黄蘖断际禅师苑陵录》[⑤]

---

① 语见郑振铎，《插图本中国文学史》，第三册，第584页。

② 神会和尚姓高氏，襄阳人。关于他的生平，胡适先生作有《菏泽大师神会传》，载《神会和尚遗集》卷首。

③ 《大日本续藏经》卷下之上，第二十五套，目录号数一三一八。

④ 《大正新修大藏经》第四十八卷，《诸宗部》五，目录号数二〇一一 A。

⑤ 同上书，目录号数二〇一一 B。

(四)《临济录》[1]

(五)《真际大师语录》[2]

庞居士即庞蕴,襄阳人,贞元(785—805)初年遇石头希迁,与其论道。元和(806—820)初年回襄阳,大约就在这个时候逝世。他平日的谈论,由他的朋友于頔记录,即此处的《庞居士语录》。《筠州黄蘖断际禅师传心法要》及《黄蘖断际禅师苑陵录》系希运(即黄蘖)和裴休的谈话,而由裴休记录者。希运于大中四年(850)卒。这两部语录大略是第九世纪初中叶的作品。《临济录》分为二卷:上卷《临济慧照禅师语录》,下卷《临济慧照禅师勘辩》。慧照即临济义玄,于咸通八年(867)卒。他平日的谈论由其门人三圣院慧然集录,这当是第九世纪中叶的作品。真际大师即赵州从谂,乾宁四年(897)卒,其语录乃其门人文远所集,是第九世纪末叶的作品。这些都是不可多得的第九世纪的白话材料。[3]在这些语录之中,我们只发现几个"底"字,作为规定词用的:

与么听法底人。——《临济录》

这个是黄蘖底。——《临济录》

自达么大师从西土来,只是觅个不受人惑底人。——《临济录》

把我著底衣。——《临济录》

不是省力底事。——《传心法要》

教你知那得树上自生底木杓。——《苑陵录》

后背底聻。[4] ——《庞居士语录》

粥饭底僧。——《庞居士语录》

---

① 《大日本续藏经》卷下之上,第二十三套,目录号数一二九四所收之《古尊宿语录》(宋颐藏主集)卷四、五。此文上卷又见《大正大藏经》第四十七卷,目录号数一九八五,题目是《镇州临济慧照禅师语录》。

② 《古尊宿语录》卷十三—十四。

③ 关于这些禅师的生平,马伯乐教授均有叙述。见马氏 *Sur quelques textes anciens de chinois parlé*,文载 *Bullctin de l'Ecole française d'Extréme-Orient*,tome XIV.,1914.

④ 马伯乐教授认为聻即现今口语的 ni(哩)。

然而“地”字却一处也没有发现过。“地”字的用法是五代一直到南宋末年所特有的。我们在五代以及宋代的禅家语录和理学家的语录里可以看出“底”、“地”两字的分别的用法。

五代的禅家语录，我们可以看得到的，有《大正大藏经》所收的《云门匡真禅师广录》。[①] 据雷岳所作《行录》，[②]匡真禅师“讳文偃，姓张氏，世为苏州嘉兴人。……以乾和七年己酉四月十日顺寂”。按乾和为南汉刘晟年号，乾和四年即五代后汉隐帝乾祐二年，为公元 949 年。是《匡真广录》乃是第十世纪中叶的作品，系其弟子明识大师守坚之所集者。《匡真广录》共分上中下三卷，我们曾全部查过，发现“底”和“地”同时存在，“地”有十二处，完全表示副词。“底”有七十三处，表示其他的规定词。兹请略举数例：

甲、地

学人簇簇地，商量个什么？（一九八八号第 547 页上行）

喃喃地便道：这个是公才语，……。（同上第 552 页上行）

隐隐地似有个物相似。（同上第 558 页上行）

乙、底

虽然如此，若是得底人，道火不能烧口，……。（同上第 545 页下行）

还有透不得底句么？（同上第 546 页中行）

如何是不睡底眼？（同上）

道得底出来。（同上第 547 页下行）

还有未道著底句也无！（同上第 548 页上行）

书中有两个很可怀疑的句子，即：“如何是学人的的事？”（第 545 页中行）及“如何是曹溪的的意？”（第 551 页下行）这里的“的”字是不是我们所要探讨的规定词？我们把这两句和书中其他用“的”的地方相比

---

① 见《大正新修大藏经》第四十七卷，《诸宗部》四，目录号数第九八八号。

② 雷岳所作《云门山光泰禅院匡真大师行录》附《大藏经》所载《匡真广录》后，见《大藏经》第四十七卷，《诸宗部》四，1988，第 575 页下行。

较，知道这“的”字并不是一语助词。

> 正当与么时如何？师云：的。问：从上古德以何为的？师云：看取舌头。（第547页下行）
>
> 问曹溪的旨，请师垂示。（第549页中行）
>
> 问：如何是祖宗的子？（第550页下行）

这里的“的”字都是实字。另外我们在较晚的禅家语录《大慧普觉禅师语录》①中发现有这样的句子：

> 问：如何是佛法的的大意？师云：老僧无的的大意，亦无如何。（第813页下行）

“无的的大意”，只能解作“没有什么的的大意”。“的的”是分不开的，是一种形容词而有实在的意义。我们再把这和“学人的的事”、“曹溪的的意”相比较，就知道一定是当时禅家常说的特别名词，绝不是一个语助词。

我们已经看出五代的禅家语录，“底”和“地”是分用的。然而这“底”、“地”二者是不是和其他不同写法的同一字一样，并没有不同语法范畴上的功用？就在《匡真广录》里头，我们知道“什么”的“什”有的时候是写作“甚”的。例如：“教意提不起，过在什么处？”（一九八八号，第561页下行）“上座住甚处？”（同上中行）这只是写法的不同。那么，“底”和“地”是不是亦系不同写法的同一字？不是。一来因为在这个时期，“底”和“地”的读音大有分别；二来在用法上，两个的分别是很显然的。“地”只用于相当于西洋副词的地方，而“底”字也从没有侵入“地”的范围。这种情形从五代一直到宋代末年止都保持着。宋代的禅家语录，有的时候只用“底”，但这“底”字却不侵犯“地”的范围；有的时候，则

① 见《大正新修大藏经》第四十七卷，《诸宗部》四，目录号数第一九九八号。《语录》后附有僧蕴闻《谢降赐大慧禅师语录入藏奏札》中载：“臣僧蕴闻，昨于乾道七年三月中，不惧天诛，以先师大慧禅师臣宗杲语录投进。”（一九九八，第943页上行）既称先师，则大慧禅师必卒于乾道七年三月以前。《语录》凡三十卷，是一部大著作，第一卷开头就说，“师绍兴七年七月二十一日，于临安府明庆院开堂”，是南宋绍兴年间（1131—1161）的作品无疑。

两者并用。原来语录是一种文白合掺的文体，用不用这些语词，原是作者的自由，不能因为语录中没有“地”字就认为“地”字不存在于口语，何况有的语录却有这两者的分别。淳化年间（990—994）的《汾阳无德禅师语录》[①]就有“底”、“地”的分用。为着节省篇幅计，略举数例：

甲、底

受佛付嘱了底人，还记得付嘱底事么？（一九九二号，第596页上行）

作么生是三玄底旨趣？（同上第597页下行）

还有会底么？（同上上行）

如何是接初机底句？（同上）

如何是辨衲僧底句？（同上）

乙、地

匌匌地见后为什么？（同上第596页上行）

只恁么哄哄恫恫地烂。（同上下行）

莫只恁么兀兀地？（同上第597页上行）

比较晚期的北宋仁宗年间（1023—1063）的《杨岐方会和尚语录》[②]则只用“底”，而不见“地”。其中有一个“特地饶舌”，可以不可以算是副词语助词尚成问题。然而更晚的元祐绍圣年间（1086—1097）的《法演禅师语录》[③]却又两者并用。“底”字不必举，我们就举几个“地”字的例：

---

① 见《大正新修大藏经》第四十七卷，《诸宗部》四，目录号数第一九九二号。《语录》前附杨亿所作序，称：“淳化四年，西河缁素千余人，协心削牍，遣沙门契聪诣白马山，迎至其郡。”是知其为淳化年间人物。

② 见《大正新修大藏经》第四十七卷，《诸宗部》四，目录号数第一九九四号。《语录》后附湘中苾刍文政所作序，称：“师袁州宜春人，姓冷氏。落发于潭州刘阳道吾山。俗龄五十四。卒于云盖山，塔存焉。”而于生年卒年皆未提及。唯载此《序》作于“皇祐二年仲春既望日”。按：皇祐为北宋仁宗年号，皇祐之前尚有天圣、明道、景祐、宝元、康定、庆历等，皆系仁宗年号。此《序》既为方会和尚门人所作，其时日在方会卒年之后，则此《语录》一定是作于仁宗年间的。

③ 见《大正新修大藏经》第四十七卷，《诸宗部》四，目录号数第一九九五号。

万余人来此赴会，哄哄地。（一九九五号，第664页中行）

如今只见老汉，独自口吧吧地。（同上）

南宋初年绍兴年间（1131—1162）的《大慧普觉禅师语录》，也是“底”、“地”分用的。其中用“地”的有：

若僧若俗，有情无情，尽皆饱齁齁地。（一九九八号，第820页下行）

特地一场愁。（同上第822页下行）

蓦地又相见。（同上第836页上行）

宋代的理学家不但在思想上受了不少佛家的影响，就是在文体上也受了佛家的熏陶。理学家的语录分明是效法禅家的语录的。宋人语录中之最早者，要算是《二程语录》①，但《二程语录》的白话成分简直就没有。我们却于《龟山语录》②中看到几处用“底”的地方：

圣人作处，唯求一个是底道理。若果是，虽纣之政有所不革；果非，虽文武之政不因。（卷三，第11页上）

两铭只是发明一个事天底道理。（同上第25页下）

尽其心者知其性，如何是尽心底道理？（同上第28页上）

只是一个是底道理。（卷四，第12页上）

可是“地”却没有发现过。朱熹的《语录》可以说是宋人语录中规模最大的。我们把《朱子全书》③都查过，看得很明显，“底”和“地”的用法是有不同的。“地”只用于相当于西洋的副词的地方，而“底”也只用于相当于副词以外的其他规定词的地方。两者界限分明，毫不紊乱。《朱子全书》用“地”用“底”的地方多得不可胜数，我们只好举几个例：

甲、用“底”者

这须是乐家辨得声音底方理会得。（《朱子全书》卷四十，第7

① 见《游廌山先生集》。

② 《四部丛刊续编》本。

③ 有康熙御制本。

页上)

今又难改他底,若卒改他底,将来后世或有重立庙制,则又著改也。(《朱子全书》卷三十八,第46页上)

此身在天地间便是理和气凝聚底。(同上卷六十一,第41页上)

天地公共底,谓之鬼神。(同上卷五十一,第5页下)

又说季通底用不得。(同上卷五十,第22页上)

也只祭得境内底。(同上卷三十九,第21页下)

然圣人有个存亡继绝底道理。(同上卷三十八,第28页下)

韦昭是个不分晓底人。(同上卷四十一,第4页上)

乙、用“地”者

才为物欲所蔽,便阴阴地黑暗了。(同上卷四十四,第11页下)

道则平铺地散在里。(同上卷四十八,第2页上)

夜半黑淬淬地。(同上卷四十九,第22页上)

其他如“恁地”、“怎地”、“怎生地”、“忽地”等连篇累牍,不计其数。

综上所言,在五代及宋季的禅家和理学家语录中,我们可以看得很清楚,“底”和“地”是两个不同的语助词,两者的分用是很清楚的。然而到此为止,我们还没有遇到“的”字。

最初用“的”字的,是宋朝的俗文学。我们知道宋朝的俗文学是很兴盛的,所谓“大曲”、“鼓子词”、“诸宫调”、“戏文”和“话本”等都是宋朝文人所创造的体裁。大曲尚脱不了词的束缚,虽然偶尔也有白话的成分,但规定语助词却没有发现过。鼓子词传者极少。据郑振铎先生云,今所知者有赵德麟《侯鲭录》中所载咏会真记故事的《商调蝶恋花》。[①]但还是用古文写的。诸宫调之存于今者也不多。郑振铎先生说除董解元的《西厢记诸宫调》、无名氏的《刘知远诸宫调》、王伯成的《天宝遗事诸宫调》以外,别无第四本。[②]《刘知远诸宫调》是一个残本,系俄国柯

① 郑振铎,《插图本中国文学史》第三册,第694页。

② 同上书,第698页。

智洛夫1907年至1908年发掘张掖黑水故城时之所发现者。我们在郑振铎先生所引的几段原文里,[①]知道这时候的俗文学也有“底”、“地”两字的用法:

甲、地

洪义自约末天色二更过,皓月如秋水,款款地进两脚,调下个折针也闻声。

这般材料怎地发迹!

乙、底

行雨底龙必将鬼使差。

若还到庄说甚底。

今日还存在的完整的戏文只有《永乐大典》的《小孙屠》、《张协状元》及《宦门弟子错立身》。[②]《小孙屠》下注“古杭书会编纂”。《宦门弟子错立身》下注“古杭才人新编”。当是晚期的作品。郑振铎先生以《张协状元》中有“这番书会,要夺魁名,占断东瓯盛事”句,认为编者“似并为温州人,正和最早的戏文《王魁》、《王焕》出于同地,也许竟是出于同时也不一定”。[③]我们再以文中的语法结构来看,觉得此文比前二者的著作时期为早则是毫无疑问的。在《张协状元》中,“底”和“地”还是照样地用着,没有例外;而在《小孙屠》及《宦门弟子错立身》中情形就不同了。在这里我们第一次见到“的”字代替了“底”字,只有少数的句子中还存有“底”的痕迹,而“地”字还是照样的存在。试举数例如下:

甲、《小孙屠》

李琼梅的便是。(第1页下)

大的必达,小的必贵。(第3页上)

---

① 郑振铎,《插图本中国文学史》第三册,第707—710页。

② 此三戏文存于《永乐大典》第一万三千九百九十一卷,番禺叶恭绰氏民国九年于伦敦古玩肆中之所购得者。北平图书馆曾传写一部。后马隅卿氏依北平图书馆抄本排印,交古今小品书籍印行会出版。

③ 见郑振铎,《插图本中国文学史》,第三册,第923页。

出去做甚的？（第3页上）

当日的令史过来。（第4页上）

人非土木的，不敢忘恩义。（第4页上）

这睡的是谁？（第6页下）

妈妈说甚底？（第7页下）

在家吃酒做甚底？（第8页下）

滴滴底鲜血沾衣袂。（第11页上）

当歌对酒醺醺地。（第2页下）

蓦蓦地古道西风峻岭。（第4页下）

休得要恁地。（第5页上）

谁知每日贪欢会，醺醺地，不思量归计。（第6页上）

婆婆不知我家庭怎地吃官司，关了门。（第10页下）

兄弟款款地来。（第12页下）

乙、《宦门弟子错立身》

我去勾阑里散了看的。（第56页上）

害瞎的去寻羊。（第56页下）

我孩儿要招个做杂剧的。（第59页上）

不嫁做杂剧的，只嫁个院本的。（第59页上）

教奴怎底。（第56页上）

泼畜生因甚底缘何尚然落后？（第59页下）

怎地孩儿为路岐？（第59页上）

勾阑收拾家中怎地？（第56页上）

宋代话本之存于今日者有《京本通俗小说》残本和《五代平话》残本等。《京本通俗小说》残本[①]载有小说共《碾玉观音》、《菩萨蛮》、《西山一窟鬼》、《志诚张主管》、《拗相公》、《错斩崔宁》、《冯玉梅团圆》等七篇，其中除《拗相公》一篇述王安石下野事，《志诚张主管》一篇述北宋年间事外，都是叙述南宋高宗建炎绍兴年间的故事，绝不能是南宋早期的作

① 缪荃孙的《东京小品》把残本的《东京通俗小说》刊行，后来亚东也有印本，胡适先生作《序》。我们所用的就是缪氏刊本。

品。《冯玉梅团圆》开头就说“此歌出自我宋建炎年间”，乃是宋人之作无疑。其中述绍兴十五年玉梅与范承信夫妇团圆，后一年承信任满赴京，后来改回原姓，又“累官至两淮留守，夫妻偕老，其死央二镜，子孙世传为至宝”。又见其必是南宋末年的作品。其他诸篇亦皆南宋末年之作。[①]

在这些小说中，“底”字已不存在，以前用“底”的地方，这里都用“的”。“地”字作为副词语助词用的还有，除“怎地”、“恁地”外，有这些例：

> 静悄悄地无一个人。（卷十第6页下）
>
> 睁起杀番人的眼儿咬得牙齿剥剥地响。（卷十第11页上）
>
> 口里喃喃地道：作怪，作怪，没奈何！（卷十第4页下）
>
> ——《碾玉观音》
>
> 远远地王婆早接见了。（卷十二第7页下）
>
> 兀自慢慢地赶来。（卷十二第13页上）
>
> ——《西山一窟鬼》
>
> 从下至上看过，暗暗地喝彩。（卷十三第4页上）
>
> ——《志诚张主管》

最可注意的，这里已经有好多地方，在《志诚张主管》、《拗相公》、《错斩崔宁》、《冯玉梅团圆》四篇中，“的”字也已经代替了副词语助的

---

① 除《冯玉梅团圆》外，《碾玉观音》述绍兴年间事，而于结局上说：“后人评论得好”，必是宋末的作品。《菩萨蛮》也是述绍兴年间的事，总不会是太早的作品。《西山一窟鬼》亦述绍兴年间事，而于结局上说：“吴教授从此舍俗出家，云游天下，十二年后遇甘真人于终南山，从之而去。”可知也是绍兴以后的作品。《拗相公》述王安石下野的故事，述到王安石死时为止，在结局上说：“至今世间人家多有呼猪为拗相公者，后人论我宋元气都为熙宁变法所坏，所以有靖康之祸。”可知是南宋末年的作品。《错斩崔宁》述高宗年间事，开头云：“我朝元丰年间”，又谓“高宗时”，不标朝代，必是宋人之作；结局上说：“将这一半家私舍入尼姑庵中，自己朝夕看经念佛，追荐亡魂，尽老百年而终”。也可以证明其为南宋末年的作品。就是《志诚张主管》述东京汴州开封府事，书中亦无其他年代的记录。但就其文体言，当是与上述诸篇同时的作品。

“地”：

看见员外须眉皓白，暗暗的叫苦。（卷十三第4页下）

二媒约会了双双的到张员外宅里。（卷十三第3页下）

——《志诚张主管》

闷闷的过了一夜。（卷十四第9页上）

——《拗相公》

轻轻的收拾了随身衣服，款款的开了门出去。（卷十五第7页上）

它两人须连夜逃走它方，怎的又去邻舍人家借宿一宵！（卷十五第17页上）

怎的杀了我丈夫刘贵！（卷十五第21页下）

后来又怎的杀了老王，奸骗了奴家！（同上）

——《错斩崔宁》

两口双双的劝女儿改嫁。（卷十六第10页上）

——《冯玉梅团圆》

《五代平话》残本有诵芬室景宋巾箱本。吴元忠跋云：“疑此平话或出南渡小说家所为。”我们看每卷卷首都有“新编五代某史平话”字样，而其回目上下句字数不同，不若元曲题目之齐整，然必为其前身无疑，当是宋代晚期或金元间的作品。《五代平话》残本中，也是“的”取“底”而代之，而用“地”的地方也是混乱的。例如：

炀帝恁地荒淫无道。（《梁史平话》卷上第2页上）

当时恁地太平。（同上）

黄巢听得恁地说，不觉泪汪汪，道：……。（同上第7页上）

只见那妻子张妇娘泪簌簌的下。（同上第15页上）

泪珠似雨滴滴地流满粉腮。（同上）

将些银子与那岳喜的伴当，交他好好的传示着。（同上第15页下）

从这些材料里我们可以看出在宋代末叶，“的”字已经完全代替了“底”字，同时“地”、“的”（即“底”）的分别也就渐渐地混乱了。这种情形

在元朝的俗文学里也还存在。在《水浒传》[①]中,就有这个现象:

> 宋江簌簌地又把不住抖。(第四十一回)
> 那殿宇岌岌地动。(同上)
> 你只自悄悄地取了娘来。(第四十二回)
> 只见远远地山凹里露出两间草屋。(同上)
> 拿了朴刀寻路,慢慢的走过岭来。(同上)
> 我们自重重的谢你。(同上)
> 不怎的胆大,如何杀得四个大虫。(同上)

初期的元曲如关汉卿的《窦娥冤》,[②]也是如此:

> 哥哥,待我慢慢地寻思。(第一折)
> 羞人答答的教我怎生说波!(同上)
> 匆匆的教我怎生回得他去?(同上)
> 也不消这等使性平空的推了我一跤!(同上)
> 待我慢慢的劝化俺媳妇儿。(同上)
> 我不与你,你就怎地我?(第二折)

但在后期的元曲,这种情形就没有了。一切的规定语助词都用"的"字,再无"的"、"地"之分了。我们在禅家文献里还发现了这样一段记载,是元代元统三年猪儿年七月十八日敕修《百丈清规》的圣旨:[③]

> 皇帝圣旨行中书省行……札牙笃皇帝教起盖大龙翔集庆寺的时分……曾行圣旨有来。江西龙兴路百丈大智觉照禅师在先立来的清规体例,……将那各寺里增减来的不一的清规,休教行依著。这校正归一的清规体例定体行。……

---

① 《水浒传》或谓罗贯中作,或谓施耐庵作,但其为元代的作品,则是大家所承认的。

② 《元曲选》第四十二册。《录鬼簿》将关汉卿列入"有所编传奇行于世者"的第一人,《太和正音谱》称关汉卿为"初为杂剧之始",关汉卿之为元剧的初期作家是无疑义的。惜其生平不为吾人所知耳。

③ 《大正新修大藏经》第四十八卷,《诸宗部》五,目录号数第二〇二五号,第1110页上,中行。

是"的"字的势力居然侵入元代的官方文献里头来了。这也可以于《元典章》看得出来。《元典章》大都用"的",但也有混用"底"的地方,如"他每原旧职事,又教他的孩儿弟侄承袭,今后罢了呵!却教别个有功底军官每承袭"。[①] 相当于副词的地方,元典章也用"的",如"为这般上头渐渐的翁婆家消乏了也"。[②]

明朝的白话文,多是全用"的"字,唯理学家的语录,尚有混合的情形。王阳明的《语录》[③]就有这现象。平常是用"的",但有时也用"底"或"地":

懵懵懂懂的任意去做。(卷一第3页上)

那三更时分,空空静静的。(卷三第6页下)

但腔子里黑窣窣的。(卷三第7页下)

良知原是精精明明的。(卷三第16页下)

须要时时用致良知的工夫方才活泼泼地。(卷三第10页下)

"逝者如斯",是说自家心情活泼泼地否?(卷三第10页下)

活活泼泼地,此便是浩然之气。(卷三第13页下)

先儒谓鸢飞鱼跃,与必有事焉,同一活泼泼地。(卷三第25页下)

亦是。天地间活泼泼地无非此理。(卷三第24页下)

工夫只一般,不是以那数件都做"格物"底事。(卷三第24页下)

盖心之本体自是广大底。(卷三第24页下)

其他的地方全用"的"。这些例外分明是受了宋儒的影响。至于后来,明清的白话文,如我们上面所举的《金瓶梅》和《红楼梦》,都全用"的",如有例外也只是"怎地"、"蓦地"、"忽地"、"特地"等类乎成语的语

① 《典章》八,《吏部》二,第24页上。

② 《典章》十八,《户部》一,第22页下。

③ 《四部备要》本《阳明全书》。

词。[①] 这是我们所熟识的,也用不着举例说明了。

五

我们已经从各时代的材料中看出“底”、“地”、“的”三字的演变痕迹。然而为什么有这种演变？这则是我们所要研究的问题。

现代口语或白话文中所用的“的”字到底是从哪里来的,这是一个没有解决的问题,而学者们对此也曾有过不少的推测,只是没有人下过正确的结论。马伯乐先生曾经对此问题发过一个疑问。他说:

> 有人以为 ti 是文言“之”或“者”所引申出来的。但是这样简单的纯粹的引申是不可能的。因为果尔,则我们就非得特别想象汉语声纽从 č变 t 的过程不可。反之,如果我们认为它是古音之存留于通俗口语中,如我上面之所注者,则未免太为武断。我们知道汉语的 t 常常是从古纽 t 演化而来。所以这个字的古纽当它在文言文中不再存在的时候却保留于通俗的口语中。然而我们应当记得汉语的 č不仅是由 ty 演化而来,同时也是由 tsy 变来的,而这两者的分别在日本的汉音中却看得非常清楚。“之”或“者”很显明的是带古纽 ts 的字,而不是 t,它的读音是 tsyiě,而从没有和“底”一样发为 tie 音。所以,在口语的 ti(的)和文言文的 tche(之)中,并无任何的关系。[②]

正如马伯乐先生之所云,汉语并没有从 č变 t 的现象,所以我们不能说“的”(ti)是“之”(či＝tche)的直接音变的结果。然而,马伯乐先生对于“的”是“之”之存在于通俗口语中的意见加以怀疑,则不是我们所敢赞同的。反之,我们却大有理由说“的”是“之”存在于口语中的古音。马伯乐先生的出发点是认为“之”的古音是 tsyiě 而不是这 tie。这却不是我们的意见。我们知道“之”的声纽在中古的韵书中是作“止”的。在

① 参阅本文第三部分。

② 见氏文 *Sur quelques textes anciens de chinois parlé*,第 35 页注四。

唐五代的韵书中，[①]王国维手写的敦煌写本第二种第三种，延光室影印的清故宫写本王仁昫《刊谬补缺切韵》和《广韵》都是作为“止而切”的。“止”是属于照母的。据陈澧的《切韵考》[②]“止、之 、章、征、诸、煮、支、职、正、旨、占、脂”等十二切上字是属于一类，则是毫无疑义的。这些切上字，以宋人的说法来说，就是照三等字。照母和知母的分别是很显然的，宋图[③]是这样的分类，陈澧的研究结果是这样的分别，陆志韦先生的形式证明[④]也是这样的分法。然而，我们由《说文》形声字的比较的研究，则知上古音纽的知母和照母是不分的。《说文》解说古字，常称某字由某得声，某字某声，这些字在古代必是同样来源的字（当然这所谓上古到底是什么时候，我们也没有法子确定，因为《说文》虽为汉代许慎所作，而每一个形声字的创作年代则非我们之所知者。不过我们总可以说这些形声字必是在许慎以前做成的，而这些形声字必代表许慎以前某一时期的同音字，或由同一来源而分化出来的方音。不论是同一时代同一地域所造出来的同声字，或在不同时代不同地域所造出来的字，这些在《切韵》时代不同音而在形声字中互相通转的字必是出于同一的来源）。我们曾把《说文》由“之”得声的字其在《广韵》的反切研究过，知道在九个（连“之”在内）字之中，其中的反切都是以摩擦或破裂摩擦齿音为切上的，独有“欪”字从“欠”，“之”声，许其切，属于喉牙音（许慎错了，这“欪”明明是“欠”声字，“欠”是属于喉牙音）陆志韦先生即以此并以《说文》声系的大表证明古代有从 k 等通 tɕ 等的大路，而推想古时的“之”字或许是喉牙音。[⑤] 因为“之”字在《切韵》时代已是 tɕi 音，而“之”声的字在《切韵》时代必与“之”字音相近，不足以说明古代“之”字的发音到底是什么样子。因此我们又把一切《广韵》以“之”为切上的

① 唐五代韵书之存于世者，由北京大学刘复编成《十韵汇编》，以下所述，皆据《十韵汇编》本。

② 渭南严氏用《东塾丛书》本校刻本陈澧《切韵考》卷二，《声类考》第二页上。

③ 见司马光，《切韵指掌图》，丰城熊氏旧补史堂校刻本，第 6 页《辨分韵等第》歌及所列诸图。

④ 陆志韦，《证广韵五十一声类》，见《燕京学报》第二十五期，第 1—58 页。

⑤ 见陆文《释之》（未刊稿）。

字，其在《说文》中有什么形声字，再看这一切形声字之中，除了“之”外，还有什么切上字，结果知道在《广韵》中用“之”为切上的字，它的形声字，则很多是用知母端母等字为切上的。例如，“纯”字是“之尹切”、“常伦切”，而和它同声的字的切上字却不只是限于照母字：

屯　陟纶切　徒伦切

萶　昌唇切（《广韵》作春）

肫　章伦切

笹　徒损切

杶　丑伦切

邨　徒浑切

窀　陟纶切　坠顽切　徒浑切

顿　都困切

庉　徒浑切　徒损切

黗　他兖切　他昆切

奄　常伦切

这里，“陟”是属于知母的，“丑”是属于彻母的，“都”是属于端母的，“他”是属于透母的，“徒”是属于定母的，“昌”是属于穿母的。又如“焯”字是“之若切”，而和“焯”同声的字则为：

卓　竹角切

趠　丑教切　敕角切（《广韵》作卓）

逴　丑略切　敕角切

踔　丑教切　敕角切

罩　竹角切

罩　都教切

倬　竹角切

悼　徒到切

淖　奴教切

掉　徒吊切　女角切　徒了切

婥　昌约切

䮬　　昌约切

这里，“竹”是知母字，“敕”是彻母字，其余如上，唯“奴”、“女”两字一是泥母字，一为娘母字，泥娘亦是齿音的一种。又如“桎”、“郅”两字皆为“之日切”，而和它们同声的字则为：

铚　　之日切　陟栗切
至　　脂利切
荎　　徒结切　直尼切
咥　　丁结切　徒结切　丑栗切
蛭　　徒结切　陟栗切
胵　　处脂切
室　　式质切
窒　　陟栗切　丁结切
耋　　徒结切
庢　　陟栗切（《广韵》作耋）
銍　　丑利切　丑吏切
致　　陟利切
䢆　　止而切　人质切
挃　　陟栗切
姪　　直一切　徒结切
蛭　　之日切　丁悉切　丁结切
垤　　徒结切
墆　　豬几切　陟利切
緻　　陟利切　直利切
遟　　陟里切　陟移切

这里，“脂”和“之”是同类字，“直”是澄母字，“丁”是端母字，“处”和“昌”是同类字，“式”是审母字，“豬”是知母字，“人”是日母字。像这样的例子甚多，因为陆志韦先生对此曾经做过统计，我们也用不着来多说了。我们只把陆志韦先生的统计表中关于照母三等字（即以“之”为切上之

字)和上面所举几个声类字所生的关系者,列之如下:[1]

⋮						
之	5.8 2.9	2.0	2.8 1.1	5.0 2.5	3.0 1.3	3.0 1.4
⋮	都	他	徒	陟	丑	直

又:[2]

⋮						
之	5.2 4.7	7.3 7.0	2.4 2.6	1.8	1.1	1.5
⋮	昌	时	式	食	而	以

每格的上行数目字代表《广韵》一字两读,两声类相逢的比例倍数("1"是几率数,比"1"多的是超几率的,证明其有关系),下行是代表《说文》形声字在《广韵》不同声类相逢的比例倍数。从这两个表看来,我们知道上古音中,照母三等(即之母)和端、透、定、知、彻、澄以及穿三、审三、禅、日、喻等的通转情形。这通转可以给我们一个印象,即上古音中,这些音必是同类的,或者是同一来源的音。关于别的我们暂不讨论,我们只论照母和知母的关系。宋图分别三十六字母,多有四等之分,独端、透、定、泥只有一四等,而知、彻、澄、娘只有二三等,精、清、从、心、邪只有一四等,而照、穿、床、审、禅只有二三等。高本汉先生即以此现象证明知、彻、澄、娘即是端、透、定、泥的二三等,照、穿、床、审、禅即

---

① 《〈说文〉〈广韵〉中间声类转变的大势》,表丁格下,见《燕京学报》第二十八期,第22页。

② 《〈说文〉〈广韵〉中间声类转变的大势》,表丙格下,第21页。

是精、清、从、心、邪的二三等。[①] 由我们看来，知、彻、澄、娘和其相等符的端、透、定、泥，又照、穿、床、审、禅和其相等符的精、清、从、心、邪在上古音中，必是同一类的，而照和知，根据陆表所统计的来看，在上古亦必是同类。现在的问题是问一问照(之)和知在中古的系统中到底是什么音。中古照、知的分别是谁都知道的事实。马伯乐先生以为这两者的分别是：[②]

知 č

照 tś(tṣ)

虽然是用了不同的符号，但"知"之作为 č则是大可怀疑的。高本汉先生以为知应作为 ʈ[③](=ȶ)而照应作为 tṣ(二等)或 ʈṣ(三等)。这则近于事实。[④] 罗常培先生曾以梵汉对音的比较，认为知、彻、澄、娘应当作为卷舌音，因为梵语的 cerecrals 或 linguals ṭ, ɸ, ʈh, dh 常常是用知、彻、澄母字来注音的。[⑤] 陆志韦先生对于此说曾经加以反驳，他的理由是：(1)在梵汉对音中，这些舌音多是用特别新造加口旁的字来注音，如"咃"、"嗏"等字。(2)译音中亦有不以"吒"等当 ṭ等而尚用"轻多轻他……轻那"者，可知此等字当时并无适当的汉语译音，故不与汉语的音译字完全同音。(3)就在梵汉对音中，有时竟用来母字去标音，如 Kukkuṭa 俱俱罗，Saṁghaṭi 僧伽梨，Draviḍa 陀毗罗。[⑥] 既用知母字又用来母字，则此等舌音与知母字及来母字必有其相似之处，但这不是说

---

① B. Karlgren, *Etude sur la Phonologie Chinoise*，第二章，第 49—57 页。

② 氏所作 *Etudes sur la phonétique historique de la langue annamite*, p. 15，文载 *BEFEO* XII, 1912, 又见氏所作 *Le dialecte de Tch'ang-ngan sous les T'ang*, p. 4，文载 *BEFEO* XX, 1920.

③ 编者注：此处音标使用的是一种老式音标，注意和唇齿音 f 的区别。下同。

④ *Etude sur la Phonologie Chinoise* 第十八章 *Dictionnaire*.

⑤ 罗常培，《知彻澄娘音值考》，《国立中央研究院历史语言研究所集刊》第三本第一分，第 121—157 页。

⑥ 陆志韦，《试拟〈切韵〉声母之音值并论唐代长安语之声母》，《燕京学报》第 28 期，第 49—51 页。

必得完全相同。梵语的舌音(卷舌音)是以舌发音的。来母字也是以舌发音的。熊氏刻本《切韵指掌图·辨五音例》云:“欲知徵,舌挂齿(舌头,舌上)。”又《辨字母清浊歌》云:“唯有来日两个母,半商半徵清浊平。”[①]舌头舌上既属徵,则这半商半徵的来母字必有一部分与舌有关。梵语卷舌音在这一点上必与来母字相近,然而来母字并非卷舌音,是知知母字必是一种舌音,但非卷舌音。按来母 l 是舌尖抵颚的边音,而知母字在越语东京方言中尚作颚音 ȶ(ȶ),此是舌背抵颚的破裂音。高本汉先生以现代方言中,西安知母三等开口字有一部分作 ȶ,兰州知母二三等合口及三等开口的一部分亦作 ȶ,平凉二等合口及三等开合的一部分亦作 ȶ,高丽汉音二等有一部分作 ȶʻ,日本汉音二等作 t,三等开合的一部分也作 t,汕头二等及三等的一部分作 t,福州厦门全作 t,越语东京方言全作 ʃ,再以齿音的端母 t 无二三等,而其他各母的三等字都是喻化音,乃定其即为端母之二三等由喻化而来的颚音 ʃ。[②] 我们知道,《切韵指掌图》称端母为舌头音,而称知母为舌上音,舌头音是舌尖抵齿的齿音,则舌上音很可能是舌背抵颚的颚音,然而,这颚音绝不是 k 类的,因为三十六字母中自有见群等母。高本汉先生谓知为 ʃ 当是合理的拟构。

敦煌所发现的藏汉对音中,[③]之是作为 ci(tɕi),而知也是作为 ci

① 残本守温论字之书(巴黎国家图书馆存敦煌写本第二〇一一号)亦有“欲知徵舌挂齿”句。

② *Etude sur la Phonologie Chinoise*,第二章,第十章。

③ 敦煌发现的汉藏对音材料有汉藏对音《千字文》残卷,伯希和与羽田亨合编的《敦煌遗书》第一集曾将此残卷影印出来,有藏文译音《金刚经》残卷,共有两种,皆由陶慕士与克罗生研究过,加以现代的标音(F. W. Thomas and G. L. M. Clauson, *A Chinese Buddhist Text in Tibetan Writing*, JRAS. 1926),有藏文译音《阿弥陀经》残卷,亦由陶、克二氏研究过,加以现代的标音(*A Second Chinese Buddhist Text in Tibetan Writing*, JRAS. 1927),有汉藏对音《大乘中宗见解》,陶幕士、宫本(S. Mivamoto)和克罗生曾经研究过,并加现代标音(*A Chinese mahāyāna Catechism in Tibetan and Chinese Characters*, JRAS. 1929),有注音本《开蒙要训》。此外复有《唐蕃会盟碑》,系唐穆宗长庆二年(822)建立于拉萨的,尚存于世。这些材料曾为罗常培氏所利用而研究唐五代的西北方言。其书即以《唐五代西北方音》命名,由国立中央研究院历史语言研究所出版。

的。之知在今日大部分方言中都是颚化音(惟福州语之为 tɕi 而知则为 ti),但在《切韵》时代必是两者不同的,不然《切韵》也用不着分别知照两母了。不过在颚化的过程中,作为藏汉对音的方言比较的早一点而已。

上面我们已经说过,从《说文》形声字的声类研究中,知母字和照母字是通转的。上古音中知母既是和照母相通转,则照母字亦当与知母字音相类。我们知道照母字在上古音中也和端母相通转,可知这些字大约是从同一来源来的。我们推想最初的当是一个齿音 t,后来分为 t 和 ȶ,ȶ 又因与介音-i-接触变为 tʂ 或 tɕ(照二照三),而没有与-i-接触的,仍然是 ȶ(知)。不过这是后话,在上古音中,知照两母当是同样的颚音 ȶ(高本汉初标为 ʃ,后改标为 t̂,即国际音标的 ȶ)。高本汉先生在 1928 年的《汉语上古音问题》[1]一文中,尚标上古"者"、"诸"等字为:

者　tśi̯a

诸　tśi̯wo

等到他的 *Grammata Serica* 出版的时候,他就标《广韵》时代的照母字"之"在上古时代的发音为 t̂i̯əg。[2] 马伯乐先生以为"之"的上古音是 tśyiĕ,所以看不出"之"和"底"的关系。不过他提出这个问题,这是他的贡献。

我们现在暂不讨论汉语上古音的韵母。我们知道在《切韵》时代"底"的韵母是-iei,而"之"的是-i,"底"是 tiei 而"之"是 tɕi。[3] 从上面的研究中,我们知道上古的"之"字是念为 t̂i̯əg 的.而 t̂ 又是更古的 t 演化而来的,则"之"、"底"之在上古为同音字是无疑的。-g 收尾变成-i 是语音学上很普通的现象,因此用中古的 tiei 去代替上古的 t̂i̯əg 是很自然的事。

上古的 t̂i̯əg(ȶi̯əg),一方面经过 t̂(ȶ)的阶段,又经过韵母的异化同

---

① B. Karlgren, *Problem of Archaic Chinese*, JRAS, 1928.

② *Grammata Serica*, pp. 380—381.

③ 韵母音值暂从高本汉。好在语助词的韵母本不十分清楚,只要大体不差,就行。

化两作用(-iəi>iei 异化作用,再-iei>-i 同化作用)而变成颚化音的 tɕi(即高本汉之 ʃʂi),一方面在口语中还保留着这个 ȋiei(ȋiəg>ȋiə>ȋiei)的面目,又因 ȋ 与 t 相近,又变成 tiei。ȋiəg 的本来写法是"之",变成 tɕi 时仍然写作"之"。存在于口语中的 tiei 只好用另一个字去代替了,这便是"底"的来源(这 tiei 又因同化作用变为后来的 ti)。这种情形在近代的方言中很多。近代方言常常有一字两读或念书说话两种不同发音的情形,而在这种情形之下,说话的发音又往往是古音的保留,如福州语中,就有这种情形:

中古音	现时口语	现时读音
儿 ȵʑie	nie	i
试 ʂi	tɕ'ɛi	sœy
死 si	si	sy
未 mjʷ ȇi	muoi	ɛi
规 kjwi	kui	kiɛ
赛 sɑi	sɑi	suoi

当然相反的情形,即念音比口语更古,也是有的,但比较少,如:

中古音	现时口语	现时读音
改 kɑi	kuï	kɑi
司 si	sa	si(sy)

这种一字两读而表现古今音之并存者,不但存在于福州语中,其他方言,如汕头、厦门等,也有这种情形。既然可以口语读音两者不同,而口语又多数是古音的保留,则唐代口语之 tiei 与文言之 ti 只是一个语词的两种读音,却是非常可能的。福州语的白话中,因为"人"字有两种读法,一是文言的 iŋ,一是口语的 nœŋ,就发明了一个"仈"字去代表后者,这就和"之"之有两种读音,结果用"底"去代表 tiei 一样,都是很自然的事。

《广韵》的"又切"确是一个值得注意的问题。陈澧以此为同声类的证据,可以说是完全的错误。如果是同声类的字,为什么要再来一个用另外一个切上字的切？如果要要把戏，则一切的字都可以来一个又切。这明明是有意义的。又切的意思是标两种读音。然而为什么有两种读音？这有两个可能。一是标方音的不同，一是标在同一方言中的不同的读法。为什么同一方言的同一字有不同的读法？最大的可能是因为有今古两音并存的缘故。我们认为《广韵》的"又切"至少有一部分是告诉我们当时的语言中也有今古两音并存的情形。只可惜"之"字《广韵》无"又切"，不然也用不着我们来研究了。

五代时，如上节之所述，"底"和"地"在语法上是不同的，因为"地"是限于用在表示副词的地方。这句话也有音韵学的根据。我们知道"地"字在中古音中是 diei＞di；高本汉先生在他的《方言字典》中作为 d'i是一个错误。我们知道在敦煌所发现的藏汉对音中，"地"是作为 di，而梵汉对音中也明明是用"地"去标 d 的。[①] 我们再从纯粹的音理方面来说，就知道一切带有吐气的音根本上不能是浊音(此据 Fouché 先生之说)。吐气的特征就在于张开喉咙，让空气出去，而不使音带发生振动。吐气是最不能是浊音的。所以和吐气合在一起的破裂音，绝不能是浊音的破裂音。梵文中的 bh，dh，gh 到底是不是浊音本已成为问题。现在西欧人之读梵文者，对于这些音都发为 b＋h，d＋h，g＋h，而不发 bh，dh，gh，正足以证明这一种吐气的浊音的不可能。大约梵文 bh，dh，gh 与 ph，th，kh 之别只在于硬软，而不在于清浊。不过，无论如何，"地"与"底"总是不同的。"底"是端母字，而"地"是定母字，前者系清音，而后者则为浊音。我们虽然不知道"底"是什么时候从 tiei 变成 ti(由于同化作用)，也不知道什么时代 diei 变成 di，但这"底"(ti)与"地"(di)总是大有分别的。不空学派翻译梵语，凡 t 音多用端母字"多"或"底"，如 Sugata"索(上)伽(上)多(上)"Sarvadevatā-bhiṣkṛtyai"萨婆提婆多(引)毗(重)色托底"；凡 d 音则多用定母字"地"，如 Sarvatathagatādhiṣṭhāna"萨啰皤(上，二合)多(上)他伽(上)多地(上

① 马伯乐先生在他的 *Le dialecte de Tch'ang-ngan sous les T'ang*(pp. 23—41)以为第七世纪的"地"是不吐气的，他又以不空学派的译音为根据，认为后来的"地"是吐气的浊音。我们看现代吴语的浊音都是不吐气的，很可以说浊音的"地"就没有吐气过。

重)瑟妩(丑遐反,二合),那”。可知“底”、“地”的分别是很清楚的。这di分明是ti的变形,是代表语法范畴的更换。所以,无论从意义方面或形式方面来说,五代及宋人之所以分别“底”、“地”都是有语法价值的意义。然而“底”和“地”为什么又变成“的”呢?原来,在唐五代时,“的”的发音和“底”、“地”都不同。“的”是属于入声锡韵的。《切韵残卷》第三种,《敦煌掇琐》抄刻的唐写本王仁昫《刊谬补缺切韵》,清故宫唐写本的《刊谬补缺切韵》,将斧所藏的唐写本《唐韵》和《广韵》都作“都历切”。敦煌写本藏汉对音中,“的”是作为tig的(高本汉作tiek),与“底”音有别。然而这“底”、“地”、“的”三个字在后来都变了音,三者都变为ti音。现在的问题是:这种变音是起于什么时代?元代八思巴文字的对音[①]告诉我们,“地”字在元代的对音是八思巴文字的ti。虽然在八思巴文字中,“底”字却反而作为di,可是,照“底”的反切及今日各方音中的发音来看,“底”之为ti则是毫无问题的。当然八思巴文字是从蒙古音转来的,而对清浊的分别往往是相反的,不足做证据。可是《中原音韵》[②]告诉我们当时的北方方言清浊的分别已经没有了。赵荫棠先生的《中原音韵研究》[③]都标“底”、“的”两字为tɪ。“的”字不见于我们所知道的八思巴文字对音中。但《中原音韵》已经列“的”入“入声作上声”字中,虽然《中原音韵》把“的”列入齐微韵,而把“底”字列入支思韵,可是,如果我们知道这两字的声母相同,这两字此时都列入上声,语助语的元音本来是很不清楚的,则“底”、“的”两字之发音在《中原音韵》以前已经呈出相混的状态却是可以想象得到的(赵荫棠亦标“的”为tɪ)。按上节之所述,“的”字在宋末已经代替了“底”,这也是因为音相同,而随便拿来代替,正如“底”代替“之”一样,没有什么奇怪的。这种混乱的情形,

---

① 八思巴文字曾经俄人达喇古那夫(A. Dragunov)研究过。氏作有 *The PHAGS-PA Script and Ancient Mandarin* 一文,载1930年之《苏俄科学研究院院刊》,本文所引即据此文附表。

② 元周德清作。《自序》云:“言语一科,欲作乐府,必正言语,欲正言语,必宗中原之音。”其中所载颇可代表当时北音的情形。

③ 商务印书馆1936年出版。

在语音方面，发生于宋末元初，而于语法上的混乱也恰好是在这个时候。这让我们知道“底”、“地”、“的”的交替过程完全是语音变化的结果。

这是就北方的官话历史来说。在各方言中，各有各的不同情形。福州语相当于西洋副词的地方是用“着”(tiok)或“得”(teik)，而其他的规定词则用“其”(ki)，例如，“好其”(好的)、“伊其”(他的)。陆志韦先生告诉我，吴语中当做副词用的“格”字是念为浊音的 ge，而其他的规定词则可用清音的 ke。这也许是语句中 sandhi 的作用，也许是语法的不同。不过以北方的官话(即国语)来说，在历史的演变上，副词和其他规定词的分别在宋末元初已不存在，现在的官话更没有这种分别。

六

“的”是“之”的后身不但可以从语音方面看得出来，也可以由意义方面来解释。

《说文》训“之”谓：“㞢，出也，像艸过屮，枝茎益大有所之，一者地也。”[①]因为《说文》这一句不足轻重的话，引起了不少的解释。徐灏《说文解字注笺》谓：“之之言滋也，艸木滋长也。江阴孔氏曰：艸木初出多两叶对生，及其既长，则枝叶左右参差，故屮像初生之形。按：之借为语助，又为之往之义。《尔雅》曰：如，适，之，往也。如，适，之之本义皆非往而借为往，此正所谓本无其字依声托事也。”[②]王筠《说文句读》云：“释诂：之，往也。艸之萃狱竞出，各有所指，故人之各有所往，得用之也。”[③]高翔麟《说文字通》云：“周伯琦曰：古人因物制字，如之本芝艸，乎本吁气，焉本鸢鸟，后人借为助语。助语既多，反为所夺；又制字以别之，乃有芝，呼，鸢等字。”[④]实则“之”有“出也”、“往也”的意义是大家所

① 《续古逸丛书》宋刊《说文解字》，卷六下，第 1 页上。

② 《说文解字注笺》，卷六下，第 2 页下。

③ 王氏家刻本《说文解字句读》，卷十二，第 1 页下。

④ 查氏刊本《说文字通》，卷六，第 13 页上—下。

知道的，而《说文》硬给他解释为“像艸过屮，树茎益大有所之，一者地也”则是疑问，而后人又从而作下许多训诂更是不可靠。《说文》所以这样说，也许是因为许慎以为“之”的写法是从屮从一，实则根据钟鼎文字，“之”字就有不是从屮从一的。容庚先生的《金文编》就有一个“之”作为㞢的。[1] 商承祚《殷虚文字》称“《说文解字》：之，出也，像艸过屮枝茎渐益大，有所之也；一者地也。按卜辞亦从止从一（㞢），人所之也。《尔雅·释诂》：‘之，往也。’当为之之初谊。”[2] 卜辞“之”既是从“止”从“一”，则最古的“之”大约就是这样写法，并非《说文》所说的“像艸过屮”。从字形解释，“从止从一”的“之”当是“之”之原形，而“往也”也当是“之”之初义。现今安南语，走路的走尚作为đ̣i(ɖi)，而藏文亦有.do n̄-ba 者，皆与“之”的音 t̂iəg>t̂iəi>t̂iei>tiei>ti 颇相近，大约是汉藏语系的原始语词。由“往也”的初义引申而有“出也”的意义也是极其自然的。我们知道“之”字除了这些实义外，还有它的虚义，即当做语助用的。“之”于古代文字中之作为语助用者共有三义：(一)指示词，如《诗经》之“之子于归”，(二)目的格代词，如《论语》之“左丘明耻之”，(三)我们所谓的规定词，如《论语》之“夫子之道，忠恕而已矣”，亦即葛兰言所谓之领格虚字。[3] “止于一”的“往”意即走到一个指定的地方，由此而引申出指示词“这个”、“那个”，又由此而引申出目的格代词。“往也”又引申为“出也”的实义，由此则引申为领格虚字，因为属于某物的，为某物所有的，即系某物所出的。英语领格虚字 of 是副词 off(出去)演化而来，法语领格虚字 de，德语领格虚字 von 都有所由来或所从出的意义。这三种意义都存在于古代文字中，但到了后来，指示词及目的格代词的“之”却变了音，取了 tɕ-声，即后来的“者、这、遮”(指示词)及“之”(文言中的目的格代词)，而规定词的“之”则保存其比较近古的发音 ti 于口语中，而用另一个字“底”或“的”代替之(这是指北方官话而言)。

---

① 贻安堂刊本容庚《金文编》卷六，第 5 页下。

② 商承祚，《殷虚文字类编》(决定不移轩本)卷六，第 5 页上。

③ 葛兰言氏曾作有 *Quelques particularités de la langue et de la pensée chinoises* 一文，将中国古书中所用“之”者作一统计的研究，文载 1920 年之 *Revue philosophique* 第 3 期。

这种分别起于什么时候，我们无从确知。刘知几在他的《史通·北齐诸史》里极端赞扬王劭(或作卲)《齐志》用通俗语言的得体。在他叙述王劭《齐志》所用的通俗语中，有这么一句话："渠们底个，江左彼此之辞，乃若君卿，中朝汝我之义。"[①]"汝我之义"似有错误，注云："当作汝尔。"但"彼此之辞"绝不能有错误。"彼"指"渠们"，"此"指"底个"，"底个"即是"这个"的意思。浦起龙《史通通释》谓"底个"有"那个"的意思，可以说是误解了《史通》。"底"之当做"那"(问句的那)用是古书中常见的例。"吹绉一池春水，干卿底事"就是一个例子。颜师古《刊谬正俗》谓："底本言何等物，其后遂省但言("但"疑"何"之误)，直云等物耳。"现今常州语还有用"tia 东西"称"什么东西"的。但是这个"底个"却不能是"那个"的意思。一来，这里明明说"江左彼此之辞"，二来，《北齐书》亦有称何等物为"底"的，例如《徐之才传》："之才谓坐者曰：'个人讳底？'众莫知。"在北方既有以"底"称"何等"，则此处的"底个"绝不能亦是"那个"，不然，也用不着特别着重于江左中朝之分了。所惜者，王劭的《齐志》现在已经看不见，而李百药的《北齐书》也已看不出这句话的痕迹。可是唐朝王李二书都存在，刘氏的话绝不是没有根据。总之，南北朝时，指示词"此"在江南是"底个"，是念为 tiei-ka 的，而北方则已经说为 tɕi-ka。两者事实上都是"之"字，不过在北方"之"字已经变为颚化音的 tɕi，而南方还是念为 tiei 的。现代上海语还说"这个"为[diʔ-gəʔ]。可见不但现在的"的"字古时写作"底"，就是现在的"这"，当时的江左语也是写作"底"的。"这"、"的"都是古代"之"所有的意义，也可以证明"的"是"之"的后身了。

指示词"之"既与规定词"之"分家之后，在唐宋以后的白话文中，指示词由以 tɕ，ts 为声的标音字"这、者、遮"等去代表，而规定词则由以 t-为声的标音字"底"、"的"去代表。这里还有一个问题，即：白话文的"的"可以用在句末，如"这是我的"，而古文的"之"就不能这样用，平常用在句末的是"者"字。这是何故？原来"者"字在隋唐的发音，也是照母字，《广韵》作"之也切"。从"者"字和其形声字的研究中，我们知道

---

① 梁溪浦氏求放心斋《史通通释》，卷十七。

“者”的古音必是 ȶia，和“之”是同声母的字，只有元音的不同。我们知道“者”字有两个用处，一是表示指示词的，一是表示规定词的。（此后者是前者所引申的）前者就是“这”字，后者相当于口语中“的”字之在句末者。[①]《说文》论“者”，说是“别事词也”。分别事情，就是分别其彼此。此即所谓指示词。我们上面已经说过在禅家语录中，“者”、“这”、“遮”三个字是同样的用作指示词的。现今福州语谓“此”尚曰“者”，“者仈”即“此人”之意。“之”本来就有指示词的功能，所以“之”与“者”的关系是很显然的。即以后一个用处来说，古文中的“某者”与现今的“的”一样都是缺乏被规定词的规定虚字。“这是红的”等于“此乃红者”，“卖柑的说”等于“卖柑者曰”，都是取消不必说的被规定词的。“红的”即“红的东西”，“卖柑的”即“卖柑的人”，这“东西”与“人”是不必说的。“之”、“者”大约是同一来源的字，后来才变了音，或是从某种方言借来的。因为用惯了，就占据了“之”在句末的位置。[②]

还有一个问题，即汉语的颚化本来有两个来源，一是由前面的齿音颚化而来的，如在现的 tʂi(知)是以前的 ȶ，另外一种是由后面的牙音颚化而来，如现在的 tɕien(见)是以前的 kien>kjien。我们知道上古文字中有一“其”字，(“渠”、“厥”等亦同此类)，是从牙音 k 的。此字在现今的福州语中尚念为 ki。其在古文中亦有指示词、第三身代词和规定词的功能。“其人也，面目可憎，语言无味”，“其”就是指示词。“其行己也恭”，“其”就是第三身代词。“不在其位，不谋其政”，“其”字就是规定词，有白话“他的”的意义。所以现代福州语中，说“我的”为“我其”，“好的”为“好其”，“其”字仍是当做规定词用的。然而作为指示词用的“其”却不存在。福州语的指示词是用颚化齿音的“者”，而第三身代词则用失却牙音的“伊”(i)。(“慢慢的走”的“的”字广州语说话时也是用牙音 ke，这当然也是“其”字的后身)上海语第三身代词为 i-也许是 gji 损失

---

① 关于“者”字的语法价值，参阅拙作 *Essai sur la valeur réelle des particules prépositionnelles en chinois*(Rodstein, Paris,1940), *Introduction*, pp. 21—23。

② 古代“者”字也有用在句中的例，如《管子·君臣篇》“此人君者二过也，……此人臣之大罪也”。“者”、“之”古为一词更是显而易见的。

声母的结果。然而其他吴语中,第三身代词之带牙音声母者,却不算少。据赵元任先生《现代吴语的研究》:余姚、黄岩 ghé,温州、衢县 ghi,金华 ghoq,永康 ghou。这些都是古文“其”的后身。吴语之用牙音声母字去表示指示词“彼此”者甚多。赵氏所研究的三十三方言中用牙音 g-声母字去表示“此”与“彼”,如 geq(此)gow(彼),giq(此)gé(彼)者,有十三方言;用齿音 dh-声母字去表示“此”,而用牙音 g-声母字去表示“彼”,如 dhih(此)geq(彼)tzyh(此)gow(彼)者,有八方言;用牙音 g-声母字去表示“此”,而用其他杂类字去表示“彼”,如 geg(此)laa(彼)geq(此)bheq(彼)者,有六方言。① 用齿音 dh-者很明显的是“之”的后身,而用牙音-g 者则是“其”的继续。章炳麟在他的《新方言》里也有一段话。他说:“《尔雅》:‘之间也。’之训此者与时同字(时从之声)。之其同部,古亦通用。《周书》:‘孟侯朕其弟。’其即之也。《尔雅》:‘之子者,是子也。’《管子·山权数》:‘之龟为无訾。’之亦训是。《小雅·蓼莪》:‘欲报之德。’《笺》云:‘之犹是也。’《庄子·逍遥游》:‘之人也,之德也。’之即其也。今凡言之者,音变如丁兹切,俗或作‘旳’(按:‘的’《说文》作‘旳’,章氏从古),之宵音转也(作底者亦双声相转)。然江南运河而东,以至浙江、广东,凡有所隶属者,不言‘旳’而言‘革’(或作格),则非‘之’字之音变,乃‘其’字之音变矣”。② “之”、“其”古虽同部,但不同声。章氏的说法和我们的见解颇有相类之处。他也以为古时有“之”、“其”两字可以通用的。所谓通用者是意义上的相同,并不是音韵上的相同。换言之,“之”、“其”虽系同部,却不同声,它们只有在用法上是相同的。不过章氏以为“的”是“之”的变音,则非我们所敢赞同的。马伯乐先生已经说过,中国语中并没有从 tɕ-,ts-,tʂ-变 t-的现象,“的”绝不能是“之”的音变,它只是“之”的古音保留于口语中的。章氏还举了许多例,证明古代的指示词如何的保留在现今的方言里,他说:“《尔雅》:‘时,

---

① 赵元任,《现代吴语的研究》,1928 年清华学校研究院印行,标音仍赵氏之旧,氏所标 *g*,*gh*,*d*,*dh* 等果系清音或浊音,轻音或重音,尚难确定,但其为牙音与齿音则是不成问题的。

② 《章氏丛书》本《新方言·释词》,第一,第 7 页下。

寔,是也。'《广雅》:'是,此也。'淮西蕲州谓'此'曰'时个',音如'特',淮南扬州指物示人则呼曰'时',音如'待',江南松江、大仓谓此曰'是个',音如'递',或曰'寔个',音如'敌'。古无舌上音,齿音亦多作舌头,'时'读如'待','是'读如'提','寔'读如'敌',今仅存矣。"[①]"是"之作为"此"解者,古书中确有存在。《周书·公奭》:"呜呼!君已曰:'时我,我亦不敢宁于上帝命。'""时我",注云:"是在我。"但章氏以为现今淮西念为"特",淮南念为"待"的即是古代的"时",江南念为"递"的即是古代的"是",念为"敌"的即是古代的"寔",则未免解释得太机械。"时"、"寔"、"是"都是《切韵》时代的禅母字。禅母与照三(即"之")在《说文》形声字的通转特多,其在上古当是同一类的。高本汉先生标禅母为 tz-。陆志韦先生改标禅母为 dʑ 是有道理的。"之"与"时"的分别只在清浊,其在上古亦当如是。换句话说,都是上古的齿音。现今念为"特"、"待"、"递"、"敌"的是古代以齿音为声母的指示词的后身,这是无疑的。但一定说"特"、"待"等于"时","递"等于"是","敌"等于"寔",却说得太过了。章氏又以为湖北的"过"即古代的"故","或书作'个里',非也"。[②]也是犯了同样的毛病。"过"、"个"都是代表牙音,不见得即是"故",也不见得哪一个对。古书之以牙音字为指示词者很多("其、厥、渠"等),我们所举的"其"不过是其代表而已。总之,在现代的南方方言里,齿牙两音的指示词都有存在。不但南方,就是北方也有这种情形,虽是不常见。《北齐书·徐之才传》:"个人讳底?""个"就是牙音 k-之用为指示词"此"者。《水浒传》:"震天价响",'价'就是牙音 k-之用为相当于西洋所谓副词者。甚至于现今的北方方言也有齿牙两音同时存在的情形。除了"的"外,津浦路一带自天津至山东境内还有说"真 ko"、"满庭 ko 乱跑"的。这些都是和古代的"其"同类的。高本汉所标的中古音,"其"字作为 g'ji,我们颇怀疑这吐气的浊音,但不管其吐气不吐气,浊音不浊音,"其"的发音在上古总是一个牙音。这牙音的颚化确是可以变成颚化音的。然则今日念为 tʂɩ-的"之"是否"其"演化而来的?但我们觉得"其"之由牙音

① 《章氏丛书》本《新方言·释词》,第一,第 7 页下。

② 同上书,第 6 页下。

变为颚化音乃是晚近之事。元代八思巴文字中,"其"字尚作为 ki-,而"之"之念为 tɕi 却起于隋唐时代。所以,纵使古代的牙音已有变成颚化的趋向,"其"类而用作指示词、规定词者,却是后来才变为颚音的。

七 余 论

至于为什么在古汉语中有齿牙两种声母的指示词、第三身代词或规定词,则是一个不易解决的问题。我们考查汉藏语系,知道在汉藏语系中本来就有这两种用法。藏文①"此"为 di 而"彼"为 de,所当注意者,de 于古典时代亦有第三身代词之义。藏文领格有以-i 或 kyi 表示者。-i 或即. di 损失声母后的形态,但也可以是 kyi 的缩形。然而在较近的口语中,藏文的第三身代词则单数为 k'o,多数为 k'o pa,k'o-wa,k'o-ts'o,k'o-càg,不过有的方言仍有以 de-dag,de-rnams 表示多数第三身代词者。暹罗文②第三身代词亦以牙音为声母 khăo 但指示词则"此"为 n i̲,"彼"为 nặn,n-虽系鼻音,但仍是一种齿音,其与藏文. d-系同源大约尚说得通:一个旁证即相当于印欧语的关系代词,暹罗语尚作破裂吐气、齿音 thi。至于元音的-i. -ăn 相当于藏文的-i,-e 更是说得过去。安南语③的指示词是 nây,ây第三身代词为 nó,但有的时候,"彼此"的"彼"则作 kia。是齿牙两种声母的痕迹都有存在。老挝语④"此"为 nī,"彼"为 nẵnn,而第三身代词则有作 khán 者,与暹罗文极其接近。倮㑩语⑤"此"为 ee,"彼"为 k'ē,而第三身代词亦作 k'ē(单数)k'ēché(多数)。仲家语⑥"此"为 ni,与暹罗、安南同,但"彼"则保留原来之 te,与

---

① 标音根据 H. A. Jäschke, *A Tibetan-English Dictionary*, *London*, 1934.

② 标音根据 D. J. B. Pallegoix, *Siamese-French-English Dictionary*, Bangkok, 1896.

③ 标音根据 G. Cordier, *Dictionnaire annamite-français*, Hue, 1930.

④ 标音根据 T. Guiguard, *Dictionnaire Laotien-français*, Hongkong, 1912.

⑤ 标音根据 P. Vial, *Dictionnaire français-lolo*, Hongkong, 1909.

⑥ 标音根据 Jos. Esguirol et Gust, Williatte, *Dictionnaire divi-français*, Hongkong, 1908.

藏文相似。可注意者仲家语之 te 亦可作为第三身代词用，与古藏文之 de 同。巴那语(Bahnar)[1]第三身代词有作 gar，ger，di(客气用语)者，而此语尚有一无定代词 de 颇足寻味。总之，从其他汉藏语系语言的研究中，我们知道汉藏语系的语言多有齿牙两种声母的指示词和第三身代词。我们看一部分的指示词多由 t-而演为 n-，而古藏文又以 de 兼表指示词及第三身代词(牙音的 ke 是后来才有的)，大约齿音是比较原始的形式，而牙音是后来才有的。然而，在各种语言中，大半都有齿牙两音的存在，汉语之"之"与"其"即其一例，又好像这两种音是同出于一源的。换言之，好像在原始的汉藏语中，已经有了这两种意义相同的语词，在上述各语言中都有其遗留的痕迹。当然汉藏语系的亲属问题，到现在尚没有确定的结论。这种相同说不定只是一种偶然的凑合。我们也只好存疑。可是古代汉语中有"之"、"其"两种指示词，这指示词后来又用在各种不同的引申意义上，则是我们所敢断定的。

[后记] 我作此文时，得业师陆志韦先生的指示不少。他还写了一篇《释之》，讨论"之"字的语法功能和它的来源，可惜还没有发表。又本文因印刷种种困难，以致排刻万国音标未能十分精确，希读者谅之。

(原载《汉学》第 1 辑，1944 年)

---

① 标音根据 P. X. Dourisboure, *Dictionnaire bahnar-français*, Hongkong, 1882.

汉语的受导词

什么是受导词?

在汉语中有一种虚词,却是存在于引导关系之中,而为受导者的。这种虚词我们叫它做受导词。

受导词就是一般人所称的“介词”或“前置词”。因为它有一个宾语在后面做它的引导者,和它发生引导关系,我们就在这个地方讨论它,称为受导词。例如:“我住在北京。”这“在北京”是一个词组,其中“北京”是一个引导“在”的引导者,而“在”则是被“北京”所引导的受导者。一般人所谓的“介词”和它的宾语所生的关系就和具有动词功能的词和它的宾语所生的关系一样,都是引导关系。

一般人所谓的“介词”是翻译西洋语的 preposition 的。西洋人所称的 preposition 不仅有“前”(pre-)和“置”(position)的词源的意思,因为置在前面的固不止是 preposition, prefix 也是置在前面的。preposition 实在有特殊的语法意义。西洋人所谓的 preposition 代表一个抽象的关系概念。在形式上,它是一个独立的词。如果不是独立的词而必得存在于词的前面,那就是 prefix 了。有的人以为存在于前面的就是 prefix 或 prepositon,而没有注意到这些语法成分的形式是独立的词抑系附加的成分,可以说是完全让 prefix 或 preposition 这两个字的词源弄不明白了。实则 preposition 必是一个独立而置在前面的表示抽象关系概念的词。

西洋语的 preposition 有许多的来源,一部分是名词变化而来的,如法语的 chez 是拉丁语的 casa 变来的,casa 是名词,它的意思是“房子”。一部分是副词变来的,如英语的 of 是 off 变来的,off 是副词,它的意思是“出去”。一部分是动词变来的,如法语的 excepté,英语的

concerning,我们一看就知道它们是动词变来的。然而,汉语的所谓“介词”却都是从具有动词功能的词变来的,而且还没有完全损失其原来的意义。汉语的所谓“介词”和西洋语的“介词”确不相同,这是我们所以不叫它做介词的原因。

我在《汉语介词之真价值》里认为汉语的所谓“介词”实在只是一些半动词或准动词(quasi-verb)。我的理由可以归纳为四点①。

(一)从历史的观点看,汉语的“介词”都是从具有动词功能的词变来的。我们知道汉语所用的所谓“介词”,没有不是古代具有动词功能的词。就是像“以”、“因”这一类的字眼,古时也具有动词的功能。“桓公九合诸侯,不以兵车,管仲之力也”。“以”就具有动词的功能。“殷因夏礼”,“因”也具有动词的功能。关于这一点我们可以在后面详细地讨论。

(二)就是在现实的用法上,以语义的观点来说,汉语的“介词”也还没有完全损失其原来的性质。例如,“我住在北京”,在这一个句子里,“在”字到底是不是一个纯粹的“介词”本来已成为问题,这句话可以解释为“我住,我在北京”,“在”字尚有动词的功能,然而英语的 I live in the city 却没有法子解释为 I live and I in the city,因为这后一句是不通的。汉语的“介词”没有不可以当做具有动词功能的词解的。

(三)从语法的形式上说,汉语“介词”的用法和具有动词的功能的词的用法颇有相同之点。比方说,为着表示动作或历程的完成,汉语往往用“了”字去表示,如:“我做了这桩事。”这“了”也可以用在所谓“介词”的后面。例如:“因为了他,我才不干。”这两个“了”字都是表示动作或历程的完成体的。

(四)从造句法的角度来说,汉语的所谓“介词”和具有动词功能的词一样,都是存在于引导关系之中的。

然而,这并不是说汉语的“介词”就是具有动词功能的词,因为我们明明知道具有动词功能的词是实词,而“介词”是虚词,其中的分别并不是没有的。这分别就是在于它们在句子中的地位的轻重。具有动词功

---

① 参阅《汉语介词之真价值》导言《汉语介词之特性》一节。

能的词是动句的主要的词，没有它，句子就不能成立。它的地位是很重要的。可是"介词"并不是那么样的重要，有的时候我们也可以去掉它。它只是次要的词。还有一点更重要的，即"介词"的数目是有限制的，只有一部分具有动词功能的词可以作为"介词"用的。我们可以说"我住在北京"，也可以说"我住北京"，甚至于"我在北京"，但我们却不能说"我在住北京"。所以我们不能说汉语的所谓"介词"就等于汉语的具有动词功能的词。我们的意思只是说汉语的所谓"介词"和西洋语的"介词"不同，汉语的"介词"都是由具有动词功能的词变来的；它还带有具有动词功能的词的某些特点；它还表示着相当具体的动作(或历程)的概念；它是从具有动词功能的词变为表示抽象的关系概念的过程中还没有完全成功的一个东西。因此，我们就称它做"半动词"或"准动词"。这里所谓的"准"和王力所谓的"准性"当然是不同的[①]。这是就词类的立场来说。如果是就造句法的观点来看，我们就叫它做受导词。"词"表示它是一种词，一种虚词，"受导"表示它是引导关系中的受导的一端。

受导词的种类

这些受导词，归纳起来，大约有十一种。

(一) 表示空间关系的

A. 古文

于：候子于西市波斯邸。(《杜子春传》)

褒于道病死，上闵惜之。(《汉书·王褒传》)

至：行至云台峰，绝无人迹。(《杜子春传》)

自：君王能自陈以东傅海尽与韩信……(《史记·项羽本纪》)

吾自卫反鲁，然后乐正。(《论语·子罕》)

---

① 王力，《中国文法学初探》第47—61页。

弟子自远方至受业者百人。(《史记·儒林传》)

以:睢阳以北至谷城以与彭越。(《史记·项羽本纪》)

今以长沙豫章往,水道多,绝难行。(《汉书·西南夷传》)

从:诸侯皆从壁上观。(《史记·项羽本纪》)

有一人从桥下走出。(《史记·张释之传》)

乎:德辉动乎内,而民莫不承听,理发乎外,而民莫不承顺。(《史记·乐书》)

未有睹符瑞见而不臻乎泰山者也。(《史记·封禅书》)

沿:沿溪行。(《搜神后记·桃花源记》)

此外尚有“傍”、“依”、“临”、“隔”等等。

B. 口语

在:偶留得一大汉,姓索名超的,在彼饮酒。(《大宋宣和遗事》元集)

一路尾随崔宁到家,正见秀秀坐在柜身子里。(《京本通俗小说·碾玉观音下》)

从:却见两个人从前面走来。(《水浒传》第六十一回)

从窗子往外看,正看泰晤士河。(《二马》第13页)

到:行到五花营堤上田地里。(《大宋宣和遗事》元集)

赶到北京城外店肆里歇下。(《水浒传》第六十回)

自:正在低头吟思,老陈自门内出来。(《回家以后》剧本)

往:一不小心,两脚还真就往空中探险。(《二马》第171页)

听见个脚步声儿,便往外看看。(同上第174页)

对:他立起来对着窗户深深地吸了一口气。(同上第175页)

说着对准我头上一棒打来,我就醒了。(《回家以后》剧本)

打:打怀里掏出一匣子金珠首饰来。(《红楼梦》第九十二回)

朝:我忽然朝下一跳,好像身上长了翅膀一般。(《回家以后》剧本)

望:花荣拨回马,望本营便走。(《水浒传》第五十三回)

见了,便把剑在马上望空作用。(《同上》)

由:园中的野花,带着响声,由湿土里往外冒嫩芽。(《二马》第399

页）

顺：顺着屋门的墙上挂着张油画……（《二马》第21页）

向：向地上的树影旺旺的叫。（同上第399页）

他向后退了两步。（同上第421页）

当：当着大庭广众爱谁就跟谁搂着抱着才称心呢！（《泼妇》剧本）

靠：王氏在靠窗口的一张旧桌子上洗衣服。（《好儿子》剧本）

此外还有“照”、“挨”、“隔”、“依”、“傍”等等。

这里有两个问题要留意的。第一，口语中，大部分的所谓介词，都可以加上一个“着”字。“着”本来是表示动词的一种体（aspect）的语法成分，这又给我们一个证明，汉语的介词都是带有动词性的。“靠着门睡觉了”的“靠”字虽然按其在句子中的地位言是所谓介词，但其带有浓厚的动词的性质，则是谁也看得见的。第二，古文中的“于”和口语中的“在”，它们的用法很特别。这里我们非讨论一下西洋人所谓的“后置词”（postposition）不可了。

我们知道西洋语言中有许多表示空间的介词，如英语的 before，behind，at，on，under，in，among，by 等，法语的 devant，der nière，dans，en，à，parmi，par，sur，sous 等，德语的 in，auf，nach，vor，nieder，bei 等。这些介词译成汉语，就是古文的“于……之上”、“于……之下”、“于……之前”、“于……之后”、“于……之中”、“于……之左”、“于……之右”、“于……之外”、“于……之内”（有的时候，“之”可以不用）；就是口语的“在……的上面”（或上边）、“在……的下面”、“在……的前头”、“在……的后边”、“在……的中间”、“在……的左边”、“在……的右边”、“在……的外面”、“在……的里头”（有的时候，“的”可以不用）。因为有这些在具有名词功能的词后面的字眼，一般西洋语法学家就认为这些是“后置词”（postposition）。法国的戴遂良就有这样的说法，他说：

> 语法学家告诉我们，所谓前置词就是一些没有意义而放在名词之前用以表示人们间、事物间各种相互的关系的词。如果严格按照这个定义来说，我们就应当说在汉语里并没有正式的前置词。

事实上，大多数用来表示这些关系的字眼都有其本身的意义，其本身的用法，它们之用为介词只是一种特殊的应用。在这一节里，我们是纯粹以这特殊的功用来看它们的，我们是把它们当做简简单单的虚词来讨论的。我们要把它们分为前置词和后置词两种，视它们是放在宾语之前抑或之后而定①。

其实不但是他，就是柏尔尼②和加斯皮尔曼③也有同样的意见。然而这种理论并不合于事实。我们知道"站在桌子上"这句话里，"上"明明是一个具有名词功能的词，它的意思是"桌子的上面"，这"的"字已经足以告诉我们"上"和"桌子"的关系是规定关系，而这"桌子上"或"桌子的上面"又和"在"发生引导关系。所以，这个地方只有一个"在"字带有所谓"介词"的性质，即"半动词"或受导词。"上"字是具有名词功能的词，并不是什么 postposition。戴遂良之所以认它为后置词，原因就是他用西洋语的翻译的意义来解释汉语语法。他以为"在桌子上"这一类的词组可以译成法语的 sur la table，英语的 on the table，就认为"在……上"的整个形式只代表 sur 或 on 一个词，然而"上"字是在后面的，因此，他就叫它做后置词。他没有想到这一类的词组，按字译字，也可以译成 sur la surface de la table，或 on the surface of the table，而且汉语的说法确是如此。这里的 surface 相当于汉语的"上"，而 de 或 of 相当于汉语的"的"。当然"在桌子上"的意义和 sur la table 或 on the table 相去不远，但就语法的结构来说，两者确是不同的。总之，西洋语言中一切表示空间关系的前置词，在汉语里是由"在"(口语)或"于"这个受导词和表示具体空间概念的词的结合去表示的。在这个地方，真正算是受导词的只有"在"或"于"。④

"在"《说文》训为"存也"，《广韵》加上"居也"的意义。《释诂》谓"徂，在，存在"。都以"在"有"存在"、"居住"的意思。《尔雅·释诂》也

---

① 见 Wieger 所作 *Rudiments de Parler et de Style Chinois*, Vol. I. p. 140.

② Perny, *Grammaire de la Langue Chinoise*, tome I, p. 191.

③ Gasperment, *Etudes de Chinois*, tome I, Grammaire, p. 163.

④ 参阅《汉语介词之真价值》第五、第十五两章。

有训“在、存,察也”的,大半是引申的意义。古书中以“在”用作“存在”、“居住”的意义的很多。如《易·乾》的“见龙在田”,《书·尧典》的“朕在位七十载”,《诗·关雎》的“在河之洲”,《春秋·昭公三十年》的“公在乾侯”,《礼记·大学》的“在明明德”。这里的“在”字都具有动词的功能。就是现今的口语,一般的“在”也是具有动词的功能。“我在家”、“他在书房里”,“在”字都有动词的功能。就是当做所谓“介词”用的时候,“在”也还没有完全损失其具有动词功能的词的性质。“在”字有“存在”、“居住”的意思,当做“介词”用时,也有这个意思,不过是比较的弱化而已。这里值得我们注意的就是这个“存在”和“居住”的意思是很模糊的。换言之,“在”字只告诉我们有一个历程或一个事物存在着,存在于某一个地方,而没有说明白是哪一个地方,即因其如此,如果我们要说明一个特定的空间关系,如英语的 in, behind 等,我们就非再加上一个说明位置的词不可。因为“在”字只说明存在于某一个地方,某一点,这一点既可以是空间的,也可以是时间的,也可以是其他的。因此,“在”字也可以用来表示时间关系,如“在他来之前,我就已经去了”;也可以用来表示思想上的出发点,如“我在这一点上,是同意他的想法的”。总之,“在”字只是一个很泛的表示存在于某一地点或其他任何“点”的所谓“介词”。

古文的“於”字也是如此。“於”字《说文》认为是“乌”的古字,而“乌”字则是“孝鸟也”。不过,《说文》曾谓“于”是“於也,像气之舒于”,这里的“於”大约就是感叹词的“於”。我们知道《古文尚书》的“乌乎”,《今文尚书》作“於戏”,而《诗经》则作“於乎”。这都是把“於”当做感叹词用的,和我们所说的“准动词”没有关系。《广韵》分“於”为二,一入鱼韵“兴居切”,训为“居也,代也,语辞也”,一入模韵“哀都切”,训为“古作於戏,今作呜呼”。两字读音不同。意义也殊异,我们所谓的“准动词”“於”实在是“居也”的“於”演化而来的。

“於”之具有动词功能者有“居也”的意思,又因为“於”与“于”是通用的(《说文》即训“于”为“於”),而“於”又有“往来”的意思,所以,“於”也有“往来”的意思。“於”之具有动词功能者,古文中颇有其例。如《论语》:“民之过也,各於其党”,“造次必於是,颠沛必於是”;《史记》:“周於秦,因善之;不於秦,亦言善之”;《墨子》:“孔子为鲁司寇,舍公家而於季孙”等。这些“於”都有动词的功能。

“於”与“于”的关系是很密切的。《广韵》列“于”入虞韵,羽俱切,与“於”略有不同。高本汉以为在《左传》里,“于”和“於”的用法是有分别的[①]。不过这只是在鲁的方言中如此,其他上古书中,这种分别是没有的,而在汉以后的文献,更看不到这种分别的痕迹。原来虚词的韵母本来不大清楚,而后来的古文里“于”、“於”的用法确是相同的。“于”在上古时代有“走到……”的意思,这是“居也”而带有移动动作的意义。总之,“於”或“于”在上古文中都可以具有动词的功能。《论语》“民之过也,各於其党”,“造次必於是,颠沛必於是”,《史记》“周於秦,因善之,不於秦,亦言善之”,《墨子》“孔子为鲁司寇,舍公家而於季孙”,《左传》“吾先君新邑於此”(《隐公十一年》),这些句子中的“於”字都是纯粹具有动词功能的词。所谓“介词”的“於”(或“于”)显然是和这纯粹具有动词功能的“於”字同一来源的。

“於”和口语的“在”字一样,是表示空间关系的所谓“介词”,它只表示空泛的某一点,即存在于某一点的意思。大约就是因为这个缘故,戴遂良就以为“於”是表示一切关系的普遍的虚词(particule générale)[②]。这种看法也有其困难的地方,因为表示空间关系或其他关系的固不仅是“於”,而“於”也不能用在表示一切关系之上。最使我们注意的,即“於”字用作表示空间关系时,往往和别的具有名词功能的词合在一起用:“於……之上”、“於……之下”、“於……之中”、“於……之旁”、“於……之外”、“於……之内”、“於……之左”、“於……之右”等。这“上”、“下”、“中”、“旁”等,都是具有名词功能的词。这里只有“於”字才可以算是“准动词”,或受导词。不过,这一类的形式是后来的古文才有的,上古的文字里,大半只用“於”字,如《论语》的“八佾舞於庭”,“季氏旅於泰山”,“道不行乘桴浮於海”,《左传》的“公问於家仲”,“赵旃夜至於楚军”等就没有“上”、“下”、“中”等类的字。

---

① Karlgren, *On the Authenticity and Nature of the Tso-chuan*, p. 43.

② Wieger, *Langue écrite*, p. 25.

“於”只表示存在于空泛的某一点上，因此它也可以用以表示时间关系，不过要加上一个表示时间的词，如“前”、“后”、“时”、“刻”、“先世”、“后世”等。它也可以表示对人的关系，也可以表示对意见或其他观念的关系，也可以表示“比较”(comparative)。这些都是后话，以后再为讨论。

(二) 表示时间关系的

A. 古文

於：子於是日哭，则不歌。(《论语·述而》)

冢宰制国用，必於岁之抄。(《礼记·王制》)

以：齐以甲戌飨之。(《史记·齐世家》)

文以五月五日生。(《史记·孟尝君传》)

自：自朝至于日中昃。(《书·无逸》)

自汉初定以来，七十二年，吴越人相攻击者不可胜数。(《汉书·严助传》)

由：由孔子而来至于今，百有余岁。(《孟子·尽心下》)

在：其在成周微甚。(《史记·十二诸侯年表序》)

至：莽于是自谓大得天人之助，至其年十二月，遂即真矣。(《汉书·翟义传》)

浩然之气，至死不衰。(《稗史集传·王冕》)

及：及长，遂更折节读书。(《稗史集传·葛乾孙》)

及期，尼为斋具。(《清尊录·狄氏》)

达：拥歌伎，醉饮达旦。(《钱氏私志·宋相郊》)

此外尚有“比”、“迄”、“逮”等等。

B. 口语

在：能在天亮的时候赶到，把骆驼出了手，他可以一进城就买上一辆车。(《骆驼祥子》第29页)

她们走到这条街上，无论是什么急事，是不会在一分钟里往前挪两步的。(《二马》第16页)

以：我回家以后，却又发现了自芳不少的好处……（《回家以后》剧本）

那么你以后打算用什么做目的去生活呢？（《月下》剧本）

到：世道人心到了今日真是青年男女堕落的大关键。（《回家以后》剧本）

到得客散，留在客房里歇宿，直到天明，丈人却来与女婿攀话。（《京本通俗小说·错斩崔宁》）

自从：自从到了这里，激烈奋斗之后，疲劳得倒在床上时，我忽然想起脚踏实地了。（《月下》剧本）

自从虎妞到曹宅找他，他就以为娶过她来，用她的钱买上车，自己去拉。（《骆驼祥子》第188页）

等：等过一分钟半分钟，再捧着冯姐姐的手闻香。（《第二梦》剧本第一幕）

所以他叫马威等人们来到才给巡警打电话，……（《二马》第443页）

当：事情看着是简单，当你一细想的时候，就不那么简单了。（同上第381页）

当他跑得顺'耳唇'往下滴汗，胸口觉得有点发辣，他真想也这么办。（《骆驼祥子》第51页）

此外尚有“待”、“隔”、“打”等等。

这里也有两点值得注意的。第一，和其他一切的“介词”一样，这里的所谓“介词”实在也含有动词的味道，如果不是在句子里还有其他更为主要的具有动词功能的词，我们就非把它们当做真正的具有动词功能的词看不可。第二，正如表示空间的关系一样，多数的时间关系都是由所谓“介词”和具有名词功能而表示时间的词合在一起去表示的。这于上面已经解释过，不必多说。

(三)表示对人关系的

A. 古文

於:王如施仁政於民,可使制梃以挞秦楚之坚甲利兵矣。(《孟子·梁惠王上》)

公伯寮诉子路於季孙。(《论语·宪向》)

上由此怨望於梁王。(《史记·梁孝王世家》)

乎:其所轻者,在乎人民也。(《史记·李斯传》)

鲁今且郊。如致膰乎大夫,则吾犹可以止。(《史记·孔子世家》)

B. 口语

对:我实在……这事……对令妹很表同情。(《月下》剧本)

你对他也曾说起过我么?(《回家以后》剧本)

把前后的事一五一十都对他实说。(《骆驼祥子》第152页)

当:这不是当着王二,你一草一木也没动曹家的。(同上第154页)

就是吃醋争风,也不能当着大众,今天,就算父母做了主,也没什么了不得!(《泼妇》剧本)

应当注意的是在这个地方,口语的“在”字却不能代替古文的“於”,换言之,古文可以用“於”,而口语却不能用“在”,我们不能说“他在我说”,然而如果加上表明地点的字眼时,却可以用“在”,例如《红楼梦》(第一百零七回)“众人又在贾琏跟前说他怎样不好”。不过,在这种情形之下,语法上的构造已经是不同的了。

(四)表示对意见或观念的关系的

A. 古文

於:苟志於仁矣无恶也。(《论语·里仁》)

而磨厉之於义。(《国语·越语》)

以:君子深造之以道。(《孟子·离娄下》)

以贤，则去疾不足，以顺，则公子坚长。(《左传·宣公四年》)

此外尚有“自”、“从”等等。

B. 口语

在：在这种新思想下，全整个地翻了一个觔斗。(《二马》第402页)

关：温都姑娘不但关于爱情的意见和母亲不同，穿衣裳，戴帽子，挂珠子的式样也都不一样。(同上第45页)

此外尚有“对”、“从”、“自”等等。

(五) 表示根据的

A. 古文

按：按图索骥者，多失于骊黄。(赵汸《葬书问对》)

依：谷因题玉堂云：堪笑翰林陶学士，年年依样画葫芦。(《续香山野录》)

此外尚有“据”、“依据”等等。

B. 口语

照：货物来以后，就照着我的办法来一下。(《二马》第268页)

那我也只能照话行事。(《少奶奶的扇子》第一幕)

按：到英国按着英国法子办。(《二马》第40页)

兵灾之后，什么事儿都不能按着常理儿说。(《骆驼祥子》第35页)

本：因为他是本着心血，感情，遗传而断定的。(《二马》第403页)

依：依我说，重重办他！(《第二梦》第一幕)

张主管也依李主管接取，躬身谢了。(《京本通俗小说·志诚张主管》)

仗：仗着点祖产，又有哥哥的帮助，小两口儿一心一气地把份小日子过得挺火炽。(《二马》第28页)

据：据说，这飞林子年年飞处不同。(《第二梦》第一幕)

据我看来，无所谓好人，无所谓坏人，世界上只有两种人：一种

人走到面前讨人喜欢，一种人走到面前惹人讨厌。(《少奶奶的扇子》第一幕)

凭：凭着她的美捉住个男人，然后成个小家庭，完了！(《二马》第404页)

此外尚有“靠”、“随”、“由”、“任”等等。

(六) 表示排除的

A. 古文

非：众非元后何戴？后非众，罔与守邦。(《书·大诰》)

君非姬氏食不安。(《左传·僖公四年》)

微：微管仲，吾其被发左衽矣。(《论语·宪问》)

微我，晋不战矣。(《国语·周语》)

舍：当今之世，舍我其谁哉！(《孟子·公孙丑下》)

夫不能行圣人之术，则舍为天下役何事哉？(《史记·李斯传》)

此外尚有“除此之外”、“此外”、“外此”、“除非”等等。

B. 口语

非：非一切把贞操做中心不可。(《月下》剧本)

我非使你有幸福不可。(同上)

你从前不是说非位置向上些，绝不娶妻么？(同上)

除：我除了此地，没有可以回去的家了。(同上剧本)

问他除学费外，还有什么费用？(《回家以后》剧本)

除了得个为国捐躯的英名，至少她还不得份儿恤血。(《二马》第41页)

除非：除非是父亲有很多的遗产，才有资格管束儿女呢。(《回家以后》剧本)

除非你能说出来，这五位女卷，在什么上头，是大家相同的……。(《第二梦》第一幕)

除去：除去这些事实上的缠绕，他精神上也特别的沉闷。(《二马》第431页)

此外,尚有“以外”、“除……之外”、“除……以外”、“除……在外”、“除非……以外”等等。

这里有一点特别值得注意的,就是有的人以为“除”再加“非”或再加“外”(或“以外”、“之外”)等是不合逻辑的。这是太注重逻辑所生下的误会。语法固然是和逻辑有密切联系的,但这是就它所表示的意思而言,并不是指语法的形式而论。语法形式是社会的习惯,只要大家都承认其代表某个意思,它就代表某个意思。“除”、“非”、“以外”、“之外”等都表示“排除”,这只是一种重复的用法,其所表示的只是一个“排除”的意思,正如法语、俄语中的两个否定词合用在一起只表示一个否定的意思似的,都是一种习惯的用法,无所谓合乎逻辑不合乎逻辑。汉人说话时确是如此说法,我们不必以为这是语病①。

(七)表示代替关系的

A. 古文

为:汤使亳众往为之耕。(《孟子·滕文公下》)
纪渻子为王养斗鸡。(《庄子·达生》)
季氏富于周公,而求也为之聚敛而附益之。(《论语·先进》)
代:元为王专代吏治事。(《史记·五宗世家》)
王者代天爵人,尤宜慎之。(《汉书·王嘉传》)

B. 口语

为:伊为着哥哥牺牲一身,你不就尊敬伊的志气么?(《月下》剧本)
与:你那大家,且与我把解药救醒他来,问个虚实缘由。(《水浒传》第三十九回)
替:众人只替他两个叫苦。(同上)
虽然虎妞能替他招待,可是他忽然感到自家的孤独。(《骆驼祥子》第163页)
我来替你去铺床如何?(《月下》剧本)

① 参阅《汉语介词之真价值》,第123页。

给：而且给马老先生热了一碟烧卖，开了一瓶葡萄酒。（《二马》第446页）

你的衣裳我给你照样放在你自己的皮包里去。（《回家以后》剧本）

（八）表示工具关系的

A. 古文

以：醒，以戈逐子犯。（《左传·僖公二十四年》）

方今之时，臣以神遇，而不以目视。（《庄子·养生主》）

许子以釜甑爨，以铁耕乎？（《孟子·滕文公上》）

用：不意当复用此为讥议也。（《汉书·杨恽传》）

能守其业，用财自卫。（《汉书·货殖传》）

B. 口语

用：却用侯家兄弟引著薛永并白胜先去无为军城中藏了。（《水浒传》第四十回）

使：三人各使手中器械约战了五七合……（《水浒传》第三十八回）

拿：我们应该拿科学的方法整理国故。（见黎著《新著国语文法》第208页所引）

呕，你是拿命换出来的这些牲口！（《骆驼祥子》第35页）

（九）表示因果关系的

A. 古文

因：因前使绝国功，封骞博望侯。（《史记·卫青传》）

因此怒，遣人追杀王娣道中。（《史记·张耳传》）

何因当有大水一日暴至？（《汉书·王商传》）

以：君子不以言举人，不以人废言。（《论语·卫灵公》）

乃欲以一笑之故，杀吾美人，不亦傎乎？（《史记·平原君传》）

乃孔子则欲以微罪行，不欲为苟去。（《孟子·告子下》）

为：吾所以有大患者，为吾有身。（《老子》）

乡为身死而不受,今为妻妾之奉为之。(《孟子·告子上》)

曷为先言王,而后言正月?(《公羊传·隐公元年》)

用:故谋用是作,而兵由是起。(《礼记·礼运》)

用此,其将兵数困辱。(《史记·李广传》)

何用知非仆也?(《后汉书·邓晨传》)

B. 口语

为:为什么不打麻雀牌来?(《第二梦》第一幕)

妹妹,你为何说这种话?(《月下》剧本)

帮助刘家作事,为是支走心中的烦恼。(《骆驼祥子》第162页)

因:因此,我们不能住在故乡,就在今日……(《月下》剧本)

因此,甚至有人猜测,祥子必和刘老头子是亲戚。(《骆驼祥子》第43页)

因为:因为受尽苦楚,说话总是横着来。(同上第44页)

他因为急于要回国去,不能在汉口久候;……(《回家以后》剧本)

(十)表示所谓"被动"的[①]

A. 古文

为:不为酒困。(《论语·子罕》)

世子申生为骊姬所谮。(《礼记·檀弓》)

卫太子为江充所败。(《汉书·霍光传》)

被:有被逼抑者,遂自杀于此。(辍耕录·清风堂尸迹)

德顺破后,民居官寺皆被焚。(《续夷坚志·虱异》)

黄门被细人辱,思甘心焉。(《茗斋杂记·太仆行略》)

---

① 这里暂时用"被动"二字,至于汉语之是否有被动态,我们已经在《汉语语法论》第二编第六章讨论过了,读者可以参阅。

B. 口语

被：欧鹏赶将去，被栾廷玉一飞锤，正打个著，翻筋斗撷下马去。（《水浒传》第四十七回）

到第二天打听动静，知是何三被他们打死，已经报了文武衙门。（《红楼梦》第一百十二回）

牡丹花被土沉埋。（《京本通俗小说·志诚张主管》）

教：你一下车就教侦探给堵住。（《骆驼祥子》第152页）

脸教他给丢净！（同上第177页）

给：老太婆！给你一打岔，我算错了。（《好儿子》剧本）

此外尚有“挨”、“让”等等。

（十一）表示相与关系的

A. 古文

以：主人以宾揖。（《仪礼·乡射礼》）

天下有变，王割汉中以楚和。（《战国策·周策》）

与：帝者与师处，王者与友处，霸者与臣处，亡国与役处。（《战国策·燕策》）

与朋友交，言而有信。（《论语·学而》）

及：其少时，及魏公子无忌为客。（《史记·张耳传》）

予及汝皆亡。（《书·汤誓》）

B. 口语

和：半日只听湘云笑问：那一个外国的美人来了？一头说，一头走，和香菱来了。（《红楼梦》第五十二回）

当日和杨林却入蓟州城里来寻他。（《水浒传》第四十三回）

跟：也只怪我从前跟你相交的时候，没有看出你的弱点。（《泼妇》剧本）

我去叫拿破仑来跟你玩。（《二马》第398页）

并不是为了几个戒指跟他过不去。（《第二梦》第一幕）

同：遇见公孙胜先生同在店中吃酒相会。(《水浒传》第四十三回)

说是要同我组织一个贸易公司。(《回家以后》剧本)

与：我与你一同灭亡。(《月下》剧本)

给：前年一走，就听见说你在外国另外给人家结了婚，……(《回家以后》剧本)

此外尚有“合”、“共”等等。

这些所谓“介词”没有一个不是具有动词功能的词的来源的字，而还没有完全失去其原来的意义。这实在是由实词变成虚词的过程还没有完全成功的东西，我们至多只能称它做“准介词”。

所谓“介词”与从属连词

还有一个问题必须讨论的，即：一部分所谓连词和“介词”的分别。我们知道印欧语言的介词和连词是有分别的，而连词之中又分为并列连词(coordinate conjunction)与从属连词(subordinate conjunction)两者。其中从属连词与介词的分别，只在于前者介绍整个的句子，后者只介绍一个名词。例如：I write for you，for 所介绍的是一个带有名词性质的代名词 you；I write for that you will understand my idea，that 所介绍的是整个句子 you will understand my idea。印欧语中往往可以在介词之后加上一个 that(英语)，que(法语)，dass(德语)，使其变成连词。换言之，印欧语的介词和连词不但就其所介绍的有不同，事实上，如果要把介词变成连词，这 that，que，dass 等却非加上去不可。然而汉语的情形就不同了。汉语的受导词(即所谓“介词”)，不论其引导者(即其所介绍的)是一个词，或是一个句子，都是用同样的字，例如：“从古到今”和“从盘古开天辟地到现在”；“因为雨，我不出去”，“因为天下雨，我不出去”；“按理，他绝不能成功”，“按你说，我就不行了吗？”所以从语法的观点来看，汉语的所谓“介词”和汉语的所谓从属连词，并没有什么不同。这些所谓“从属连词”也都是具有动词功能的词演化而来而尚保留其一部分原有意义的词，也都是我们所谓的“准动词”或受导词，因为它们和它们的宾语所生的关系是引导关系。我们可以说所谓汉语的“介词”是介绍一个词的虚词或被一个词所引导的受导词，而所谓汉语的“从属连词”是介绍命题(proposition)的虚词或被命题所引导的受导词。印欧语对于介词、连词的分类是：

词
- 介词
- 连词
  - 从属连词
  - 并列连词
- ……

可是汉语的分类应当是：

词
- 受导词
  - 被一个词所引导的受导词(即所谓“介词”)
  - 被命题所引导的受导词(即所谓“从属连词”)
- 连词(即所谓并列连词)
- ……

这种分类是以词语之间所生的关系为依归的。这里所谓的“词”并不是实词的词类分别，乃是用以表示词语之间所生的关系的虚词的分类。

(选自《汉语语法论》第三编“造句论”第四章，商务印书馆，北京，1986年)

态　　词

什么是“态”?

由于句中主语、动词或具有动词功能的词及宾语所生之关系,可以把动词或具有动词功能的词分为几个“态”(voice)。平常所习见的是施动态(active)与受动态(passive)的对立,及物态(transitive)与不及物态(intransitve)的对立。另外如使动态(causative)等亦是动词或具有动词功能的词的一种“态”。所谓施动就是表示动作或历程是主语所指明的主体之所施者;所谓受动,就是表示主体受了其他物体的动作或历程的影响。由主体所施的动作或历程是否能直接影响到其他的客物方面来看,动词或具有动词功能的词又可以分为及物的与不及物的二者。能直接影响其他客物的,谓之及物动词或具有及物动词功能的词,不能直接影响其他客物的,谓之不及物动词或具有不及物动词功能的词。使动态则表示主体能使其他的客物发生动作或历程。这是一般语法的情形,但不是每一语言都是如此。即以施动和受动来说,原始的印欧语言就和现代的欧洲语不同。希腊语除了施动和受动以外,还有一种自动(middlevoice),其他的原始印欧语言则只有施动与自动,而没有受动,梵语就是一个例子。然则汉语具有动词功能的词到底有没有施动和受动的分别呢?

“受　动”

第一应当记住的是:这些“态”的分别是语法上的问题,并不是逻辑上的问题。以逻辑来说,梵语也未始没有受动这种概念,不过梵语的受动意义并没有一个特殊的动词形式去表示,乃是由其他拐弯的方法把它表示出来。然而,在施动和自动方面,梵语的动词却都有其特殊的形式。所以要问汉语具有动词功能的词有没有施动式和受动式的分别,我们应当看看汉语具有动词功能的词是不是有一个特殊的词形来表示受动的意义。

自从马建忠以后,中国的语法学家大半都把汉语的所谓"动词"分为施动(或称"主动")和受动(或称"被动")两个形式。不过,实在说起来,马建忠的说法虽然不大正确,但后来的语法学家却愈解说愈不妙了。马建忠以为汉语的"受动字"约有六式①:

(一)以为所两字先乎外动者。如:卫太子为江充所败。(《汉书·霍光传》)

(二)惟以为字先于外动者。如:不为酒困。(《论语·子罕》)

(三)外动字后,以于字为介者。如:以勇气闻于诸侯。(《史记·廉颇列传》)

(四)以见被等字加于外动之前者。如:乃今日见教。(《汉书·司马相如传》)错卒以被戮。(《史记·酷吏列传》)

(五)可足两字后,动字概有受动之意。如:晋楚之富不可及也。(《孟子》)余不足畏也。(《史记·黥布列传》)

(六)外动字单用,先后无加,亦可转为受动。如:迫,斯可以见矣。(《孟子·滕文公下》)

这六式的分法,以表示受动的意思论,本来没有什么可批评的。但马建忠之认为汉语有"受动字"的"式",则不是我们所敢赞同的。不过马建忠有的时候也在不知不觉之中对于他自己所说的受动字加以怀疑,例如在他解释"为、所"二字之后,他说"虽施受如常,已若转为受动之意"②,这则比较吴瀛之抄袭马建忠,而无条件地把所谓"外动字"分为"主动式"、"被动式"二者③,高明得多了。

其实,只要详细地研究汉语,我们就可以看得出,汉语具有动词功

① 《马氏文通》实字卷之四,受动字四之二。

② 《马氏文通》,第 24 页。

③ 《中国国文法》第四章等十节,第 49—65 页。

能的词,实在并没有施动和受动的分别。汉语具有动词功能的词是中性的,因为汉语具有动词功能的词可以没有主语。在这种情形之下,因为主语不存在,施动或受动就很难决定,即因为其很难决定,它可以是施动,也可以是受动,完全视观点如何而定。比方说《孟子》的“迫,斯可以见矣。”“迫”的主语不存在。施动或受动,本来是以动词与主语的关系而言,这里既没有主语,就不生施动或受动的问题。如果一定要说明它的“态”的话,我们就可以说可以是施动,也可以是受动。这有点像拉丁语的非人称受动式(impersonal passive),虽是受动的形式,却也可以解释为施动。拉丁语非人称受动式之 curritur 译成法语则为施动式之 on court,然而这后者也未尝不可以解释为受动。话虽如此,拉丁语之 curritur,以形式言,却是千真万确的受动式,而法语之 on court 则是千真万确的施动式。这是因为这两个语言的动词本来有施动和受动两个形式的分野,因此这两可的例子就可以依其习惯,照其形式,列入一“态”。汉语的“迫”字,施动也好,受动也好,都是一样的,并没有其他任何语法成分的增减,它是两可的。如果我们认为有一个人在迫人,它就有施动的意思;如果认为有人被他人所迫,它就有受动的意思了。因此马建忠解释它为受动也未尝不可以。如果有主语的话,主语和“动词”就发生了关系,它必得是施动或是受动。然而汉语具有动词功能的词并无其他任何形式的不同,而且都表示主语的动作或历程,所以都是施动的形式,不过这施动的形式有时却可以表示受动的意思。简言之,汉语是用施动的形式来表示受动的意义的,如果有此必要的话。

这句话说起来,似乎很奇怪,其实是极乎平常的道理。现在让我们把汉语表示受动意思的办法先为一述,然后再加以分析,看看这句话到底是怎样的说法。

在古文里,用为表示受动的意思者有“为”、“为……所”、“见”、“被”、“蒙”、“受”、“遭”等字。例如:

(一) 为

> 不为酒困。(《论语·子罕》)
>
> 且君尝为晋君赐矣。(《左传·僖公三十年》)
>
> 止将为三军获,不止将取其衷。(《左传·襄公十九年》)

父母宗族，皆为戮没。（《史记·刺客列传》）

则必为天下戮笑。（《公羊传·庄公三十二年》）

妻子为戮。（《左传·文公十三年》）

管蔡为戮。（《左传·襄公二十一年》）

为齐诛也。（《公羊传·昭公四年》）

（二）为……所

赵王武臣为其将所杀。（《汉书·高帝纪》）

吾悔不用蒯通之计，乃为儿女子所诈。（《史记·淮阴侯列传》）

始皇东游，至阳武博浪沙中，为盗所惊。（《史记·秦始皇本纪》）

蓬莱药可得，然常为大鲛所苦。（同上）

微赵君几为丞相所卖。（《史记·李斯列传》）

终为之所禽矣！（《史记·淮阴侯列传》）

为汉使月氏而为匈奴所闭道。（《汉书·张骞传》）

车骑大将军邓骘为种羌所败于冀西。（《后汉书·安帝纪》）

食于道旁，乃为乌所盗肉。（《汉书·黄霸传》）

卫太子为江充所败。（《汉书·霍光传》）

（三）见

何故怀瑾握瑜而自令见放为？（《楚辞·渔父》）

百姓之不见保，为不用恩焉。（《孟子·梁惠王上》）

甚见亲信。（《汉书·霍光传》）

且夫臣人与见臣于人，制人与见制于人，岂可同日道哉？（《史记·李斯列传》）

盆成括见杀。（《孟子·尽心下》）

其见敬礼如此。（《汉书·汲郑列传》）

蔡侯其见获乎？（《穀梁传·庄公十年》）

随之见伐。（《左传·僖公二十年》）

公见弃也而视之尤。（《左传·襄公二十六年》）

然而甚者为戮，薄者见疑。（《韩非子·说难》）

（四）被

错卒被戮。（《汉书·酷吏传》）
被污恶言而死。（同上）
身被重劾。（《汉书·张敞传》）
汉淮南王谋反被诛，亦云得道轻举。（张华《博物志》）
钩弋夫人被杀于云阳而言尸解柩空。（同上）
皮袋被贼盗去。（《朝野佥载》）
后其家被焚，遂付煨烬。（《庚巳编·古铜鸭盆》）
童子项芳屡被赏识。（《茗斋杂记·彭氏旧闻录》）
常被老元偷格律。（白香山诗）
弟子名中被点留。（王仲初诗）

（五）蒙

数蒙恩贷。（《汉书·张敞传》）
昔日深蒙救命，聊以奉贶。（干宝《搜神记》）
昨蒙宴赐，不觉果然，革条为之迸绝，故有声耳。（《癸辛杂识》前集《赵温叔》）

（六）受

受械于陈。（《汉书·张禹传》）
受命以来，夙夜忧叹。（诸葛亮《出师表》）
受知固不易，知士诚尤难。（欧阳修诗）
臣不任受怨。（《左传·成公三年》）
武受赐矣。（《左传·昭公一年》）
是重受吊也。（《左传·昭公十年》）
父受诛。（《公羊传·定公四年》）

（七）遭

使求遭丧之礼以行。（《左传·文公六年》）

寡君少遭闵凶。(《左传·宣公十二年》)

又有朝聘而遭丧之礼。(《左传·哀公十五年》)

是遭丧而还也。(同上)

(八)遇

达尔兰遇刺殒命。(三十一年十二月廿六日《实报》)

这些字和另一个具有动词功能的词合用,就表现出受动的意思。然而,我们试研究看它们本身到底是不是受动式。《左传·昭公十六年》云:“宗周既灭。”这里“灭”的意思明明是“被灭”,然而却没有任何表示受动的字眼。这证明在古代语中,没有用其他的词,如“为”字等,也可以表示施动与受动的意思。换言之,同样的词,在古代汉语中都是两可的,其为施动或受动全视说话的环境来表示所说的话的意义。以独立的词来说,并无施动受动的形式的分别。至于加“为”字之所以能表示受动的意思者,乃是一种转弯的说法,并不是受动式的词形变化。“为”字,我们已经说过,是一个系词,其作用虽类于英语的 verb to be,但两者并不相等[①]。上面所举的“妻子为戮”,以语法的结构来说,其实就和“妻子为奴”是同样的。不过“奴”字是具有名词功能的词,而“戮”字的意思则是“受戮之人”,有点类似英语之 He is the beheaded。原来就是按照欧洲现在的语言说,一般语言学家已经不承认有施动和受动的动词形式的分别[②]。古旧的印欧语,如拉丁,其动词有施动和受动的分别,因为受动的动词是有特殊语法形式的。如拉丁之 amo(我爱)是施动式,amor(我被爱)是受动式。然而现在的欧洲语,如法语、英语都没有这种形式,都是用另外的转弯来表示,法语之 Il est trompé(他被骗)是用系词 est 和 tromper 之过去分词 trompé 的结合来表示的。trompé 其实有形容词或形容词而用为名词的性质,因为如果主语是阴性

---

① 参阅《汉语语法论》第三编第九章第三节(三)。

② 房德里耶斯说:“施动动词与受动动词之分别,在大部分之印欧语中,乃是虚幻乌有的,因为受动差不多都不是施动之反面。”这是代表。语见 Vendryès,*Le language*,第二部,第二章,第 122 页。

的话，我们得用阴性的词尾加在其上：elle est trompée。这过去分词有时是表示过去时的，完成体的，不见得是动词的受动式。汉语的"为"字在这个地方，恰好是一样的情形。它是系词。不过汉语具有动词功能的词在这个地方却没有任何的变化；虽然没有任何的变化，它却表示受动的意义。这种用法是先秦所特有的，后来的文献里就在具有动词功能的词之前加上一个"所"字，形成了"为……所……"的形式。这形式在先秦不多见，不过《礼记·檀弓》却有一个例："世子申生为骊姬所谮。"在汉朝则兴盛起来。《史记》用这形式多得不可胜举。后来所以有这形式也就是因为只有"为"字不够明显的缘故。"所"《说文》训为"伐木声"，这当然是另外一个词。"所"有"场所"的意思是大家所知道的。这"场所"可以是动作或历程所发生的地方。《史记·秦始皇本纪》的"自是后莫知行之所在"，这"所"字就是表示动作或历程所发生的地方。由"场所"则引申比较更泛的意思，即指一切动作或历程所发生的对象，不仅是空间上的场所。这是"所"字所以有表示对象意思的由来。例如：

> 陛下神灵明圣，平定海内，放逐蛮夷，日月所照，莫不宾服。……事不师古而能长久者，非所闻也。……饰虚言以乱实，人善其所私学，以非上之所建立。……臣请史官非秦纪皆烧之，非博士官所职，天下敢有藏诗书百家语者……所不去者，医药卜筮种树之书……(《史记·秦始皇本纪》)

这里的"所"字都是表示动作或历程的对象。由此而引申出受动的意思是很自然的。不过，这里只是有此意思而已，却并非动词身上有受动的形式。"卫太子为江充所败"(《汉书·霍光传》)，这里的"所败"，正如马建忠之所言"犹云为江充所败之人"[1]。"为"仍是系词。这种表示方法已较古时之仅用"为"字，清晰得多。然而却并不是什么动词的受动式。其他的字更容易明白。"见"字本身就是一个具有动词功能的词，而且是施动式的。"其见敬礼如此"，"见"字其实是具有施动动词功能的词，意为"他见到人家的敬礼，到这个田地"，"见"字明明是具有动

[1] 《马氏文通》实字卷之四，第23页。

词功能的词，而且是施动的。“被”字也是如此。“被”在古代多半是用作具有动词功能的词的，有“披被”的意思。《左传》中一共有十个“被”字，没有一个不是这样用而表示“披被”的意思者。例如：“被发及地。”（《成公十年》）《公羊传》和《穀梁传》的“被”字也没有一个不是这样用的。“被”字之用为表示受动者也是后起的，但却没有损失其具有纯粹动词功能的词的意义。《复斋日记》的“君被命出使”，《舌华录》的“及玄被桎梏”，这里的“被”字就难说明到底是具有纯粹动词功能的词或是用以表示受动的具有动词功能的词。其实“汉淮南王谋反被诛”的“被”字也就是一个具有施动动词功能的词，这句话的解释是：“汉淮南王谋反，他披被了（或背负了）诛的责罚（或他人的诛杀）。”是施动的形式却表示着受动的意思。“受”字、“蒙”字、“遭”字更是明显。“受”本来是具有施动动词功能的词，它有“接受”的意思。“父受诛”，当然有“父亲让人家杀了”的受动的意思，但这个句子的构造却是施动的，这句话的意思是：“父亲接受了人家的杀”。这正如法语之 Il a reçu la punition 一样，是施动的形式，却表示受动的意思。“蒙”字、“遭”字也是如此，我们也用不着来解释了。

马建忠还以为加介词“於”字于“外动字”之后者，亦是受动字之一式。这原因也甚容易明白。“於”是表示“空间”、“时间”或其他关系的虚词，在具有动词功能的词之后加上一个“於”字，如《孟子》之“治於人”，这正表明这个动作是和这“於”字所介绍的具有名词功能的词有关系的。“於”字本来只表示动作或历程所发生的一个地点，而且是泛指的。它只表示动作或历程与其所介绍的具有名词功能的词有关联，但没有说得明白是哪一个方向的关联。比方说，“出於水”和“入於水”，这两个“於”字译成法语，前者是 de，而后者是 dans，两者方向正相反，然而汉语却可以用同样的“於”字表示之。原因是因为“於”字是泛指动作或历程是发生在某个点上，并没有说明白其和这个点是怎样的关联。de 也好，dans 也好，这动作都是发生于水。“破于陈涉”的“於”字也是这样的用法。这个“破”的动作来自陈涉，发生于“陈涉”。由此而表示受动的意思，却是很自然的转弯。不过，“破”字却并不是什么受动式。“兵破于陈涉”实在应当解释为“军队，有破的动作自陈涉而来”。把这两个事实排在一起,就表示出前者是受动的主体。然而,以语法的形式来说,“破秦”和“破于陈涉”的两个“破”字都是一样的,两者都是施动,并没有受动的形式。不过这种说法已不存在于口语。

马建忠又以为可足两字后,“动字”概有受动之意。这又是一个可以怀疑的例子。原来“秦晋之富不可及也”的“及”字本来无所谓受动式,因为施动的“及”字也还是这个“及”字,何况这个句子也可以解释为“秦晋之富,吾人不可及也”。古汉语具有动词功能的词往往是没有主语的,“吾人不可及也”又是可以通的句子,而“及”字到处都只有一个形式,我们很难说它是受动。要知道这一类的句子如果要译成法文,则宁可用施动式:On ne peut pas arriver aux mêmes richesses que celles des Ts'in et des Tsin。不过,这一类的说法在现在的口语中也是不存在的。

现代口语或白话文之用以表示受动的意思者,有“被”、“给”、“让”、“教”、“著”等。例如:

(一) 被

那后生被杨志挥刀一斫,只见头随刀落。(《大宋宣和遗事》)

笼内金珠,宝贝,段匹等物尽被那八个大汉劫去了。(同上)

你若求佛,即被佛魔摄;你若求祖,即被祖魔摄。(《黄蘗断际法师苑陵录》)

他的度牒也被追了。(《京本通俗小说·菩萨蛮》)

我一个身子被他骗了。(同上)

看那草房被风一煽,刮刮杂杂烧起来。(《水浒传》第四十五回)

祝彪抵当不住,急勒回马便走,早被杨雄一朴刀,戳在马后股上。(《水浒传》第四十六回)

你的妾被别人拐去,是我看见。(《好逑传》第八回)

这两天都被我赶出去了。(《红楼梦》第九十回)

被李克用赶杀。(《五代史平话·唐史上》)

不敢过去推门,恐怕又被人捉住。(《骆驼祥子》第138页)

（二）给

好人给坏人挤得没有路走啦！（《少奶奶的扇子》第一幕）

看看到底儿子叫人家给打坏了没有。（《二马》第438页）

不然，自己的脑袋早晚是叫人家用砖头给打下来。（同上）

妈的，铺子叫人家给砸了，还有希望？（同上第445页）

出名的闯祸精忽然会给她迷住了。（《少奶奶的扇子》第一幕）

给你一打岔，我算错了。（《好儿子》剧本）

今天可给我候着了！（同上）

回来给他们说："嫁了丈夫，还弄得穷鬼似的！"（同上）

你赚了钱，总应交给自己的媳妇，瞒住妈妈，不要给妈妈看见，妈妈养儿子娶媳妇，是专为替媳妇当老鸦头的！（同上）

万一把那件事情给他们晓得了，不知怎样惊叹咧！（《月下》剧本）

（三）让

我们的心还是别让人家修，还是我们自己修修罢。（《回家以后》剧本）

就让冯畏走过听见，也不至于生气。（《第二梦》剧本）

别让人家说你一回家就使大家不安。（《回家以后》剧本）

（四）教（叫）

脸教他给丢净！（《骆驼祥子》第177页）

六十九岁的人了，反倒聪明一世，胡涂一时，教一群猴儿王八蛋给吃了！（《骆驼祥子》第170页）

好容易运来个中国教徒，好容易！叫亚力山大给弄成醉猫似的！（《二马》第190页）

（五）著

不著佛求，不著法求，不著众求，当何所求？（《黄蘗断际法师苑陵录》）

(六) 吃

吃我把话来侵他的底子,那猪狗便打我一顿栗暴。(《水浒传》第二十五回)

猫儿也不吃你打了。(同上第二十七回)

小弟不肯让他,吃那厮一顿拳脚打了。(同上第二十八回)

二年前有个头陀打从这里过,吃我放翻了。(同上第三十回)

这些字眼之中,"被"是宋元的白话文中最常用的,可以说是古文所留下来的痕迹。就是在表示受动的情形下,"被"也还是一个具有施动动词功能的词。这更可以由口语中看得明白。"我被他骗了"这句话,在口语中可以说成:"我被了他骗了",或:"我被了他的骗了"。"被"下的"了"字是完成体的虚词,表示"被"具有动词的功能。"给"字本来是带有"给予"意思的词。就在现在的口语中,我们还把它当做"动词"用。如:"我给他一本书"。当它表示受动的意思时,它仍不失其为施动的形式。我们说:"我给他打了",这句话实在是:"我给了他来打我的机会"。受动的意思是从"给予"的意思转过来的。这可以由其他的方言来证明。福州话,要表示受动的意思时,就说"乞"(k'øyk),如:ŋuai k'øyk i pieŋ lɔ(我乞伊骗啰——我给他骗了)。然而这"乞"字却同时有"给予"的意思:ŋuai k'øyk i siɔk tsiek p'ui siɔŋ(我乞伊蜀只皮箱——我给他一个皮箱)。上海话也是如此。ŋu pɛʔ nuŋ ke-kə pi pao(我给你这个皮包),其中 pɛʔ 表示"给予"的意思,然而表示受动的意思的也是这个 pɛʔ,例如:ŋu pɛʔ i taŋ lɔ(我给他打了)。四川话也有这种情形。la-ken 可以表示"给予",也可以表示受动。可知以"给予"的意思转过来来表示受动的意思是汉语的一般现象。不过,这是就意义而言,实则这些带有"给予"意义的词都是施动的。"让"和"给"的意思本来就很接近。"让予"和"给予"都具有动词的功能,而且都是施动的。"著"和"被"又是一类,两者意思相接近。总之,在口语中,受动的意思也都是由施动的形式来表出之。我们实在可以说一句:汉语具有动词功能的词并没有受动的形式。

“内动”和“外动”

及物动词马建忠谓之“外动字”，不及物动词马建忠谓之“内动字”。马建忠给“内动字”的定义是：“其动而仍止乎内也，曰内动字。”[①]他给“外动字”的定义是：“其动而直接乎外也，曰外动字。”[②]这种定义未免太空泛，内外的分别实在不能说明 transitive 和 intransitive 两个术语，因为前者的动作或历程固然是达于外，而后者的动作或历程却不见得非“仍止乎内”不可。英语 I speak to him 的 speak 却明明是对 him 而动的。其实西洋人之分别 transitive 和 intransitive 乃视动词的宾语的格位如何而定。宾语之为直接役格(accusative)者，其动词则称之曰 transitive，表示动作或历程之影响直接达及事物；宾语之为间接役格(dative)者，其动词则称之曰 intransitive，表示动作或历程之影响不能直接达及事物。不过，直接役格和间接役格的分别，却在乎词尾的变化。古代印欧语的动词，它的宾语是一定的，不是直接役格，便是间接役格，而且不能混用。所以，一个动词不是及物动词就是不及物动词。然而这词尾的变化在大部分的现代欧洲语中已不存在。一般语言学家正在争论英语之 accusative 和 dative 是否还有分别的必要。不过，在现代的欧洲语中，如果直接役格和间接役格已无词尾的变化，后者和动词合用时却非加上介词不可。汉语在这一点上却又不同。汉语本来就没有纯粹的介词[③]。“我进城”和“我进到城里”都是用“进”字，我们绝不能说前一个“进”字是“及物动词”而后一个“进”字是“不及物动词”[④]。

也许我们可以依照房德里耶斯的办法，认为有宾语的动词就都叫做及物动词，没有宾语的动词的就叫做不及物动词，不管后面是否有介

---

①② 《马氏文通》实字卷之四，第 1 页。

③ 关于汉语的介词问题，参阅《汉语语法论》第三编第四章。

④ 关于及物与不及物动词的问题，我们在《汉语语法论》第一编第二章也曾提过一些意见，读者可以互为参考。

词[1]。不过,就是如此,汉语的词也很难说是有及物和不及物的分别。首先,汉语就没有具有形态变化的动词,其次,汉语具有动词功能的词既可以当做及物用,也可以当做不及物用,不若西洋语之及物动词绝不能没有宾语。我们可以说:"我说了",也可以说:"我说一句话",不若英语之在前一情形必得用 speak, spoke, spoken,而在后一情形必得用 say, said 加宾语。当然,我们也可以说在前一情形之中,"说"字是当做不及物动词用的,而在后一情形之中,它是当做及物动词用的。然而这不能证明"说"字本来有及物或不及物的特性,也不能证明它到底本来是及物或是不及物。这里我们可以看出,为什么王力把汉语的词分为本性、变性,而认为汉语的动词本有内外之分,这内外又可以因情形之不同互相变用的说法,是有困难的。比方说,他认为"内动词"(即不及物动词)后加宾词者,变为"外动词"(即及物动词)。例如:"小子鸣鼓而攻之可也","今我逃楚,楚必骄"[2]。他以为"鸣"和"逃"本来是"内动词",因为后面加了宾语,就变成"外动词"。这其实是倒果为因的说法。原来我们所以知道一个词之为"内动"或"外动",完全是看它后面可以不可以加宾语。"鸣"、"逃"既可以有宾语,又可以没有宾语,可知其本身本无内外之分。即因其本无内外之分。它才可以既可以有宾语又可以没有宾语。此理至明,无奈国人受了西洋通俗语法书的影响,成见在胸,乃预先假定汉语具有动词功能的词必得有内外之本性,所以便将张冠李戴。此乃一般人的共同看法,不止是王力一人,而王力却在别人之前放弃了这一主张,这是他的一种认真态度的表现。

要之,汉语具有动词功能的词本无及物和不及物之分别。当它存在于具体的命题或句子里头的时候,它既可以是及物的,又可以是不及物的,完全视实际的情形如何而定。同样的词在汉语中往往可以两用。例如:

宰予昼寝。(《论语·公冶长》)

寝其女于帐中。(《北史》)

坐中皆大笑。(《舌华录·谐语》)

---

① 见氏所作 *Le language*,第二部第二章,第 126 页。

② 《中国语文概论》,第 52 页。

以五十步笑百步。(《孟子·梁惠王上》)

帝发视之,大恸而止。(《剪胜野闻》)

以鸲鹏为膳,可以止妒。(《山海经》)

既生既育。(《诗·邶风·谷风》)

生财有大道。(《礼记·大学》)

若爱重伤,则如勿伤。(《左传·僖公二十二年》)

人伤尧以不慈之名。(《吕氏春秋·举难》)

我们实在可以说:汉语的具有动词功能的词在这一方面都是中性的。

“使　动”

如果汉语具有动词功能的词没有及物和不及物的分别,这并不是说汉语也没有“使动”这个语法形式。不过不是用词形变化,而是用虚词来表示罢了。“使动”在原始印欧语有其特殊的动词词尾的变化。这词尾变化虽不存在于现今大部分的欧洲语,但现今大部分的欧洲语却有新的形式来表示“使动”的意思。在英语是用虚词 let,在德语是用虚词 lassen,而在法语则用虚词 faire(I let him go, Ich lasse ihn gehen, Je le fais partir)。这些新形式已不是动词的使动式,但却是表示使动的语法成分的一种。在汉语中,也是用虚词的。古文中,用“令”、“使”等,而在口语中则用“叫”、“让”、“教”等。例如:

欲令众山皆鸣。(《舌华录·清语》)

山川自相映发,使人应接不暇。(同上)

竢熟睡,吾针之,勿令患者知。(《蓬窗类记》)

以使相判江宁府。(《京本通俗小说·拗相公》)

粘罕使张邦昌受伪命即位僭号楚。(《大宋宣和遗事》)

庆既令居。(《诗·大雅·韩奕》)

二乃不叫你失了晓。(《水浒传》第四十四回)

原来这贼秃日常时只是教师哥不时送些午斋与胡道。(同上)

好教教授得知……(《京本通俗小说·西山一窟鬼》)

来日教陛下入京城安抚上皇。(《大宋宣和遗事》)

又要保佑人家病痛,都叫他速好。(《红楼梦》第二十五回)

又要管人家的婚姻,叫他成就。(同上)

使信以为真,让宝钗去远,便拉坠儿道。(同上第二十七回)

令吾身常自在云泉之内。(《舌华录清语》)

我看他一喜欢,就弄点酒什么的,让他喝个痛快。(《骆驼祥子》第104页)

事情的确是不好办,但是总有个缝子使他钻过去。(同上109页)

古文里还有一个表示使动的方法,就是在具有动词功能的词不能表示主体的动作时,把它加在宾语(其实是兼主语兼宾语的)上,去表示主体使宾语所指明的物体实行这词所指示的动作。例如:"吾欲饮君。"这里"饮"不能是"吾"的"饮",因为我不能喝你,不能把你当做酒来喝;这里的意思是我使你饮酒,我叫你饮酒。这一类的例子,在古文中很多,无妨举其一二:

主孟啖我。(《国语·晋语八》)

吾来里克,一日而已。(同上)

走白羊楼烦王。(《史记·卫青传》)

有的时候,具有动词功能的词和宾语的结合是有意义的,但也可以表示"使动"。在这种情形之下,常常有被混的危险,只好从上下文的意思来分别它。例如:

今尊立其子,将疑众心。(《后汉书·张步传》)

吴王反,欲从闽越,闽越未肯行。(《史记·东越传》)

不过,这只是按照其意义来说。我们可以说在这个地方,汉语具有动词功能的词,带有"使动"的意思,却没有"使动"的语法形式。而且,这种现象在现代口语中已不存在。

汉语中还有一种分合使动式。

分合使动式，即可以分开或合用的两个成分所结成的具有动词功能的词，当其合用时，表示使动的范畴，而当其分开时，则表示主体有某种动作或历程，这动作或历程的结果能使客体发生其他的动作或历程。第一个成分表示主体的动作或历程，第二个成分则表示客体因主体的动作而生的结果。比方说："我打死他。"在这句话中，"打死"是两个合用的成分，然而实际上只能看做一个词，一个具有动词功能的词。它带有使动的性质，因为它表示一个能使"他"死的动作。如果我们说："我打死他"，这里的两个成分是分开用的，意思是"我打，他死"，"打"的动作是"我"所发的，这个动作的结果，是"他死"。不过，依语法的结构来说，"他"字似乎仍是"打"的宾语，"死"表示结果，意即这种"打"是可以致死的打，所以实在说起来，仍是一种结构。不过因为两个成分可以分用，又可以合用，我们就称之曰：分合使动式。

戴遂良称这种词为 verbes modificateurs，他又把"说完了"、"看中了"等归入这一类。[①] 其实"打死"可以分用，而"说完"却不容易分用，即从意义的立场来说，"打死"的死是客物的"死"，而"说完"的"完"仍是主体的动作，如果把它看做动作的话，所以这是两回事，不能混为一谈。"完"和"中"等都是表示"体"的虚词，不属于分合使动式的一类。我们已经在讨论"体"的一章中提及[②]，现在不必再多说了。

分合使动词在口语中，常常可以看到。下面是几个例子：

一时见财起意，杀死丈夫，劫了钱。(《京本通俗小说·错斩崔宁》)

不知因甚缘故，将女婿斧劈死了？(同上)

喝一声"不是我，便是你，"两斧劈倒。(同上)

那两间草厅已被雪压倒了。(《水浒传》第九回)

若不是倒了草厅，我准定被这厮们烧伤了。(同上)

胳察的一枪，先搠倒差拨。(同上)

---

① *Chinois Parlé*, Manuel, pp. 75—78.

② 参阅《汉语语法论》第二编第六章。

原来这婆娘自从药死了武大,那里肯带孝?(《水浒传》第二十五回)

武松奔上前去,望那一个走的后心上只一拳打翻。(同上第二十九回)

我一头碰死了,也不出这门儿。(《红楼梦》第三十一回)

他没撕折了手,叫他自己搬去。(同上)

两拳打翻两个小喽啰。(《水浒传》第四回)

我赶走他。(《第二梦》第二幕)

“将”与“把”

在这里还有一个附带的问题可以讨论的。即:一般西洋人往往以为汉语有一两个虚词,如“把”、“将”等,是专门表示及物动词的宾语是accusative,而这宾语是放在动词之前的。例如:“我把他打了。”其实不然。我们知道“将”和“把”都是“拿”、“握”的意思。《太平广记·杜子春传》:“将军者后来,引牛头狱卒奇鬼神,将大镬汤,而置子春前。”这里的“将”字就是“拿”的意思的。《战国策·秦策》:“无把铫推耨之劳,而有积粟之实。”这里的“把”字也是具有动词功能的而有“握”的意思的。其实“将他丢在河里”的“将”和“把他打得半死”的“把”都还具有动词的功能,这两句话的意思是“拿着他,丢他在河里”,“拿着他,打得他半死”。只是把第二个宾语省略了。一个旁证是福州话的说法。表示这一类的句子,福州话则用 niek li(拿来),例如:køyŋ i niek li p‘a puaŋ si(共伊拿来拍半死——把他打得半死)。这其实并不是什么表示 accusative 的虚词,乃是具有动词功能的词,因为用惯了,意义淡了下来,就当做普通着重的说法,和英语 I do strike him 之 do 是一样的用法,我们却不能说英语之 do 是表示 accusative 的虚词。

(选自《汉语语法论》第二编“范畴论”第七章,商务印书馆,北京,1986 年)

规定关系

什么是规定关系？

句子是由句子要素组织而成的，句子要素的单位可能是词，可能是词与词的组合，或词组，可能是更小的句子之间的组合，现在让我们从词语与词语之间的关系来说明汉语的语法结构。造句法的着重点是词语与词语在句子中所生的关系，而不是每一个词独立存在时所特有的性质。这词语与词语的关系也表示关系语义，换句话说，也是看一个词语在其前后中的地位所代表的意义如何而说明其与前后邻所生的关系如何，这里所说的词指的是实词。

一个句子是一群有关系的词语的结合。我这里所谓的“句子”和英语所谓的 sentence 并不一样，和拉丁语的 sentencia 也有不同。英语、拉丁语所谓的 sentence，sentencia，按照一般语法学家的说法，必是表达一个完整的思想，而其句子必得有主语和谓语。但这种说法显然是受了亚里士多德哲学的影响，与一般语言所有的现象并不一致。原来就思想的背景来说，一个完整的意念(complete idea)并不一定非有所谓“完整的句子”(即有主语和谓语的句子)去表达不可。一个词未始不可以表达一个完整的意念。比方说，当我们看见一朵花时，我们说“花！”这虽然只是一个词，但是我们的意思已经整个地表达出来。一般硬要做成所谓“完整的句子”的语法学家也许要故意地把这句话写成：“这是花”；以为这样一来，这个句子之中就有了主语和谓语。然而这显然是人工的做作，事实上这一类的句子，到底是“这”为主语或是“花”为主语都成了问题。所以我们不必认为必有主语和谓语的组合才算是句子。凡是能够代表一个判断或完整的意思的，不论其用哪一种方式表达出来，我们都可以叫它做句子。当然当“花”字只代表一个单独地概念时，它就只是一个词，而不是句子。印欧语系中的梵语、俄语、希腊语平常都不用 copula，光光把名词放在主语名词旁边也就成为名句。我们不能说在这些语言中这一类的句子是有毛病的。汉语的系词常常是不用的，而光光一个名词又往往可以形成一个语言的单位。

在语流里头从其最小的单位说，是一个词；从其最大的单位说，是整段的话；从其在语流中的停顿而代表一个完整的意思说，是所谓句子。一个句子虽然不是整段的话，然而大半是许多词的组合则是毫无疑问的。这许多存在于句子中的词因为其同是句子的单位，彼此间必有关系。研究这些关系的情形实在是造句法的一个重要的工作。

词语和词语的关系，大体说来，可以分为两种：一是内在的关系，一是外在的关系。内在的关系就是两个词或语，在其所表达的意义上，发生了直接的关系，其中的一个词语范围了另一个词语的意义或给另一个词语一个归宿的地方。外在的关系就是两者所生的关系并不是直接的，不过是把两个词语很轻松地连在一起而已。比方说，在“红的花”这句话里头，“红”、“花”这两个词的关系，则是内在的，因为“红”给了“花”一个范围，说它只是红的花，而不是别的花。但在“你我”这个结构里，“你”、“我”的关系就是外在的，因为“你”既不能影响“我”，“我”也不能影响“你”，两者互不侵犯。这两种关系包括了一切词语所能有的关系。外在的关系以后再述，兹先谈内在关系。

汉语句中词语与词语的关系，其能生直接的影响者，可以说是只有两种关系；这两种内在的关系就是规定关系（relation of determination）和引导关系（relation of direction）。规定关系就是两个词语之中，有一个是受定者（determiné）或被范围的（qualified），而另一个则是规定（determinant）其他，或范围（qualifying）其他的[①]。比方说，上面所举的“红的花”就是一个例子。“红”规定“花”，“花”被“红”所规定。这种规定关系的范围很广，凡是西洋语法中所谓某某范围某某者，这前一某某就是规定者，而后一某某就是受定者。比方说，西洋的语法认为副词是范围动词或范围形容词或范围其他副词的，然而在汉

① 参阅《汉语介词之真价值导言》，第16—23页。

语中，副词既没有特殊的结构，就其“范围”其他词语这一点上说，它也可以说是规定者，例如：

A. 古文

天油然作云，沛然下雨，则苗浡然兴之矣。（《孟子·梁惠王上》）

若朋友交游，久不相见，卒然相睹、欢然道故。（《史记·滑稽列传》）

非不呺然大也。（《庄子·逍遥游》）

仁者浑然与万物同体。（《识仁篇》——《明道学案》）

B. 口语

这一问，大家全笑了。（《二马》第164页）

他真急了。（《骆驼祥子》第202页）

谁知道莲蓬都快老了。（《回家以后》剧本）

混帐极了！（《第二梦》第一幕）

我这里用手忙扶策，紧揝住头梢。（《元曲选·黄粱梦》第三折）

我这里款款的把衣襟解放，只见悠悠的魄散魂消。（同上）

义合遣我速去。（《敦煌掇琐》）

规定者不但是具有形容词功能的词和具有副词功能的词，就是具有名词功能的词和代词也都可以当做规定者，只要它在句子之中是用为规定句子中的其他词语的。比方说：“我这里用手忙扶策”一句中，“忙”固然是规定者，规定“扶”，“我”也未始不是，因为有了“我”，这“扶”的范围就规定了，意思是“我扶”，而不是“别人扶”。西洋语法中所谓的领格代词更是属于此类。例如“我的椅子”，“我”是“椅子”的规定者。具有名词功能的词如“天油然作云”中的“天”，及以具有形容词功能的词如“人种”中的“人”，也都是规定者。

规定关系诸形式

综上所述，我们可以把汉语词语之间的规定关系分为下列数种。[①]

（一）动句中的主语是规定者（加・的是规定者），而具有动词功能的词是受定者。例如：

A. 古文

公遣夏侯惇救之。（《三国志・魏志・武帝传》）

田城子有乎盗贼之名而身处尧舜之安。（《庄子・胠箧》）

民不畏威，大威至矣。（《老子》第六十章）

汝知之矣。（《列子・天瑞》）

B. 口语

儿只愁亲老。（《琵琶记》第四出）

老汉已知叔叔的意了。（《水浒传》第四十四回）

宝玉也点了点头儿不敢说。（《红楼梦》第二十二回）

（二）形容句的主语是受定者，而谓语是规定者。例如：

A. 古文

德厚性矼。（《庄子・人间世》）

德行者本也，文章者末也。（《抱朴子・尚博》）

君相贵不可言。（《汉书・高帝纪》）

魏国狭小，乏于圣贤。（《孔丛子・陈士义》）

寒烟细，古寺清。（马致远《寿阳曲・烟寺晚钟》）

B. 口语

管不得谁是有脸的，谁是没脸的，一例清白处治。（《红楼梦》第十四回）

温都太太的脸太那么红了。（《二马》第205页）

---

① 这里的分类是暂时的，是就其相当于西洋语法格局而言。“相当”云云并不是“相等”的意思，切勿误会。

今年的年是万过不去的了。(《老残游记》第十四回)

(三) 具有形容词功能的词(即相当于西洋语的形容词者)是规定者,而被其所约束的词是受定者。例如:

A. 古文

吾有老父,身死莫之养也。(《韩非子·五蠹》)

虽陨于深渊,则天命也。(《左传·哀公十五年》)

诸公要人争欲令出我门下,交口荐誉之。(韩愈《柳子厚墓志铭》)

则可谓至人矣。(《荀子·天论》)

良马非独麒骥,利剑非惟干将。(陆贾《新语·术事》)

B. 口语

许多名臣先夸佳说好的到此也自悔失言。(《京本通俗小说·拗相公》)

贤臣良将保銮舆。(《元曲选·赵礼让肥》第四折)

我还有一块凉牛肉,很好,你吃不吃?(《二马》第107页)

见是一个醉汉,便不理会过去了。(《红楼梦》第一〇七回)

这些真钞票是那里来的?(《好儿子》剧本)

(四) 表示占有关系的词(即相当于西洋语的领格者)是规定者,而被其所约束的词是受定者。例如:

A. 古文

山公大儿著短帢。(《世说新语·方正》)

汝南桓景。(《续齐谐记》)

汉太上皇微时,佩一刀,长三尺,上有铭。(《拾遗记》)

时孔融为北海相。(《三国志·魏志·邴原传》)

东阳郡永康县。(《述异记》)

B. 口语

常听我妹妹说道你们。(《二马》第145页)

现在的府尹,前任的兵部,是他们的一家。(《红楼梦》第一〇七回)

凌振人马已到,便来抢船。(《水浒传》第五十四回)

思想的压迫倒还好,只怕是外面的引诱。(《回家以后》剧本)

（五）约束具有动词功能的词的词（即相当于西洋语的副词者）是规定者，而被其所约束的词是受定者。例如：

A. 古文

豕人立而啼。（《左传·庄公八年》）

方生方死。（《庄子·齐物论》）

嫂蛇行匍伏。（《战国策·秦策》）

柴立其中央。（《庄子·达生》）

夏五月丁巳朔，日有蚀之，大赦天下。（《汉书·平帝纪》）

朕甚痛之。（《汉书·景帝纪》）

B. 口语

治好了，他就乱吃。（《老残游记》第十回）

只是今日儿有一件很要紧的事，回去还要见家父面回，实不敢领。（《红楼梦》第二十六回）

人家牵肠挂肚的等着，你且高乐去。（同上）

戴宗却把宋江吟反诗的事一一说了。（《水浒传》第三十八回）

我们约莫记得客长到被它打。（《张协状元》戏文）

（六）约束具有名词功能的词的词群（即相当于西洋语的关系代名词及其所领导的句子）是规定者，而被其所约束的词是受定者。例如：

A. 古文

旧居之庙毁而不修，褒成之后绝而不继。（《三国志·魏志·文帝纪》）

其议民欲徙寨大地者听之。（《汉书·景帝纪》）

亲于其身为不善者，君子不入也。（《论语·阳货》）

以道佐人主者不以兵强天下。（《老子》第二十六章）

B. 口语

武松原在衙里出入的人。（《水浒传》第三十回）

只见一个未留头的小丫头走进来。（《红楼梦》第二十六回）

我是热闹世界中一个畸零孤独的人。（《第二梦》第一幕）

（七）数目字是规定者而被数目字所约束的是受定者。例如：

A. 古文

地之东西二万八千里,南北二万六千里。(《管子·地数》)

三王以义亲,五伯以法正。(《商子·修权》)

闰月遣故廷尉王平等五人,持节行郡国。(《汉书·昭帝纪》)

B. 口语

那一个官司敢把勾头押?(《元曲选·鲁斋郎·楔子》)

有三个贼望东小路去了。(《水浒传》第十七回)

他手下又有二三十匹马,都带着洋枪,还怕甚么呢?(《老残游记》第四回)

少时,点了四出戏:第一出,《豪宴》;第二出:《乞巧》;第三出,《仙缘》;第四出,《离魂》。(《红楼梦》第十八回)

这只是方便的分法。这里所谓的"相当"并不是"相等",只是就其可以译成西洋语的语法功能而言。其实这种分法也是不健全的。因为翻译的语法功能,并不是真正的汉语语法。比方说,第五项所谓的相当于西洋的关系代词,就不大恰当。第一,汉语就没有关系代词,"武松原在衙里出入的人"固然可以译成 Wou-Sun est l'homme qui travaille dans le bureau, Wu Sun is a man who works in the bureau,但在我们看来,这里的"的"应当是"红的花"一样,不是一个关系代词。第二,这一句话也可以同样的译成 Wou-Sun est l'homme travaillant dans le bureau,这里的 travaillant 却相当于法语的现在分词了。因为有这些困难,而汉语又没有任何形态去表示语法成分的不同,这些用法又可以归纳在一个范围之下,而就词语与词语的关系而言,它们又是相同的,我们实在不必学西洋的办法,就统称这种词语的关系为规定关系,其中有一个规定者和一个受定者。在西洋语法中,一切用来 modify 另外任何一个词语的,就是我们这里所谓的规定者,而一切被另外一个词语所 modify 的,就是我们所谓的受定者。

规定关系与词语的地位

规定关系的词语地位,不同的语言各有不同的排布法。印欧语言中，英语的规定者多在受定者的前面：He is a good student，但一部分的副词（规定者之一种）却在动词之后：go quickly[1]。法语的规定者则多半排在后面，如：C'est une chanson française，但排在前面也不是没有，如：Il est un bon garçon，而法语作为主语的名词或代名词（亦是规定者之一种）则大体是在受定的词语的前面，除了是问句以外。在东方的语言中，泰语和越语的规定者大体在受定的词语之后，而汉语的规定者则多半是在受定的词语之前。不过论到这个地方，我们应当从形容句和动句两方面来说。拿形容句来说，汉语的规定者在古文里头有两种形式，普通的形式，规定者要在受定的词语之前，然而也有在被规定的语词之后的。如："王道平平"（《书·洪范》）、"车甚泽"（《左·襄二十八》）、"高楼七八座"之类。古文中规定者在受定者之后的，除偶然的用法，如"王道平平"之类以外，可以归纳为原则的，大体有两种，一是带有"数位词"的数目字或没有数位词的数目字，前者大体无例外，后者有时在受定者之前。例如：

> 吠勒国贡文犀四头。（《别国洞冥记》）
>
> 觅取清酒一榼，鹿脯一斤。（《搜神记》）
>
> 各取骨一片。（《酉阳杂俎》）
>
> 中言欠柴一千七百束。（同上）
>
> 有游子十二环之。（同上）
>
> 小儿露一金锥子击石。（《支诺皋记》）
>
> 求一职事。（《幽闲鼓吹》）

普通语法学往往把数目字分为基数（cardinal）与序数（ordinal）二者。这两者和名词或具有名词功能的词用在一起，都是一种约束者，所以都是我们所谓的规定者。在初期的古文里，两者在形态上没有什么分别。"其一、其二"就是"第一、第二"的意思。但"其"字还有"它的"的

---

① 在英语中，形容词和副词不但有形态的分别，同时也有词语地位的不同，然而汉语具有形容词功能的词和所谓"副词"，除了特殊的用处外既无形态之殊，亦无地位之异，副词与形容词之不必分别，这也是一个理由。

意义，而“一”、“二”则和基数的“一”、“二”没有不同。后来的“第一、第二”大约是从“第”（次第）和数目字合用来的。换言之，在这个地方“一”字还是一个平常的数目字，“第一”和“人马三千”一样，只是说明在次第之中，它是“一”的意思。后来成了习惯，就有序数的特殊意义，而“第”字也就成了序数的语法成分了。总之，在古文里，带有数位词和大部分不带数位词的数目字往往是在受定者之后的。

第二种是一些相当于西洋语用来约束形容词或其他副词的所谓“副词”。例如：

> 楚王汰侈已甚。（《左传·昭公五年》）
> 由光义至高。（《史记·伯夷传》）
> 名声出广下远甚。（《汉书·李广传》）
> 丞相言灌夫家在颍川横甚。（《史记·灌夫传》）
> 不通姓字粗豪甚。（杜甫《少年行》）
> 舟子喜甚无氛埃。（同上）

这种情形在现代的口语多不存在。我们现在不说“人马三千”，而说“三千人马”；我们不说“高楼七八座”，而说“七八座高楼”；我们不说“章第一”，而说“第一章”。我们不说“好甚”，而说“很好”。然而，这并不是说这种情形完全不存在。我们现在还说“拿破仑第一”，不说“第一拿破仑”，这是因为这两句话的意思不同，只好保留古代的形式，以求有别。我们现在还说“好极了”、“慢极了”。[①] 大约在口语中只有“极”字可以放在被它所规定的词语之后。[②] 这大约是因为“极”字是直接翻译古文的“甚”字，就学古文的办法，放在后面。汉语不但有古音之存于口语，同时也有古代语法之存于口语中，此即一例。

此外，无论是古文或是口语，用规定者作谓语的形容句，这个规定

---

① 有的时候，我们也可以说“极好”，但这不是一般的说法。

② 口语中还有“很”字可以放在后面的，但其情形与此不同。“很”只能在加“得”（或作“的”）的情形下放在后面。如：“好得很”。但我们却不能说“好很”。“得很”是另外的问题，我们已经在《汉语语法论》第二编范畴论讨论过，这里就不再详细地说明了。

者的地位总是在受定者之后的。这是因为这个规定者不但规定词语，而且是一个完整的判断中的谓语，它的功用有特殊的地方，所以地位也和平常的规定者不同。

拿动句来说，无论是古文或是现代的口语，都有两个方式。动句中规定者之在受定者之前的，有：

A. 古文

君是以不果来也。（《孟子·梁惠王下》）

大器晚成。（《老子》）

故有我善，则立誉我；我有过，则立毁我。（《管子·小称》）

童子隅坐而执烛。（《礼记·檀弓》）

且子亦太早计。（《庄子·齐物论》）

B. 口语

紧对着锺离。（《岳阳楼》第三折）

喽啰里走出行者武松，轮两口戒刀，直奔将来。（《水浒传》第六十回）

张顺见不是头，扑通的先跳下水去。（同上第六十三回）

咱们悄悄进去，吓他们一跳。（《红楼梦》第五十四回）

我也不敢妄想了。（同上）

我不是私来，早间与你物事的教我来。（《京本通俗小说·志诚张主管》）

希周慌忙抱住，夺去其刀。（《京本通俗小说·冯玉梅团圆》）

把十年灯窗下勤苦的工夫尽力一战。（《五代史平话·梁史上》）

动句中规定者之在受定者之后的，有：

A. 古文

王之好乐甚。（《孟子·梁惠王下》）

名声出广下远甚。（《汉书·李广传》）

从塞以南，径深山谷，往来差难。（《汉书·匈奴传》）

陈胜王凡六月。（《史记·陈涉世家》）

孔子循道弥久。（《史记·孔子世家》）

B. 口语

祥子跑得更快了。(《骆驼祥子》第13页)

他把这四个字说得那么诚恳,自然。(《二马》第61页)

跟着微微一笑,笑得和天上的仙女一样纯洁和善。(同上第337页)

话已说得不少了,酒也喝得够了,最好吃饭罢。(《回家以后》剧本)

家有贤妻,见得极明。(《水浒传》第二十五回)

此位胡正卿极写得好。(同上)

贾母听他说得伤心。(《红楼梦》第一百七回)

众儿郎都把那麻衣搭紧。(《昊天塔》第三折)

另外按动句的主语与谓语的关系,规定者(主语)总是在受定者之前。这是平常的道理,也用不着举例说明。

传递式规定关系

规定的关系可以传递的。这就是说可以甲规定乙,乙规定丙,丙规定丁……而至于无穷。例如:《墨子·非命篇》云:"不识昔也三代之圣善人与,意亡昔三代之暴不肖人与?""三代之圣"与"三代之暴"都是有两个传递的规定关系:"三"规定"代",而"三代"又规定"圣","三"规定"代",而"三代"又规定"暴"。传递的规定关系大别之,有下面几种:

(一)三个或三个以上的词,每一个词都是表示独立的事物。例如:"他的儿子的先生的儿子。"

(二)三个或三个以上的词,其中和最后受定者最接近的规定者是表示性质的。例如:"他的好看的衣裳。"

(三)三个或三个以上的词,最初的规定者或与最后的受定者离得较远的规定者是表示性质的,而与最后的受定者最接近的词却表示一个事物。例如:"我的最好看的衣裳的颜色。"

(四)四个或四个以上的词,其中的前一部有规定者规定受定者的性质,其中的后一部亦有规定者规定受定者的性质,而合在一起,前部又是后部的规定者。例如:"那个最有学问的女人的最难看的脸孔。"

（五）三个或三个以上的词其与最后受定的词最接近的规定者是表示性质的，但又被另外的规定者规定此性质之程度或样子等等。例如："浅红的被单。"

上面已经说过在现代口语中，动句的规定者有的时候是放在具有动词功能的词之后的。这放在后面的也有三式：

（一）具有动词功能的词之后加一"的"字。例如："走的慢。"

（二）具有动词功能的词之后加一"的"字而规定者之后也加一个"的"字。例如"走的慢慢的。"

（三）规定者之后又加上规定者时，则句末的"的"字不见。例如："走的慢极了。"

在这里又引起了一个问题：即"走的慢"的"的"字到底是不是规定虚词？有人以为这里的"的"字也是规定虚词，以为这里的"慢"字应当作为具有名词功能的词解。"走"规定"慢"。怎么样的"慢"？这是"走"的"慢"，不是别种的"慢"。这种解释未尝不可以通，但是按照我们的了解，"走"明明是具有动词功能的词，而这个句子也明明是动句。所以我们应当把"慢"字看做"走"字的规定者。"慢"字既然是规定者，"走"字既然是具有动词功能的词，则"的"字到底是什么呢？我们以为这地方的"的"表示可能的程度，意思是"走到慢的程度"。"走的慢慢的"也是"走到慢慢的程度"的意思，"走的慢极了"也就是"走到非常慢的程度"的意思。这虽然和规定虚词的"的"字是同样的字，而实际上是两个不同的词。这种"的"字在现代口语中往往写成"得"。我以为"得"字是更合理的。在这种场合下，福州方言并且还用 kau（到），例如 kiaŋ kau ja mɛiŋ。

（选自《汉语语法论》第三编"造句论"第一章，商务印书馆，北京，1986 年）

引导关系

什么是引导关系？

当两个有关系的词语放在一起时，如果其中的一个表示一个事物，而这事物是历程所归止的方向，这种关系就是引导关系（relation of direction）。引导的意思就是把历程引导到一个归止的方向上。例如，我们说“进城”这“城”就是一个方向，而“进”就是被“城”所引导而归止于“城”的历程。在引导关系中，作为方向而引导历程的词语，我们称它为引导者（directing term），而表示被引导的历程的词语，我们称它为受导者（directed term）。引导者必得是一个具有名词功能的词语，相当于一般语法学家所谓的宾语，而与马建忠所谓的“止词”也颇相类。马建忠解释“动词”，认为“动词”是记“行”的。他又在“动词”之中分为“外动”与“内动”，（按：即我们所称的及物动词与不及物动词。参阅《汉语语法论》第二编第七章。）认为外动是“其动而直接乎外也”，而“凡受其行之所施者曰止词”[①]。马建忠这里所谓的“止词”显然是西洋语法中“直接宾语”的意思。他另外又在解释“内动”的地方，说：“凡行之留于施者之内者曰内动字，内动之行不及乎外，故无止词以受其所施，内动之不得转为受动者此也，而施者因内动之行，或变其处焉，或著其效焉，要不能无词以明之，是即所谓转词也。”[②]这里所谓的“转词”显然就是西洋语法中的间接宾语。在这里，我们姑且先把外动内动的问题留于后面讨论，先谈一谈所谓“止词”和“转词”的分别到底是怎么一回事。马建忠所谓的“转词”是直接译自西洋语法中之所谓 indirect object 或

---

① 《马氏文通》第四卷，第 1 页。

② 同上书，第 31 页。

indirect complement 的，其意义最少有两个，一是其所谓“内动字”的宾语，一是其所谓“外动字”的直接宾语之外的第二个宾语。我们再按汉语语法来看，觉得这种分法并不妥当。西洋人所说的直接宾语和间接宾语的分别，就在乎前者没有介词为介，而后者则非有介词不可。比方说 I tell him 之 him 是直接宾语而 I speak to him 之 him 则为间接宾语。然而，如果在英语中，人家说 I speak him，那就不通了。可是汉语语法就不然。汉语中的“止词”和“转词”就很难分别。《马氏文通》之举《孟子》“过宋而见孟子”[①]为例，而谓“宋”为“转词”就是他自已到了这个地方不能自圆其说的证据。以形式言，“过宋”与“信吴”（王唯信吴）[②]并无丝毫的不同。实在说起来，这两个词（“宋”与“吴”）都是历程所归止的方向，我们都可以称之曰引导者。即使有的时候，在这一类词的关系之中可以加上一个虚词，如《庄子·秋水篇》“吾非至于子之门则殆矣”。然而第一，这和规定关系之加“的”或“之”一样，是帮助关系的表明；第二，这和英语之加介词不同，英语不加介词就不通，而我们却可以取消“于”，而言“吾非至子之门则殆矣”。第三，这里虚词的去取在乎调和音节，而不是表示意义的不同，或语法范畴的殊异。所以这一类的词我们都叫做“引导者”。我们试举几个例子：

A. 古文

搦髓脑。（《史记·扁鹊传》）

天倾西北。（《淮南子·天文训》）

侍中诸侯贵人争欲揖章。（《汉书·游侠传》）

遂杀公若。（《左传·定公十年》）

齐桓公合诸侯而国异姓。（《史记·晋世家》）

是故知命者，不立乎岩墙之下。（《孟子·尽心上》）

夫为天下者亦奚以异乎牧马者哉！亦去其害马者而已矣。（《庄子·徐无鬼》）

隳枝体，黜聪明，离形去知，同于大道，此谓坐忘。（《庄子·大宗

① 《马氏文通》第四卷，第 32 页。

② 同上书，第 6 页。

师》)

然夫士欲独修其身,不以得罪于比俗之人也。(《荀子·修身》)

B. 口语

他守青灯,受苦辛,吃黄齑,捱穷困。(《元曲选·秋胡戏妻》第一折)

你看那龙争虎斗旧江山;我笑那曹操奸雄。(《元曲选·岳阳楼》第二折)

就当日杀牛大会。(《大宋宣和遗事》亨集)

敬瑭恳求朝廷求添兵运粮。(《五代史平话·晋史上》)

兄弟与你报仇,杀了奸夫和淫妇。今日就行烧化。(《水浒传》第二十五回)

还有一款是强占良民妻女为妾。(《红楼梦》第一百五回)

所以做官的切不可率意断狱,任情用刑。(《京本通俗小说·错斩崔宁》)

收拾细软家财,打做两个包裹,夫妻各背了一个。(《京本通俗小说·冯玉梅团圆》)

但这并不是说一切的虚词都是可以去掉的,事实上,有的虚词是去掉不了的,有的却不能加虚词;一去掉,一加上,句子就不通。例如:“季氏旅于泰山”(《论语》),这里头的“于”字就不能去掉。又如上面“过宋而见孟子”的“过”字之下,“于”字是加不上去的,就是其他任何的虚词也都加不上去。在这个地方我们又得回过来讨论所谓“外动”和“内动”的问题。原来,按照形态的角度来说,汉语并没有内外动词的分别,因为汉语这一类的词并不像西洋语的动词似的,是内动的就不能用在外动的情形下,是外动的就不能用在内动的情形下。汉语这一类的词既可以当做所谓“内动”用,也可以当做所谓“外动”用。就是上面所说的“旅”和“过”,也可以随便用,我们可以说“经宋而过”,也可以说“旅之泰山”。只是就上面的句子结构而言,“过”字之下不能加虚词,“旅”字之下不能去虚词而已。这不能去掉或不能增加的理由是因为当这个词用在句子中的时候,它的意义确立了,它的功能也就固定了。我们可以说在某特殊的情况下,它具有内动的功能,在某特殊的情况下,它具有外动的功能。然而，这并不是说汉语的词，本来有内动和外动的分别。其实就在西洋的语言中，也并不是一切动词都有内动和外动的分别，如英语的 speak 就是一例。我们可以说 He speaks，也可以说 He speaks French。不过西洋的大半动词都有内外的分别，而汉语这一类的词则没有不是可以两用的。可以两用就是没有分别。

王力常常以本性、准性与变性三个字眼来说明汉语的词类。他以为汉语的"动词"也有内动外动的本性的分别，不过在特殊的情况下可以变性而已。比方说，在"内动词"的后面加上一个宾语，就变成"外动词"。[①] 例如："小子鸣鼓而攻之可也"，"今我逃楚，楚必骄"中的"鸣"和"逃"，在他看来，本来都是"内动词"，因为后面加上一个宾语的"鼓"和"楚"，就变成了"外动词"。这种说法颇有疑问。原来动词之是否内动或外动，本来要看它可以不可以加宾语而定。如果一个动词的用法必得加宾语，它就是外动词，如果不能加宾语，它就是内动词。如果我们要看"鸣"和"逃"字到底是"内动词"或是"外动词"，我们就须看它是不是必得加宾语或不得加宾语而定。然而这两个字既不是必得加，又不是必不得加，要看情形如何而定。实在并没有什么本性，以抽象的"鸣"和"逃"来说，它们原没有什么"内动"和"外动"。以它们之用在句子的实际情形来说，它们既可以具有内动的功能，也可以是具有外动的功能。我们实在不能说它们的本性是"内动"或是"外动"。如果我们一定要说的话，也只能说它们既是"内动"又是"外动"，或既不是"内动"，也不是"外动"。"鸣"、"逃"之是否"内动"或"外动"完全要看他们在句子中的情形而定，并不能说它们本来是"内动"，因为果尔，我们也可以说它本来是"外动"。何况汉语的这一类词本来就连动词都说不上呢。

引导关系的种类

由词语所代表的意义来说，引导者大体可以分为两类，一是表示一般的事物的，即西洋所谓的 object(宾语)，一是表示空间的方向的。一

① 《中国语文概论》，商务印书馆，第 52 页。

般事物和空间都可以作为历程的归止方向。如上面所举的“搦髓脑”，“髓脑”就是一个引导“搦”历程的事物；“天倾西北”，“西北”就是引导历程“倾”的空间方向。当然在具有动词功能的词独用而没有引导者的时候，引导的关系也就不存在了。如：

A. 古文

百姓昭明。(《书·尧典》)

岂敢惮行，畏不能趋。(《诗·小雅·绵蛮》)

是固当反。(《史记·黥布传》)

则哀将焉而不至矣！(《荀子·哀公》)

惠然肯来。(《诗·邶风·终风》)

大夫皆曰不可，勿听。(《孟子·梁惠王下》)

老人儿啼。(《史记·循吏传》)

高皇帝与诸公并起。(《汉书·贾谊传》)

以手护膝而死。(《赤雅·印娘》)

B. 口语

三人同行，小的苦；再不须大叫小呼。(《元曲选·蝴蝶梦》第二折)

却教俺怎支持？怎发付？怎结束？(《元曲选·谢金吾》第二折)

只一头撞将去，争些儿跌倒。(《水浒传》第二十四回)

此时亲随的人都服事得厌烦，远远地躲去了。(同上第三十回)

忙忙的各自分头去。(《红楼梦》第四十三回)

我要歇了，你请去罢，明日再来。(同上第四十五回)

小人听得叔叔教诲，敢不遵从？(《五代史平话·汉史上》)

可怜崔宁和小娘子受刑不过，只得屈招了。(《京本通俗小说·错斩崔宁》)

张员外从下至上看过，暗暗地喝采。(《京本通俗小说·志诚张主管》)

西洋人所谓的间接宾语(indirect object)实在有两个意思。一是第二个宾语，即直接宾语以外的第二个宾语。例如：英语 I write him a letter 或 I write a letter to his brother。在这两句中，him 或 his brother 是 letter 以外的第二个宾语,它和 write 的关系是间接的,因为没有它,句子也能成立。另外一种间接宾语,就是所谓"内动词"(intransitive verb)的宾语,必得加一个介词于其上的。例如:法语的 Je vais à la ville。这种间接宾语实在只是副词的一种。以汉语的语法论,我们可以把作为第二宾语的间接宾语和作为内动词宾语的间接宾语合在一起算,都是带有"介词"的词组。它的作用是和规定者一样的;以西洋语的语法论,都是一种副词,以汉语的语法说,都是规定者。

西洋语的间接宾语可以不加"介词",如:I write his brother a letter 或 Je lui écris une lettre。但其所以不加的情形各语言亦不相同。法语只能把代词放在动词之前,而用间接宾格 lui 表示之,却不能把名词放在动词之前。英语则名词与代词皆可,但必放在动词及直接宾语之间,如果放在直接宾语之后,则非加上介词不可。汉语的语法就不然了。我们非加上一个所谓"介词"不可。这"介词"的地位是看间接宾语所代表的是第二宾语或所谓"内动词"的间接宾语而定;前者是放在动词之前的,后者则前后皆可。例如:"我给(替)他写一封信。""一封信"是直接宾语,"他"是间接宾语而加上一个介词"给"者,"给他"是放在动词"写"之前的。"我写一封信给他",也可以说,但意思是不同的,语法的构造也不一样。在这个句子里,"给"字是第二个具有动词功能的词,而不是"介词"。"我住在北京大学",在这个句子中,间接宾语和"介词"的组合可以放在具有动词功能的词之前,也可以放在它后面。我们可以说"我住在北京大学",也可以说"我在北京大学住",我们可以说"我去到城里",也可以说"我到城里去"。这里要我们注意的一点,就是这第二个宾语和所谓"内动词"的间接宾语都应当认为是规定者,它和具有动词功能的词的关系是规定关系,而不是引导关系,不过它和别的规定者不同,因为它是一个词组,而这词组的本身却是由引导关系组织而成的①。

---

① 这就是指由所谓"介词"和其宾语所组成的语丛而言。关于汉语介词的性质,"汉语的受导词"一章有详细的讨论。

引导关系与词语的次序

关于词语的次序问题，我们也有一个很有趣的情形。上面已经说过，在引导关系之中必有一个引导者和一个受导者。在我们所引的例子之中，引导者总是在具有动词功能的词之后的。然而这并不是说一切的引导者都必得如此。在文言文里头，我们知道一切作为宾语用的代词都可以放在具有动词功能的词之前。如：

匈奴必以我为大将军之诱，不我击。（《史记·李广传》）

虽使五尺之童适市，莫之或欺。（《孟子·滕文公上》）

狂者伤人，莫之怨也，婴儿詈老，莫之疾也。（《淮南子·说林》）

莫我知也夫！（《论语·宪问》）

内省不疚，夫何忧何惧？（《论语·颜渊》）

泰山其颓，吾将安仰？梁木其坏，吾将安放？（《礼记·檀弓》）

季子虽来，不吾废也。（《史记·魏公子传》）

惟汝予同。（韩愈《平淮西碑》）

惟我保汝，人皆汝嫌。（韩愈《送穷文》）

这种情形，在具有反身动词功能的词及具有互反动词功能的词的宾语里更是显而易见。例如：

夫人必自侮而后人侮之，家必自毁而后人毁之，国必自伐而后人伐之。（《孟子·离娄上》）

拳拳之忠，终不能自列。（《汉书·司马迁传》）

公则自伤，鬼恶能伤公？（《庄子·达生》）

分财则多自与。（《史记·管仲传》）

小生乃欲相吏耶？（《汉书·朱云传》）

钻穴隙相窥，逾墙相从。（《孟子·滕文公下》）

鸡犬之声相闻。（《老子》）

不过在现代口语中，这情形就不同了。平常的宾语代词必须放在具有动词功能的词之后。如“我打他”绝不能说成“我他打”。就是具有反身动词功能的词,也不是和古文一样。现代口语中所有的“自欺”、“自骄”等等,一来不外是古文之存在于口语中的“书语”;二来不外是把“自欺”、“自骄”等等当做一个词看待,并无引导关系;三来口语中尚有“他自己骗自己”的形式,这里的第一个“自己”乃是“他”的对注者,有类法语的 Lui,il se trompe,并不是“骗”的宾语,只有第二个“自己”才算是真正的宾语,它是引导者。至于具有互反动词功能的词之中的“相”字,则是另外的问题,“他们相打”的“相”字,事实上是“打”的规定者,不能当做宾语解。

引导者在受导者之前的,除代词之类以外,还有很多的例子。

A. 古文里表示历程发生的地方的。

> 夫马陆居,则食草饮水。(《庄子·马蹄》)
> 上古穴居而野处。(《易经·系辞》)
> 因就白石山居。(《太平广记·白石先生》)
> 我东曰归,我心西悲。(《诗·豳风·东山》)

这里的引导者“陆”却在“居”之前。在古文里,代表历程发生的地方的词往往可以放在表示历程的词之前。我们说:“山居之人”、“穴居野处”、“海军陆战队”、“南征北讨”、“东流之水”。这些都是代表历程或动作所在的地方,都是放在受导者之前的。但这也不是说一切这一类的都可以这样用,我们说“去楚适齐”,却不能说“楚去齐适”。这是习惯所使然,不是我们所能解释的。在现在的口语中,这一类用法的痕迹还存在。我们可以说“山里住的人”,也可以说“住山里的人”。但这种例子也可以说是规定具有动词功能的词的规定者,果尔,则“陆居”就有“陆之居”之意。

B. 古文里为着着重起见而把引导者放在前面的。

> 己所不欲,勿施于人。(《论语·颜渊》)
> 夫子之文章,可得而闻也。(《论语·公冶长》)
> 夏礼吾能言之,杞不足征也;殷礼吾能言之,宋不足征也。(《论语·八佾》)

天下遗文古事，靡不毕集。(《史记·自序》)

老者安之，少者怀之。(《论语·公冶长》)

C. 口语中为着着重起见而把引导者放在前面的。

人肉把来做馄饨馅子。(《水浒传》第三十五回)

客到时，果品酒馔，只顾将来，不必要问。(同上第九回)

说甚么棺材要两口。(《红楼梦》第九十二回)

妈妈这话说错了。(同上第九十五回)

马先生，种族的成见，你我打不破，更犯不上冒险的破坏！(《二马》第397页)

再说这点钱也不能我一个人独吞了，伙计们都得沾补点儿，不定分上几个子儿呢！(《骆驼祥子》第133页)

肉丝用什么炒？(《好儿子》剧本)

这个话说迟了。(《少奶奶的扇子》第四幕)

这一类的句子有的人以为不是词序的倒置，而是用被动式来做规定主语的"形容词"的。我们暂时不必讨论被动式之是否存在于汉语。当然用翻译的办法，我们未始不可以把"这点钱也不能我一个人独吞了"译成"这点钱也不能是我一个人独吞了"，意思是"不能是被我一个人所独吞"。这里的"是"是系词，因此这句子就变成形容句，而不是动句，而词语间的关系也变成了规定关系，而不是引导关系。然而也不尽然。第一，我们不能以翻译的意思来解释语法的形式。第二，平常说这一类句子的时候，分明是把引导者放在后面的，这倒置分明是因为着重。第三，这一类的句子多半可以有另外的主语。"这句话说迟了"，分明是"这句话我说迟了"的意思，至少这后一句是可能的说法，而在这情形之下，是无论如何也不能把它看做形容句的。

(选自《汉语语法论》第三编"造句论"第三章，商务印书馆，北京，1986年)

外在的关系

两个词语发生关系而不影响句子的构造，也不使彼此的范围发生变动的时候，这种关系就叫做外在的关系。外在的关系又可以分为三种：一种是对注关系，一种是并列关系，又一种是联络关系。两个词语发生关系的时候，如果其中的一个词语对另外一个词语加以注解，这两个词语之间的关系就是对注关系。例如："中华人民共和国主席毛泽东"，"毛泽东"就是给"中华人民共和国主席"加以注解的。如果两个词语同时存在于同一个词群之中而有同等地位的，这两个词语所生的关系就是并列关系。例如："劳资两利，公私兼顾"，"劳"和"资"，"公"和"私"都以同等资格存在于这个词群之中。又如果两个词群可以互相呼应，互相联络，而除去联络的语法成分之后就可以各自独立的，这种关系就是联络关系。例如："要是他不来，我就去。"我们再把这三种外在关系加以分析。

甲、对注关系　在对注关系之中，对注者只是解释受注者，并不范围受注者，只是用另一个词语去说明受注者而已。正因为这个道理，对注者和受注者在语法上的价值必得是相等的，换言之，如果受注者是主语的话，对注者也必得是主语；如果受注者是宾语，对注者也必得是宾语。它所以是外在的关系，因为它的存在不存在对于句子的基本结构不生影响。例如："右丞相陈平患之"，"陈平"是对注者，注明右丞相是谁，但是没有它，"右丞相患之"也可以成为句子。"陈平"和"右丞相"在这里，同是句子里的主语。又如："乃遣其子宋襄相齐。""宋襄"是注明"其子"的，解释"其子"为谁。没有"宋襄"，"乃遣其子相齐"也可以成为句子，"其子"是句子里的宾语，于是，"宋襄"也是句子里的宾语。对注者也可以是词组。例如："诸葛瑾，诸葛亮的哥哥，是个有名的人物。"对注关系是许多语言所共有的现象。英语的 The owner of the village, a widow, had a unique son(农村的业主,一个寡妇,有一个独生的儿子),法语的 Napoleon, Empereur de la France, était vaincu à Waterloo(拿破仑,法兰西的皇帝,在滑铁卢战败)之类都是例子。

必须注意的就是对注关系和规定关系不同。“毛泽东主席”和“主席毛泽东”是两个不同的结构。前者是规定关系,“毛泽东”给主席加以范围,说明这是“毛泽东主席”,不是别一位主席;而后者却是对注关系,拿“毛泽东”去注解“主席”。对注关系的第一个词语,或受注者,必得是个意义上比第二个词语或对注者空泛的词语,“主席”是比较空泛的名词,因为我们还可以有别的主席,于是就拿“毛泽东”去注解,说明我们所说的主席就是“毛泽东”。所以,对注关系的对注者往往是插进去的。在说话的时候,对注者和受注者之间往往有个停顿。例如:“主席,毛泽东,到莫斯科去了”,而“毛泽东主席”就多半是一口气说下去的。正因为这个道理,代词后面往往有一个对注者。例如:“他,毛主席,告诉我们说……”因为“他”指的是谁,未免太空泛,加上一个对注者就明白了。当然,有的时候,因为对话人的特殊知识,我们也可以有对注者比受注者更空泛的情形,但事实上,在对话者看来,这对注者仍然是更特殊的,因为这是他所知道清楚的。例如:“林启平,我的老师,是个好人。”你只知道他是我的老师,并不知道他叫林启平,更不知道林启平是谁,因此说到“林启平”时,我要拿你所知道清楚的“我的老师”去注释林启平,“我的老师”尽管比林启平空泛,但是在这特殊的环境里却是更具体的。

我们也不要把对注关系和着重的复叠混为一谈。我们可以说“我,我清楚地知道他的作风”。有的时候,我们还有一种方式,即:“王国维,他是一个学者。”“林启平,他太伟大了。”这里的“王国维”和“林启平”并不是和“他”发生对注关系,而是一种着重的复叠,跟“我,我清楚地知道他的作风”的第一个“我”是同样的情形。这不能够算是对注关系,因为比较空泛的词语(代词)反而在后面,显然没有对注的作用。

乙、并列关系　两个或两个以上的词语在同一的结构里并排起来,就是并列关系。这种关系是外在的,因为它们是各自独立的,谁也不影响谁,而且去了其中的一个词语,句子也能够成立。并列关系可以从词、词组和分句三方面来讨论。两个或两个以上的不同而独立的词同时存在于句子之中表达同一语法功能的,就是词的并列。例如:汉语的“笔墨是读书人的法宝”,“红绿的颜色是最常见的”,“晋楚不务德而兵争”,“是晚宝玉李嬷已睡了”;又如:英语的 Students and teachers, all admire him(先生们和学生们都崇拜他),I speak Chinese and French(我说汉语和法语),法语的 Lui et moi, nous sommes tous les deux deçus(他和我,我们两个人都上了当),Je veux du thé et du pain(我要茶和面包)。

词和词的并列关系,不能够和复合词混为一谈。例如:汉语的“大小”可能只是一个复合词,并不是并列关系,因为“大小”可能只是英语 size 的意思,既不是“大”,也不是“小”,更不是“大和小”。这是一个复合词,因为它只代表一个意义。可是,“大小”有的时候也可以是并列关系,“大小儿郎听分明”的“大小”就是并列关系。在汉语里,一般情形,凡能够在词和词之间加上一个连词的就是并列关系。例如“大和小是量的问题”。

词和词的并列关系,无论为数多少,都得有同样的语法功能或语法价值。是名词或具有名词功能的词,就都得是名词或具有名词功能的词;是动词或具有动词功能的词就都得是动词或具有动词功能的词;是形容词或具有形容词功能的词就都得是形容词或具有形容词功能的词;是主语就都得是主语;是宾语就都得是宾语等等。例如:“林先生、王先生来了”,“我要看老高、老郭去”,“深浅的书我都念”,“他又跑又跳地走了”。

词组和词组之间也可以有并列关系。例如:汉语的“他在你背后,在我面前胡说”,“衣身之偏,握兵之权,在此时也”,“为京师士庶设诡异之观,戏玩之具耳”;英语的 I came before you, after him(我在你前面,在他后面走路);Living in China, studying Chinese culture, he has gradually become a real Chinese(住在中国,研究中国学问,他就这样的渐渐地变成了地道的中国人);法语的 D'après mon observation, d'après mon analyse, c'est bien un cas sérieux(根据我的观察,根据我的分析,这的确是一桩严重的事情)等。在这种关系之中,语法的功能也必须是同一的。

分句和分句也可以并列起来，例如：汉语的“靡不有初，鲜克有终”，“鸟之将死，其鸣也哀；人之将死，其言也善”，“你放心，我自有道理”；英语的 He likes me and I like him（他喜欢我，我也喜欢他）；法语的 Lui, il est mon élève, et moi, je suis votre élève（他是我的学生，我是您的学生）。这种并列关系，在汉语方面特别的多，因为我们喜欢对对子，对对子就是把两个分句并列起来。

词也可以和词组并列起来，只要并列的各端都具有同样的语法功能。例如：“父亲，那个喜欢说笑话的老高，我，我的弟弟，我们都走了。”“毛主席，伟大的中国共产党，领导我们进行社会主义建设。”

并列关系的词、词组或分句之间都可以加上一个连词，但是不加也可以，要看各种情形，各种语言的规则如何而定。汉语的情形是平常不大用连词，用起连词来也不一定要放在最后的两个语言成分之间。例如《水浒》的“鱼及酒肉”。不过现在的趋势已经渐渐地改变了：一般的规律，连词要放在最后的两个关系者之间。汉语的连词相当的多，如“跟”、“和”、“共”、“同”、“并”、“及”、“与”等等。更特殊的，就是这些连词都含有动词功能的意味。欧洲语的情形，在一大串的并列关系之中，最后一个并列关系之间大半加上一个连词。例如：英语的 My father, your father and his father, they are all high school teachers（我的父亲，你的父亲和他的父亲，他们都是中学教师），法语的 Lui, moi et toi, nous sommes tous convaincus（他，我和你，我们都被说服了）。但是有的时候，也可以因为着重或其他的原因把连词加在别的地方。例如：英语的 Workmen and peasants and students gathered immediately in the place（工人们、农民们和学生们，立刻到广场上来集合）。

还有一种并列关系是抽选的并列关系，也就是表示两者必居其一的意思。这种并列关系在各语言里都有抽选的连词去表示。例如：汉语的“我来或者你来，总得有一个来。”有的时候，形式上是抽选的并列关系，事实上却是平常的并列关系。例如：“我或你，或他，都是好人。”有的时候，形式上是平常的并列关系，事实上却是抽选的并列关系。例如：“我跟你，总得有一个人去。”在这种情形之下，我们可以称之为“形式上的抽选并列关系”或“形式上的并列关系”。

丙、联络关系　两个语言成分排列起来而有相承的意义的，我们管它叫做联络关系。这种关系是外在的，因为被联络的两端都是独立存在的，只是彼此发生联络而已。比方说，“你来，我去。”“你来”和“我去”都可以独立存在，但是其中却有联络，因为“我去”是以“你来”为条件的。

联络关系多半存在于分句和分句之间，但是词和词之间，词组和词组之间的联络关系也是有的。例如：“这是平而不均的。”“前进而有偏向也是不好的。”“平”和“不均”并不是并列起来，而是联络起来的。不过大多数的联络关系总是发生在分句和分句之间的。这种关系多半用承接词来接上承下。把这承接词加在分句前头的时候，这分句就非有其他的分句和它联络不可，因此这种关系也可以说是从属关系。传统的语法学家就称之为从属分句。例如：英语 If you come, I will not come(如果你来，我就不来)。加上一个 if，第一句的 you come 就和第二句的 I will not come 发生了联络关系。其实这 if 是联络前后两个分句的虚词，我们不妨称之曰“承接词”。如果把这承接词去掉的话，前后两个分句就都是独立的，无所谓从属不从属，次要分句和主要分句了。这种承接词在汉语方面并不是必要的。我们可以说“如果你来，我就不去”，也可以说“你来，我不去”。汉语的承接词又有很多。例如：“虽然他不懂得我，我可懂得他。”这里的“虽然”和“可”都是承接词。

联络关系所表示的有各种意义，大体上说，可以归为六类：

1. 表示前后分句意义相背的。例如：“陈平可，然难以独任。”“周勃重厚少文，然安刘氏者必勃也。”“小人死不足惜，但只是小人哥哥武大含冤地下，枉了性命。”

2. 表示前后分句的因果关系的。例如：“大国制义以为盟主，是以诸侯怀德畏讨，无有贰心。”“因傅秋芳有几分姿色，聪明过人，那傅试安心仗着妹子，要与豪门贵族接亲，不肯轻易许人，所以误到今日。”“因为他不喜欢看戏，所以我也就不请他来看了。”

3. 表示前后分句的条件关系的。例如：“苟嗣子可辅，则辅之；如其不才，君可自取。”“若问汝，汝但拜之，慎勿言也。”“要说谢我，那我可是不想的啊！”“若是都头肯去落草时，小人亲自送至二龙山宝珠寺，与鲁智深相聚入伙，如何？”

4. 表示前后分句的选择关系的。例如：“齐师克城而骄，其帅又贱，遇必败之，不如从齐。”“不是小人多心，比及都头去牢城营里受苦，不若就这里把两个公人做翻，且只在小人家里过几时。”“嘴乖的也有一宗可嫌的，倒不如不好的好。”

5. 表示前后分句的意思加强的。例如：“思其人犹爱其樹，况用其道而不恤其人乎？”“他不但不去管约，反助纣为虐，讨好儿。”“不管装什么的，你都每样打几个罢！”

6. 表示前后分句的时间关系的。例如：英语的 When I was a boy, I did not know how to appreciate poems（当我年轻的时候，我不懂得欣赏诗歌）。在这一方面，汉语的情形就不同了。汉语的“当我年轻的时候，我不懂得欣赏诗歌”是另外一种结构。“当我年轻的时候”是一个支配关系或引导关系，其中“我年轻的时候”是支配者或引导者，“当”是受配者或受导者，而“我年轻的时候”则是一个规定的关系，其中的“我年轻”是个句子形式作为规定者来规定“时候”的，拿这整个的结构当做“当”的支配者或引导者。“当我年轻的时候”整个的结构又以副词性词组的形式，作为规定者，来和“我不懂得欣赏诗歌”发生规定关系。

分句与分句之间的联络关系，各语言的次序也不一致。

（选自《普通语言学》第四编“语法”第七章，新知识出版社，上海，1957 年）

语言系统及其结构

语言符号的系统性

语言是以符号系统作为人们的交际工具和进行思维的工具的。它有它的具体的客观存在，它也正是以它的客观存在为社会服务、成为社会现象的。因此，除了理解语言在社会生活中所起的作用之外，我们还要理解它本身是怎么样的一个存在物，它的内部是怎样的一种结构。

语言是一种符号系统，它是由许许多多符号单位组织而成的一个系统。和其他的符号一样，语言符号也是由能指和所指结合而成的。如果根据一般的了解，把符号关系中的能指部分看成符号的话，我们就可以说，语言符号的存在也和其他符号的存在一样，有赖于它和所指的结合，因为离开了它和所指的关系，它就失去了它的符号作用。在认识的活动中，人们可以运用已经存在于客观世界中的任何一种事物去作为另外一个事物的符号，因此，符号是多种多样的。语言符号所以不同于其他的符号，不在于它可以充当客观世界中各个事物的能指，充作思维的能指，因为其他的符号也有这种作用，而是在于它的不同的内部结构以及这种结构所发挥的职能。语言符号内部本身就是一个能指和所指的结合物，它只能是人们言语运动神经发出的发音动作或其所形成的声音作为意义的能指，同时又以意义作为这种声音的所指。语言符号的系统就是由许许多多以人们的言语运动神经所发出的发音动作或其所形成的声音和意义的结合所构成的复合物为单位而组织成的一个系统。

然而为什么说语言是一个符号的系统呢？要理解这个问题，首先就要理解什么是系统。系统指的是由一系列处在相互关系之中的单位组织而成的一个统一体；在这统一体里，组成单位并不是孤立存在，而是彼此休戚相关的。语言是一个符号系统，因为语言是由一系列处在相互关系之中的组成单位(即符号)组织而成的统一体,在这统一体内,作为组成单位的各个符号不是孤立存在,而是彼此休戚相关的。例如汉语词汇中的符号"红"所以能够这样的存在,因为在汉语词汇中还有"白"、"蓝"、"黑"、"黄"等符号和它处在休戚相关的关系中。如果汉语词汇中没有"白"、"蓝"、"黑"、"黄"等符号,"红"的符号就不可能是以这样的一个汉语词汇成员的身份出现在汉语词汇里,因为它和它的所指(即意义)都将受到影响,而成为另外一个符号。叶尔姆斯列夫曾经在他的《语言理论概述》里举出一个实例说明"内容"的系统性。叶尔姆斯列夫对系统的理解是错误的,我们将于下面加以评论。但是我们可以利用他的实例来说明我们对语言系统的理解。他说,在印欧语里,表明分色层的各个词的内容范围,由于有关分色层的各个词在系统中的不同地位而有所不同。比方说,英语说成 green(绿色)的,威尔士语(welsh)就叫做 gwyrdd 或 glas;英语说成 blue(蓝色)的,威尔士语就叫做 glas;英语说成 gray(灰色)的,威尔士语就叫做 glas 或 llwyd;英语说成 brown(棕色)的,威尔士语也叫做 llwyd。这两种语言对有关分色层的各个词的内容的理解显然有所不同,指明每一种颜色的词的内容范围也不一致。比方说,英语 green 一词的含义由威尔士语的 gwyrdd 和 glas 来指明,英语的 green 和 blue 的区别却不能在威尔士语里找到。两下对比,英语每一个指明颜色的词都和威尔士语指明颜色的词在所指的内容上有所不同:[①]

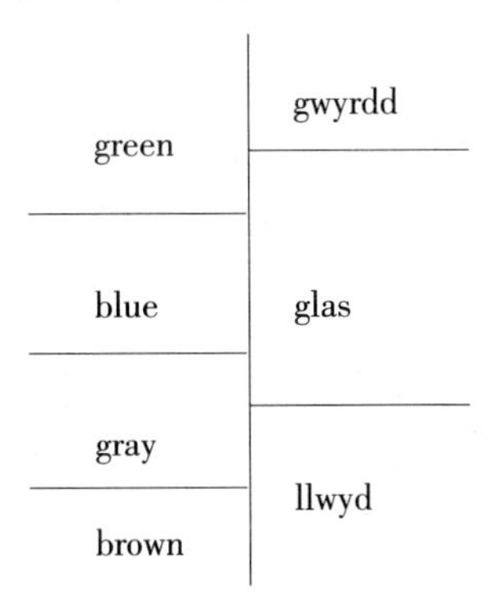

① 叶尔姆斯列夫,《语言理论概述》(*Prolegomena to a Theory of Language*),(英译本),巴尔迪莫利,1953,第 33 页。

其所以如此，因为英语表明分色层的各个词所组成的系统和威尔士语表明分色层的各个词所组成的系统有所不同，由于两个系统各词之间的关系各不相同，各词的内容范围也不一样。可见，在语言词汇中，各个词之间有休戚相关的关系，彼此影响，而词汇系统也正是由这些休戚相关的词组织而成的。

对语言系统的这种理解看来是不成问题的。但是某些语言学家却有其对语言系统的特殊的看法。例如，以系统的学说成为现代结构主义语言学始祖之一的德·索绪尔，就对语言的系统有另外一种看法。德·索绪尔说："语言系统就是一系列语音上的差别和与之结合在一起的一系列意义上的差别；但是，这样地把某些听觉印象和同样多的思想素材的片断面对面地放在一起，就产生了价值的系统；正是这种系统组成了声音要素和心理要素在每一个符号内部的有效的联系；这甚至于是语言所有的唯一的事实，因为语言组织的特点正是保持这两种差别秩序之间的平衡。"[①]换言之，德·索绪尔认为语言系统就是一系列语音上的差别和一系列意义上的差别放在一起时所产生的价值系统。要理解德·索绪尔的这种看法，就要说明他所说的"价值"到底是什么。德·索绪尔认为价值有两个特点：(1)它可以和别的东西相交换(échangé)，例如一块钱可以换十斤米；(2)它可以在本身的系统内相比较(comparé)，例如一块钱等于十角钱，一角钱等于十分之一的一块钱。语言符号正是这一类的东西。语言符号的能指可以和所指(概念)相比较或相交换，语言符号彼此之间也可以彼此比较，它们都是系统之中的一个部分。[②] 从语言单位(例如词)中抽象出来的思想是无形的，从语言单位(例如词)抽象出来的声音也是无形的；离开了词的声音，我们就不能分别两个不同的概念；离开了词所包含的概念，我们也不能分别词的声音。听外国人说我们所不懂的外语时，我们就连外语的声音也都区别不出来。只有等到声音和概念处在语言系统中而结合在一起

---

① 德·索绪尔，《普通语言学教程》，第166页。

② 同上书，第160页。

的时候，词的声音和概念的界限以及它们的特点才呈现出来。语言就是贯串各个单位之中，使各个单位能够形成的媒介。语言事实上就是价值系统。这个价值系统之中的每一个单位都随着它在系统之中的地位而有其独自的价值。[①] 我们不能说语言中的一个单位是某一概念和某一声音的结合，因为这样说就是把它从系统中隔离开来。系统不是由个别的单位组织而成的，倒是有了系统，个别的单位才能存在。从语言符号单位中的概念方面或声音方面来说，它们的价值都是由它们和别的声音或概念在系统中的差别而产生的。符号的结构是能指和所指的结合，可以用下面的图解来加以说明：

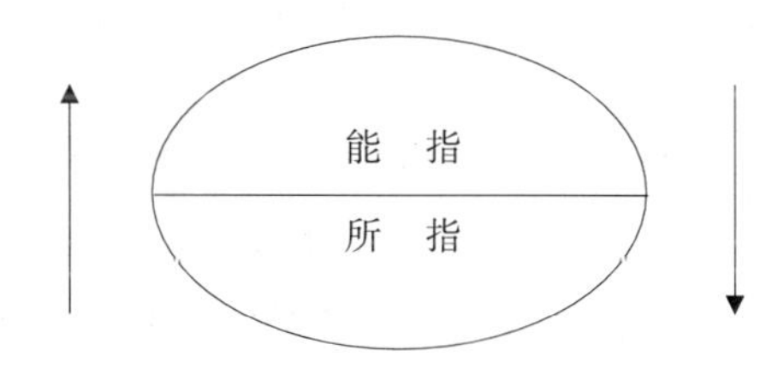

但是，这种结合之所以可能存在乃是因为有其他许多同类的结合和它相对立，相区别。我们可以拿下面的图解来加以说明[②]：

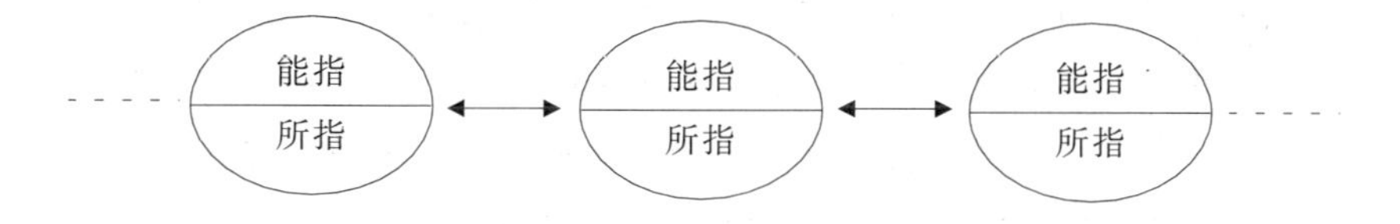

如果没有系统中的其他的"能指—所指"的结合物，我们所说的某一特定的"能指—所指"的结合物就不能存在。比方说，从符号的概念方面来说，意义并不等于价值。"成为一个系统的一个部分之后，词就不但具有一个意义，而且特别具有一个价值。"[③]"法语的 mouton(羊)可能和英语的 sheep 有同样的意义，但却没有同等的价值(意思)，这有好几个理由，特别因为谈到一块烹好而端在桌上的肉时，英国人就说

①② 德·索绪尔，《普通语言学教程》，第 159 页。

③ 同上书，第 160 页。

mutton，而不说 sheep，mouton 和 sheep 在价值（意思）上的不同是因为在英语里还有其他一个词在旁边，而法语里就没有这种情形。”[①]可见，由于系统里有其他不同情形的单位的存在，法语的 mouton 和英语的 mutton 就在概念方面有不同的价值。德·索绪尔认为这种概念方面的价值是从“消极”方面产生的，即从它之不是其他的意思来决定的。英语之 mutton 所以有“烹好的羊肉”的意思，因为它不是“没有烹好的羊肉”，它不是一般的“羊”。从符号的声音方面来说，情形也是一样的。他说：“词里重要的东西不是声音本身，而是使这个词和其他所有的词区别开来的音响差别，意义就是由这些差别来承担的。”[②]换言之，词的声音部分所以能够存在就在于它和其他的词的声音处在“不雷同”(non-coincidence)的地位上[③]，它是从“消极”方面而有它的价值的。德语的 Bach（小河）在法国人念来可以念成[ba:x]或[ba:ʀ]，因为在法语的语音系统里，没有[x]和[ʀ]的价值上的差别，然而德国人却要念[x]，用以区别于[ʀ]（例如 bar——明显的）。只有当这两个方面的价值结合在一起的时候，才在“积极”方面产生了某一个词的音义结合物的价值。价值事实上就是系统的功能，要随着它在系统中的地位而改变，这种改变是语言因素的相互关系所生的结果，是系统中有联系的因素彼此之间的相互对立所产生的结果。“总之，任何一个词的价值都是受它的环境所决定的。”[④]“在语言里，正如在任何符号的系统里似的，能够使一个符号和别的符号区别开来的东西就是构成这符号的一切的因素，‘差别’可以创造特性，它也可以创造价值和单位。”[⑤]这样一来，德·索绪尔就认为语言是一个系统，这系统里的一切部分都可能而且应当在它们彼此之间的联系上去加以研究。

德·索绪尔的语言价值的学说和他的语言系统的学说显然带有许多错误的观点。系统先存在于个别的组成成员，这就是唯心主义的绝对论在语言学中的反映，好像语言不是人们在劳动过程中积累经验创

---

①④ 德·索绪尔，《普通语言学教程》，第 160 页。

②③ 同上书，第 163 页。

⑤ 同上书，第 168 页。

造出来的，而是早就存在的一个系统，个别的组成成员只是由于被放在这个系统里而有它的存在。这种预先存在的系统实在是不可想象的。如果语言系统是预先存在的，语言的扩张和发展就是不可能的，因为被放进系统里的新的成员既是受系统之中的其他组成成员的决定而有其价值，其他的组成成员也将受新的成员的影响而起价值上的变化来适应整个系统，结果，起了变化之后的原有的成员和新成员的价值总和仍然不会超出原有的价值总和。何况符号的声音方面和概念方面的价值既只来自消极方面的，它和其他成员的差别也就难于理解了。如果一个声音单位，例如 a，是它和其他的声音单位的差别，是由于它不是其他的声音单位而有其价值的，那么，它为什么就刚刚好是这一特定的声音单位 a，而不是不同于其他的声音单位，而又不是 a 的声音单位呢？如果声音单位的价值是由它之不是其他的声音单位而决定它的价值的，那么，其他的声音单位又由什么来决定其价值呢？如果其他的声音单位也同样地要由它和它以外的声音单位的差别来决定，它之不是它以外的声音单位来决定它的价值，那么，在彼此本身都只是消极的东西的情况下，大家都等于零，就连差别也说不上，如何能够有各个声音的价值呢？至于概念方面的价值，结果也只有同样地不可思议。捷尔蒙斯基(M. B. Жирмунский)批评德·索绪尔说："事实上，语言的各个要素是由本身实质特征的总和来规定的，这些特征之间既存在着同点，也包含有异点。所以，应当讲这些要素的对比(依照它的实质的同点或异点)，而不是对立(对立只是对比的局部情形)。应该讲区别，而不是异点。"[①]他的批评是公允的。德·索绪尔这样的理论是违反辩证唯物论的观点的。当然，任何事物都有它的消极一面，它不是它以外的其他的东西，人之所以为人，也有其不是人以外的其他事物的一面。但是如果仅仅只有这消极的一面，人也不能存在。同样的，声音 a 之所以是声音 a 自然也有其不是 a 以外的其他声音的一面，但是仅仅只有这一面，a 显然还不能存在，因为不是 a 以外的其他的声音不见得就是 a。

---

① 捷尔蒙斯基，《论语言学中的共时性和历时性》，见《语言学译丛》，1959 年第 4 期，第 56 页。

何况所谓消极一面和积极一面的作用是任何事物都有的，不是系统中的组成成员所独有的特点呢。所以，德·索绪尔的语言符号系统的理论尽管在说明符号彼此之间有相互的关系，符号彼此之间的价值在要受其他的符号的影响上有其合理的内核，但却具有许多唯心主义的错误。

德·索绪尔的语言系统的学说并且有自相矛盾的地方。虽然他反复地说，语言系统是由许多相互关系的成员组织而成的。例如他说："语言是个系统，这系统的一切部分都应当被看做存在于彼此的共时秩序的休戚相关中。改变从来没有涉及整个系统，只涉及它的某一成分，只能在系统以外加以研究。"[①]但是他又强调语言是纯粹的价值系统，而价值则是由各项之间的差别关系来决定的，语言系统看来只是各个相互关系的组成成员之间的关系。某些结构主义者在德·索绪尔的影响之下，就把语言系统看成语言中各组成成员之间的关系，把语言看做相互关系的系统。例如叶尔姆斯列夫就认为语言系统是对应关系的层级的分类，也就是格式类聚的层级的分类。[②] 在叶尔姆斯列夫看来，语言系统并不包含语言成分本身，甚至于不包含对应关系层级或格式类聚的本身，而只是这些对应关系层级的分类或格式类聚的分类。换言之，他只把语言各成分之间的某些对应关系的归类看成语言系统。这个观点是极端错误的，因为它只看到森林，没有看到树木，它只看到关系，没有看到被关联着的关系项。正确的理解是：关系存在于被关联着的东西之间，正如森林存在于树木之中。离开了被关联着的东西，关系就不能存在，正如离开了树木就没有森林。关系和关系项是辩证地统一在一起的。叶尔姆斯列夫只把系统看成语言中各关系项之间的关系的分类，而把关系项排斥于系统之外，这样的了解语言，语言就变成了一套关系的公式，而不是由词汇成分和语法成分组成的系统，因之，就不是人们的具体的交际工具。正因为这个缘故，尽管某些结构主义者强调把语言看成系统，却把词汇排斥于语言学的研究对象范围之外，因

① 德·索绪尔，《普通语言学教程》，第124页。

② 叶尔姆斯列夫，《语言理论概述》，第18、24页。

为在他们看来，作为语言系统的组成成员的词并不属于语言系统，只有词与词之间的关系才属于语言系统。这样一来，语言系统事实上就成为了僵死的公式，语言学的研究也就没有实践的意义，因为对运用语言的人来说，只知道这些公式而不通晓作为语言系统的组成成员的词，语言对他来说就将成为无刃之刀，拿在手里，不能使用。事实上，叶尔姆斯列夫对系统和语言系统的了解是不合科学的。任何一个系统都是由许多相互关系的组成成员组织而成的。离开了这些组成成员，系统就不能存在。语言系统正是由许多相互关系的语言成分组织而成的。离开了这些语言成分(包括词和语法成分)，语言系统就不能存在。如果把语言中某些同类的关系(例如对应关系的层级)归成系统，这种系统也只是这种关系的系统，而不是语言系统。

语言符号系统既是语言符号各单位(即语言成分)在相互关系中组合起来的整体，语言就具有系统性。所谓系统性指的就是内部组成成员具有这种相互关系、休戚相关的特点。一盘散沙是由许多沙粒堆积而成的。尽管它是一个整体，它却不具备系统性，因为各个沙粒之间并没有相互关系、休戚相关的关系。语言不是这样的。语言中的各个成分，例如词汇中的各个词，语法系统中的各个语法成分，都是彼此休戚相关的，而词汇和语法之间又是休戚相关的。汉语中的词“无产者”是对“有产者”而言的，没有“有产者”就没有“无产者”，而“无产者”又和“无产阶级”、“无产阶级专政”、“无产阶级革命”、“无产阶级政党”、“革命的先锋队”、“革命的导师”、“社会主义革命”、“社会主义建设”、“社会主义觉悟”等联系起来，各词的价值并且都受其他的词的影响。如果其中一个词起了词义上的变化，其他的词也将随之而起词义上的改变。“白”和“红”原先是指明两种颜色的词，后来由于“红”兼指喜事，“白”也就兼指丧事，现在的情形，由于“红”又兼指“革命性”，“白”也就随之兼指“反革命性”了。当然，这种变化也有其社会的原因。但是仅仅社会的原因还不能解释这种现象。因为如果不是汉语中有了“红”这个词，我们就不会把“革命性”称为“红”，我们也许会用其他的名称来说明这同样的事实。语法的系统性更是显而易见的。“时”的语法范畴是由许多有关于“时”的对立的语法意义组合而成的。“现在时”是不同于“将来时”、“过去时”的语法意义。如果没有“将来时”、“过去时”与“现在时”相对立,“现在时”也就不起作用。汉语没有表明“过去时”或“将来时”的语法成分,因此,汉语就连“现在时”的语法成分也不存在。我们所以不说汉语没有“将来时”和“过去时”的语法成分,而说汉语没有“时”的语法范畴,正是这个缘故。德·索绪尔曾举法语和梵语在“数”的语法范畴上的不同来说明语法的系统性。他说:“法语的复数的价值并不盖住梵语的复数的价值,虽然意义往往是相符合的:这是因为梵语不只有两种数,而有三种数(mes yeux——我的一双眼睛,mes oreilles——我的一对耳朵,mes mains——我的一双手,mes pieds——我的两只脚等在梵语要说成“双数”);在法语应用复数的地方,梵语不能够在一切的情形下都用复数,所以它的价值是依赖它以外和它周围的东西的。”[①]德·索绪尔的语言系统的学说,已于前面加以批评,这里只是引用他的实例来说明语言的系统性。因为梵语中有双数的存在,法语中没有双数的存在,梵语的复数就和法语的复数不完全一样。其所以如此,因为复数和其他的数是处在相互关系、休戚相关的关系之中的。词汇和语法之间的系统性也是明显的。在词汇中有表示多种阴性事物的时候,语法成分中的阴性形式就有所不同。例如法语的médicine(医学)用了阴性,“女医生”就不能用一般加-e词尾的办法来表示,而要说成 la femme médicin。俄语中用了阴性词尾-ша使профессорша指明“教授夫人”之后,“女教授”就不能再用阴性词尾来表示,而只说成阳性的профессор。英、法、德等现代印欧诸语言,由于词的内部形态的消失,就不能不使某些词汇成分起了变化。例如法语动词变位简化之后,就使原先具有“自我”意义的名词 ego 分化成两个词,一是实词的 ego(仍然是“自我”之意),一是虚词的 je(我)。这些情形都说明了语言是一个系统,语言具有不同于“一盘散沙”的系统性。

① 德·索绪尔,《普通语言学教程》,第161页。

语言系统与语言结构

某些结构主义者所以只把“语言系统”看成语言各成分之间的关系的分类，事实上就是把“语言系统”和“语言结构”混成一谈。其实，“语言系统”和“语言结构”是两个不同的概念。葛尔农格说：“‘语言系统’和‘语言结构’这两个术语既不可混为一谈，也不可彼此对立。”[①]然而许多语言学家，特别是某些结构主义语言学家，往往把它们混为一谈。他们所说的语言系统事实上指的就是语言结构。结构指的是事物内部各组成成员之间的组合方式，系统是内部各组成成员由有机的结构方式组织起来的事物的整体，系统具有结构性，结构并不一定要具有系统性。只有内部各组成成员有机地组织在一起的整体，它的结构才具有系统性。语言系统和语言结构也是不同的两个概念。作为语言内部各组成成员组织起来的结合方式的，是语言结构，而语言内部的各个组成成员本身也是由一定的结合方式结合起来的。由于语言是由一定的结合方式把内部各成员组织起来的系统，我们有的时候也把语言说成一种结构。但是在把语言说成结构的时候，我们指的是语言系统内部各组成成员依照一定的方式所形成的组合的骨架，也就是语言系统内部各组成成员之间的各种组合关系的总和。当然，语言内部的各个组成成员也可以依照其某种共同的特点而组成属于语言系统之内的系统，例如语言的词汇系统、语言的语法系统，甚至于可以在语言的词汇系统之内组成语言的基本词汇的系统、在语法系统之内组成语言的变格系统等。但是整个的语言却只有一个语言系统。同样的，语言结构内部也可以依照其不同的特点再分成语言结构内部的结构，例如词的结构、某种语法成分的结构、甚至于形位的结构等。但是语言结构则指的是语言内部各种结构的总和。语言内部各种结构又可以依照一定的方式组合成系统。于是，这种系统就不是语言系统，而是语言内部某种结构的系统，例如词法结构的系统、音位结构的系统等。“语言系统”和“语

① 葛尔农格，《论语言结构的特点》，见《语言学译丛》，1960年第1期，第18页。

言结构"虽然是不同的概念,但却不是彼此对立的。语言系统之所以得以形成和保持,正因为它具有特殊的结构性,它的各个组成成员正是依照这种特殊的方式组织成语言系统的。另一方面,语言结构也离不开语言系统,因为离开了语言系统的组成成员,语言结构也就不可能存在。

语言系统也不能和言语系统混为一谈。言语系统也是由许多组成成员依照一定的组合方式组织起来的整体,整体之内的各个部分也是彼此有机地联系在一起的。但是言语系统只是语言系统的个别组成成员和可能出现的超语言的表达手段所组成的整体。不可能是依照各种结合方式组织起来的所有语言成分的总和。言语系统可以随着说话人运用语言的不同环境而千变万化。但是某一语言在其发展的某一时刻里却只能有一个语言系统。结构主义者叶尔姆斯列夫在建立他的语言理论时,认为要把"过程"(process)和"系统"(system)区别开来。他认为前后相续的联系属于结构段(syntagmatic)的范围,对应的联系属于格式类聚(paradigmatic)的范围,而格式类聚则属于系统的范围;"过程"可以称为言辞(即言语),"系统"可以称为语言①。叶尔姆斯列夫的看法是错误的。其实,言语也是一种系统,而语言中也不是没有结构段的过程的。问题在于叶尔姆斯列夫把系统只看成各组成成员之间的关系的分类,因之,他不能看出系统的实质。只要我们了解系统是各组成成员在相互关系、休戚相关的关系中组织起来的整体,我们就知道言语和语言都是一种系统,因为它们都是由各个体戚相关的组成成员组织起来了。所不同者,言语是具体运用某些语言成分和超语言的表达手段所组成的具有意义复合物的系统,而语言则是由语言成分,即词汇成分和语法成分所组织而成的交际工具或表达手段宝库的系统。前后相续的联系也存在于语言,它是语言之中的一个语法规则。语法规则中所说到的主语在前、谓语在后等就是依照结构段的原则来说明语言系统中的一种结合方式的。

语言结构也不等于言语结构。言语当然也是依照一定的结合方式

---

① 叶尔姆斯列夫,《语言理论概述》,第18、24页。

组织起来的，但是言语结构只是语言结构的个别因素和可能出现的超语言的结合方式所组成的结构方式。例如某一文艺作家的特有的语句结构等。然而语言结构却是语言各组成成员，即词汇成分和语法成分，借以组成交际工具或表达手段宝库系统的结合方式。语言结构以类聚性为原则，言语结构以线条性为原则，尽管语言结构中也能出现有线条性的特点，即结构段的特点，但是仅有结构段而没有类聚仍然不成其为语言结构，例如："主——谓——宾"的线条性的语法规则离开了与此词序相对立的其他词序，"主——谓——宾"的词序就不成其为语法规则。尽管言语结构中也能出现类聚性的特点，但这特点却不是言语结构所必不可少的，只要有线条性的组合，就有言语结构的存在。

语言结构的特点

语言结构有其不同于其他事物，甚至于其他符号结构的特点。某些结构主义者企图拿物理世界中的"不连续结构"去说明语言结构的特点。例如，布龙达尔(V. Bröndal)曾经利用物理学中用波动和光子解释物理现象并不矛盾的原则去说明语言结构的特点，认为语言现象可以从两个不相连续的"面"——"系统之面"和"节奏之面"来加以解释，属于"系统之面"的是音学中的音位学、语法学中的词法学，属于"节奏之面"的是音学中的语言学、语法学中的句法学。这种企图是错误的，因为正如葛尔农格所说的，"把如像语言这样的社会现象(同时是符号现象)的'结构'和物理现象的结构……类推起来，是徒劳无功的。这种类推之所以是徒劳无功的，因为想要在正好具有不同结构特征的现象之间建立起对应的关系的这种企图是说明不了任何问题的。它们不但是徒劳无功的，而且是有害的，因为它们使研究家们离开可以让他们从对象的结构特点上去寻找正确的阐明的道路。"[①]其实，语言的结构和物理世界的结构有所不同。所有物理的"单极"的结构都是不连续的结构，然而语言的结构则是连续的结构。语言中的音位就是从音素组织

---

① 葛尔农格，《论语言结构的特点》，见《语言学译丛》，1960年第1期，第16页。

而成的，我们不能像布龙达尔那样地把语音（音素）和音位隔离开来。原子的结构是绝对平衡的结构，不连续的结构，由于某种原因而在原子里打出一个电子的时候，原子的结构就立刻改了样，原子也就不再是原来的原子，不再具有原来的功能。可是，语言结构则是相对流动的平衡状态、连续的结构，在一个词中增加或减少一个词义不会使词的结构立刻变质，变成不同于原来的词的新词。

那么，什么是语言结构的特点呢？

语言结构是极其复杂的，这是语言结构所以不同于某些其他符号系统（例如红绿灯、旗语、交通信号、电报号码之类）的地方。语言结构的复杂性表现在它的特点的多样化。语言结构的第一个特点就是它的"两极性"。德·索绪尔曾经在他的《普通语言学教程》里说，语言符号内部有能指和所指两个"极"，语言符号内部的能指是听觉印象，它的所指是概念。德·索绪尔的这种看法有许多错误的地方。正如我们在上面所说的，把语言符号内部的能指说成听觉印象是否认语言符号存在的客观性的错误观点。[①] 德·索绪尔把语言符号内部的所指说成概念也是错误的。语言符号内部的所指事实上是意义，不是概念。[②] 但是，德·索绪尔认为语言符号内部必得是这两个"极"的结合，则是正确的。任何一个语言符号，离开了语言和语义在它内部的结合，都不能存在。这种两极性的特点正是语言所以成为一种符号结构的因素，也正是其他所有的符号结构所共有的特点。葛尔农格说："符号总是具体的（在刚指出的哲学意义上说），因为它总是应当整个地被认知（或被'认识'），此外符号不能是单极性的，因为它永远是某种事物的符号……"[③]语言符号既是符号之一种，它的结构也必须具有非单极性的特点；因为它总永远有它的所指，它总要和所指结合在一起，并且它本身就是一个能指和所指的结合物。葛尔农格对德·索绪尔的这个论点

---

① 参阅《语言论》第一部分，第五章，第一节。

② 参阅契科巴瓦，《作为语言学对象的语言的问题》（*Проблема языка как предмета языкознания*），莫斯科，1959年，第119—121页。

③ 葛尔农格，《论语言结构的特点》，见《语言学译丛》，1960年第1期，第17页。

曾经有过批评，认为语言符号虽然不是单极性的，但却不是“两极性”的，而是“多极性”的。[①] 葛尔农格的意见值得重视。不过，我们认为，为了使问题明确起来，应当把“两极性”和“两面性”区别开来。“两极性”指的是符号内部的能指和所指的结合，不论这个结合是否多面的。能指和所指的结合是所有符号所共有的特点。语言既是一种符号，它也不能例外。如果认为语言符号不具备这种“两极性”，语言符号就不成其为符号。语言符号虽然不同于其他符号，但它不能在这一点上不同于其他符号，因为如果这样的话，它就失去了它的符号性。不过，充作语言符号内部两个极的东西和充作其他符号内部两个极的东西有所不同罢了。“两面性”是就符号结构是否有多方面的联系来说的。从这个角度来说，语言符号的结构就不是“两面性”的，而是“多面性”的。葛尔农格所说的语言符号的“多极性”就是指这种“多面性”而言的。所以，语言符号结构的“两极性”和语言符号结构的“多面性”并不矛盾。正因为语言符号结构具备这种“两极性”，任何的语言成分都是语音和语义的结合物，不这样就不成其为语言成分。

语言符号结构的第二个特点就是它的“多面性”。正如上面所说的，“多面性”指的是多方面的联系。语言符号的结构具有极其复杂的功能。它既和人们生理活动有联系，发挥其发音的功能，又与人的心理活动有联系，发挥其第二信号系统的物质刺激物的功能。它既与客观世界的事物有联系，发挥其标示客观事物的功能，又和社会生活有联系，发挥其交际的功能。它在认识活动中所发挥的功能也是多样化的。葛尔农格说：“对任何一种符号所生的感觉活动不同于对非符号的事物所生的感觉活动，对符号所生的感觉活动是理解或‘理智的活动’。这既属于语言符号，同时也属于其他加入复杂性程度不同的系统成分之列的一切符号，一直到只由一个‘对立面’来形成的、最原始的符号（铁路上的信号机）为止。但是，语言的理解活动和对所有其他符号及其系统所生的感觉活动比，却复杂得多，致使我们甚至于要根据量变质的原则来承认语言主要是在质的方面不同于所有其他的符号系统，还没有

① 葛尔农格，《论语言结构的特点》，见《语言学译丛》，1960 年第 1 期，第 17 页。

说到这种主要的不同造成了语言的发展整个地说不依赖于个人的意志、团体的意志、立法机关的意志等。语言的理解活动始终是复杂的、多层次的活动，虽然在感受言语的个人的现实心理过程中，它在某种程度上是‘自动化’的，并且事实上是于顷刻之间即行流逝的。它原则上始终是复杂的，因为在它身上被感觉到的（在这一点上，我们可以同意叶尔姆斯列夫的说法）是‘整个的功能网’（réseau de fonctions），意思就是‘相互依属的网’，这个功能网只在它的整体里传达出叙述（言辞）的内容或在它的部分里传达出叙述的一定的孤僻的内容。但是，绝大多数的叙述（言辞）的内容还不仅限于纯粹的逻辑的内容，而且包含有感情的成分，实践方向的成分，叙述的被制约的情景的成分，由于说话者的习惯特点所产生的个人天赋或技巧的成分等。所以，**提示功能**和**表情功能**也能够（虽然在每一个场合中不一定有实在的叙述）加入语言的‘功能网’之列，尽管所谓‘结构的分析’希望把这个‘网’的范围加以限制。”[①]这种功能网并且是和语言符号的两个“极”本身的结构的多面性相联系的。语言符号的能指是由许多音位组合而成的，其中的每一个音位又是由许多音素组合而成的；这种语音结构的多面性就使得语言符号可能在不同的情况发挥不同的功能。语言符号的所指也是由许多意义组合而成的，这种语义结构的多面性也使得语言在不同的场合中可能发挥其不同的表示意义的功能。

语言符号结构的第三个特点就是它的类聚性。语言符号可以由于某种结构上的类似之点而联系在一起，组成各种类聚。例如语言系统中的词可以由于语言上的类似而组成同音词的类聚，可以由于意义上的类似而组成同义词的类聚，可以由于所标示的事物的类属关系而组成“植物名词”、“色层名词”、“亲谓名词”等类聚。语言系统中的语法成分可以由于同类的语法范畴的各种变化而组成“性”、“数”、“格”、“时”、“态”、“式”等类聚。这种语法上的类聚也就是格式类聚。

语言结构的第四个特点就是它的层级性。语言结构不但具有类聚性，并且具有层级性。列弗尔玛茨基认为语言的层级可以分为词汇、语

① 葛尔农格，《论语言结构的特点》，见《语言学译丛》，1960年第1期，第21页。

法和语音，它们都各有各的专门的抽象。词汇的抽象在于词在名称上并不与某一具体事物直接相关，而往往与事物的类相关。语法的抽象具有不同的性质，它不是名称的，而是关系的抽象，这是关系和性质的抽象。语音的抽象对整个语言来说是最典型的。① “对形态学来说，屈折变化：-ов，-ам，-ами，-ах 等附加于什么之上如果是不重要的，而-ов是属格，-ам 是与格等是重要的话，那么，对语音学来说，〈a〉这个第二变格法的单数属格（如 дóма，столá，окнá）的屈折变化，或者，许多相同变格的词，复数主格的屈折变化（ломá，óкна），或者以这种形态所构成的副动词的附加成分的-a（зевая），或者是包含有这样的元音的任何词的词根[a]：пал，бал，мал，фал，вал，стол，дал，канал 等等，这一切都完全是不重要的事。在这里，[a]不具备任何特殊的意义。音位——从它的一切变体里析离出来——抽象化的性质是完全特殊的。这种抽象也就不能当做是词汇的或语法的抽象的‘程度’或数量上的变体。”②词汇、语法、语音在语言系统中各有各的地位，各有各的抽象特点，各自成为语言系统之中的“内部的系统”，但是把词汇、语法、语音并列起来，成为语言中的三个层级，似乎还有值得商榷的地方。语音是语言符号结构中的一个“极”，正如语义是语言符号结构中的一个“极”一样。然而这里却找不到语义这层级，而由语音和语义相结合的组合物所形成的词汇和语法却成了与语音相并而行的两个层级。这样的分层看来是不明确的。语音和语义都存在于词汇成分和语法成分里，词汇成分和语法成分离开了语音结构和语义结构就不能存在。因此，语音系统和语义系统的对立是一种情形，词汇系统和语法系统的对立又是一种情形。布拉格学派的哈佛兰纳克（Bohuslav Havránek）认为布拉格学派把语言的结构看成两种不同的对立的“面”，一是语音和语义的对立，一是词

① 参阅列弗尔玛茨基，《什么是结构主义？》，见《语言学译丛》，1959 年第 4 期，第 62—63 页。

② 参阅列弗尔玛茨基，《什么是结构主义？》，见《语言学译丛》，第 63 页。个别符号据原文改正。

汇语义和语法语义的对立。[①] 虽然他的见解和我们的看法并不完全一样，他把词汇和语法看成语义的问题，而我们则把它们看成不同层次的音义结合物，但其基本的论点则是可取的，因为他也明确地指出语音和语义的对立是一种对立，词汇和语法的对立是另一种对立。在这种情况下，我们认为语音系统及其结构和语义系统及其结构应当列入语言符号的"两极性"的问题中来加以讨论，阐述其各自的系统特点及其结构特点。当然这两个"极"也可以具备语言符号结构的其他特点，例如多面性和类聚性，但却不可以把它们和词汇结构、语法结构并列起来，成为同等的层级。语言结构的层级性应当被理解为具有两极性特点的语言符号结构的一层套上一层的特点。例如"性"、"数"、"格"的各自的格式类聚可以结合起来组成更高一层的格式类聚，即名词变格的格式类聚，而名词变格又可以和动词变位组成更高一层的格式类聚，……一直到组成一般的语法格式类聚为止。词汇中的"植物名词"、"动物名词"、"矿物名词"等可以组成更高一层的词汇类聚，即"实物名词"，而"实物名词"又可以和"抽象名词"组合成更高一层的类聚，……一直到一般的词汇类聚。不过在承认词汇和语法是语言系统之内的两个层级的同时，我们也不否认语音系统的特殊存在，不过，这种存在是作为语言符号的"两极"之中的一个"极"而存在的。又因为语言符号的"两极"之中还有语义一个"极"，我们认为也有承认语义结构系统存在的必要。一般人以为斯大林说赤裸裸的思维不能存在，因之就怀疑是否可以单独研究语义，其实赤裸裸的思维固然不能存在，赤裸裸的语音也同样不能存在。如果我们可以将音义结合物之中的语音部分抽象出来，加以研究，我们也就有可能将其语义部分抽象出来，加以研究。

语言结构的第五个特点就是它的结构段的特点。结构段（syntagme）是德·索绪尔所发明的概念，它的意思指的是前后相续的语言

① 参阅哈佛兰纳克在第八届国际语言学者会议上的发言，见《第八届国际语言学者会议会刊》（*Proceedings of The VIII International Congress of Linguists*），奥斯陆，1958年，第380—381页。

成分结合而成的片段，不论这片段是大的或是小的。[①] 例如词中前缀和词根的结合（汉语的“老王”，俄语的 под-ходить——走近，法语的 re-dire——再说），词中词根和后缀的结合（例如汉语的“桃子”，俄语的 гор-ец——山地居民，法语的 broch-ure——装订），词与词所组成的词组（例如汉语的“解放思想”，俄语的 Октябрьская Революция——十月革命，法语的 réforme sociale——社会改革）等。苏联的语言学家们广泛地采用“结构段”这个术语，但含义各不相同。例如谢尔巴、维诺格拉陀夫、格沃慈洁夫（А. Н. Гвоздев）、别里斯基（А. В. Бельский）等人认为结构段是具有完整意义的词群在节奏上的结合。[②] 有的人则认为结构段是句法现象，不是语音现象。其他的人，如杜马谢夫斯基（Б. В. Томашевский）就认为我们能够在节奏上从语流中把结构段和其他不属于结构段之内的词分别开，但是在句法上我们却绝不能把结构段区别开。[③] 列弗尔玛茨基则大体上接受德·索绪尔的说法，把结构段分为(1)存在于限定关系中的词，(2)词的形态部分——形态成分和形态成分的结合，(3)作为一个句子成分用的词组。[④] “结构段”的基本含义既是前后相续的语言成分所组成的片段，我们就可以综合苏联各语言学家的意见，把它看成前后相续的语言成分的结合，不把它看成语音要素之间的结合所产生的片段。不过语音要素在语言成分里的结合也具有结构段的性质，只因为语音要素本身还不成为语言成分，我们不把这种具有结构段性质的语音要素在语言成分里的结合称为结构段罢了。语言是由人们嘴里说出或由言语运动神经发出的动作来加以运用的，为了适应这种环境，语言的结构就具有“结构段”的特点，它要表明语言系统各成分之间的前后相续的结合方式。不过，正如上面所说的，结构

---

① 德·索绪尔，《普通语言学教程》，第 170—173 页。

② 参阅维诺格拉陀夫，《俄语句法中的结构段概念》（Понятие синтагмы в синтаксис русского языка），见《现代俄语句法问题》（*Вопросы синтаксис современного русского языка*），1950 年。

③ 杜马谢夫斯基，《论韵律》（*О ритме*），见《论风格》（*О стиле*），1929 年。

④ 列弗尔玛茨基，《语言学概论》，第 153 页。

段的特点不是语言结构的必不可少的特点罢了。

语言系统的共时秩序与历时秩序①

语言是以具有这样复杂的结构特点的系统存在于人类社会的某一时刻里的。语言系统属于历史的范畴,不能脱离历史而存在。所以,斯米尔尼茨基说:"某一特定时代的语言——是存在于时间里的语言,即包含着历时秩序因素的时间里的语言……,因为时间的因素本质上已经参加到语言里去。由此可见,语言的共时秩序的系统不可避免地要在时间中被观察到。"②不过,语言尽管是存在于历史中的,但它总是以一个系统的身份而存在于时间里的,因此,我们既要从历史演变的角度来观察语言,也要从语言在历史某一时期中的相对的静止状态来观察语言的系统。

对语言系统的相对的静止状态的研究事实上早就存在。无论是我国古代人的音韵学的研究,或是古代印度人、希腊人、阿拉伯人的语法的研究,都是属于这一类的研究的。甚至于在19世纪历史比较语言学兴起之前的许多时代里的语言研究也都是属于这种性质的研究的。只有在19世纪历史比较语言学兴起之后,这种研究才渐渐地不为语言学家们所重视。历史比较语言学企图以历史的观点来研究语言发展的内部规律,它在语言科学的发展上自有它的功绩。这正是恩格斯把历史比较语言学看成伟大的发现,并把它和杜林所追随的旧时代的学校语法对立起来的缘故。③ 然而历史比较语言学和旧时代的学校语法比,虽然是伟大的发现,但它本身也还带有严重的缺点④,其中的一个缺点就是它的原子主义的特点,即不研究语言系统在历史上的发展,而只研

---

① 我在其他的著作里用的是"横序系统"和"纵序演变"。

② 斯米尔尼茨基,《关于英语中交替现象的问题》(*По поводу конверсий в английском языке*),见《外语教学》(*Иностранные языки в школе*),第16期,第3页。

③ 参阅恩格斯,《反杜林论》,人民出版社,1957年,第338页。

④ 参阅斯大林,《马克思主义与语言学问题》,第32页。

究语言中的零星个别现象在历史上的变化。这种缺点就促使现代的共时语言学的兴起。远在1895年,鲍都安·德·古尔天纳(И. А. Бодуэн де Куртена)就在他的《语言交替理论探讨》中明确地提到对语言系统的共时研究的必要,并且认为有把语音分为静态的(描写的)和动态的(历史的)两种,把语音学现象和语法学想象分为彼此相联的(Nebeneinander)和前后相续的(Nacheinander)两种的必要,而弗尔图拿托夫也于1905年在他的《关于中学俄语语法的课程》里提出类似的见解。不过,在语言学的发展历史中,提出划分语言的共时研究和历时研究而有重大的影响的,则是德·索绪尔在他的《普通语言学教程》里所提出的划分共时语言学和历时语言学的理论。德·索绪尔认为应当根据科学研究对象所处的坐标轴来划分科学研究的方法。他认为我们应当随时按照下面的图形把科学研究对象所处的坐标轴分为两个:(1) 同时性的轴(*AB*),(2) 继续性的轴(*CD*)。同时性的轴涉及存在着

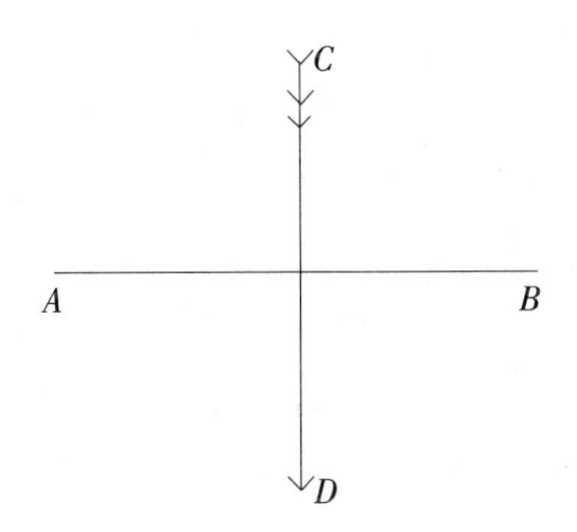

的各个事物之间的关系,而排除时间的任何干扰;在继续性的轴上,一次看不到一个以上的事物,但却涉及同时性的轴的全部现象的所有变化。把这原则运用到语言学里来,就要划分语言所处的两个坐标轴,同时性的轴,即"横的一面",和继续性的轴,即"纵的一面";"横的一面"指的是语言在某一时期内的静止状态,"纵的一面"指的是语言在历史上的演变状态。于是,语言学就要分为两种语言学,即"演化语言学"(linguistique évolutive)和"静态语言学"(linguistique statique),后者又称为"共时语言学"(linguistique synchronique),前者又称为"历时语言学"(linguistique diachronique),前者研究语言的系统,后者研究语

言中的个别现象的演变。[①] 德·索绪尔说:"这两个观点——共时语言学和历时语言学——的对立是绝对的,而且是无从加以和解的。"[②]他并且举出论证来证明这两种语言学的对立性。他说这两种语言学的重要性并不相同,共时语言学要比历时语言学重要,"因为对说话人来说,不存在语言事实的历史继续性:说话人只是处在现状的面前"[③]。两者的研究方法也不相同,共时语言学只认识一个研究面,即语言系统的横切面,历时语言学则可以用两种不同的方法来进行研究——"后顾"的方法和"前瞻"的方法。两者的研究范围也不一致:共时语言学并不一定要研究全部的同时的事实,但却要研究某一语言的某些事实的总和,因此,它可以把语言分为方言或次方言来加以研究;历时语言学则不可能这样做,它所研究的事实不一定是属于同一个语言的,只要有历史的联系都可以加以研究。两者所要研究的规律也有不同的性质:共时秩序的规律是一般的,但却不是命令式的(语法规律是一般的,但却允许有例外);历时秩序的规律是命令式的,但却是特殊的,只涉及个别的语言事实。[④] 德·索绪尔这样地理解这两种语言学有许多严重的错误。他所理解的历时语言学事实上只是历史比较语言学。历史比较语言学并不能包括历时语言学的全部,历史比较语言学的原子主义的缺点也不能代表历时语言学的真相。汉森(K. Hansen)说:"假如德·索绪尔不承认历时现象的系统性质,那么,他根据自己的老师——青年语法学者的著作,以及他自己原理中关于语言共时研究首要意义的要求,这只不过是对适合于青年语法学派当时科学水平的语言研究的原子主义的和历史—演变的方法的必然的对照。德·索绪尔在谈到历史问题时,……他还仍然是站在自己老师的立场上的。"[⑤]德·索绪尔的确是拿历史比较语言学(包括青年语法学或称"新语法学")的眼光去看历时

① 德·索绪尔,《普通语言学教程》,第 114—117 页。

② 同上书,第 119 页。

③ 同上书,第 117 页。

④ 同上书,第 127—134 页。

⑤ 汉森,《结构主义的道路和目的》,见《语言学译丛》,1960 年第 1 期,第 34 页。

语言学的，因此，他认为历时语言学的研究方法具有这些不同于共时语言学的特点，特别着重说明历时语言事实的非系统性。这其实是一个重大的错误。语言既然是一个系统，它在历史的发展的过程中，就应当是前后不同的系统之间的演变，而不是个别的零星的演变。如果语言中只有个别的现象在历史中发生了演变，它也是以系统组成员之一的身份而发生变化的。我们正应当拿系统的观点去纠正历史比较语言学的原子主义的缺点。不过，德·索绪尔在研究方法上把语言学的研究划分为共时语言学和历时语言学则是正确的。谢列勃连尼柯夫（Б. А. Серебренников）说："德·索绪尔只是把割裂语言的断代研究（按即共时秩序的研究）和历代研究（按即历时秩序的研究）看作是一种方法论的手段。首先请你研究语言的现状，然后再研究它的历史吧——这就是德·索绪尔的主要宗旨。语言断代研究中的一切缺点应该在语言的历代研究过程中消除。这样一来，德·索绪尔的方法如果了解为语言研究的两个方法的先后次序，那么就不排除时间的因素。"[①]谢列勃连尼柯夫的理解是正确的。德·索绪尔曾经说："语言学过去过分地注意了历史，现在它得回到静态的、传统语法学的观点上来，不过这观点已经有了新的精神、新的方法，就是说，由历史主义方法所革新了，后者从自己那方面帮助我们更好地认识语言的状况。"[②]并且说："每一个时刻，它（语言现象）都同时包含一个建立好了的系统和一个演变；每一个时刻，它都是一个现实的制度和过去时代的产物。"[③]不过，尽管德·索绪尔并不反对历史主义观点，但是他却有这种倾向，因为他把这两种方法看成绝对不能和解的，因之拒绝在研究共时秩序时运用历史的事实来解释。[④] 这种倾向后来就由某些结构主义者来扩大了，成为了语言学中的反历史主义的反动潮流。布龙达尔和叶尔姆斯列夫就是这样地不但反对拿历史的事实来解释存在于某一时刻的语言的共时秩序，并

---

① Б. А. 谢列勃连尼柯夫，《有关语言学的几个问题》，科学出版社，1959年，第19页。

② 德·索绪尔，《普通语言学教程》，第119页。

③ 同上书，第24页。

④ 同上书，第127—129页。

且认为语言学要研究“泛时的”或“超时的”语言系统。布龙达尔说：“为了要洞悉结构的本质，我们就必须查明固定不变的、必需的、因之又是本质性的、在各个成分之间都有其地位的那些关系。”[①]又说：“比较语言学（和历史语言学）无疑是实证主义的。”[②]“实证主义的基本趋向的特征就是承认历史的重要性。”[③]“实际上，对每一门科学最要紧的东西是永恒的、不变的、一致的东西。”[④]叶尔姆斯列夫也说：“通过格外形式化的前提系统去探讨语言的特殊结构的语言理论必须在它继续注意言语的流动和变化的同时坚决拒绝给这些变化赋予过大的意义；它必须寻找一个不立足在语言之外的‘实体’之上的常数（constant）——使语言成为语言的常数，不论是什么语言，它并且可以使一个特殊的语言能够在其各种不同的表现中保持其一致性。”[⑤]在布龙达尔和叶尔姆斯列夫看来，真正的语言系统是超时间的、永恒不变的、固定的常数，而不是存在于时间之中的语言的相对的静止状态，更不是在前后不同的时期中演变着的流动的语言状态。这种反历史主义的观点，这种形而上学的观点是极端错误的，因为它使语言成为一个脱离具体存在的不可想象的东西、一个不能发挥交际职能的空的公式，使语言学的研究成为构造空中楼阁的游戏，虽然对各时代的各个语言之间的某些共同的结构特点的研究也是语言学的任务。

总之，语言系统是语言在其发展过程中的流动性的相对平衡的静止状态。[⑥] 从研究的方法上来说，我们可能而且应当研究语言使用者所面临的这个语言的状态，并且应当把它当做语言研究的一个重要的任务，因为它具有实践的意义，并且是历史研究的出发点。但是我们同时也要研究语言系统在历史上的演变，寻找其发展的内部规律及其与

---

① 布龙达尔，《结构语言学》(*Linguistique Structrale*)，见《语言学动态》，1939 年，第 1 卷，第 1 分册，第 7 页。

② 同上书，第 2 页。

③④ 同上书，第 3 页。

⑤ 叶尔姆斯列夫，《语言理论概述》，第 4 页。

⑥ 参阅葛尔农格，《论语言结构的特点》，见《语言学译丛》，1960 年第 1 期，第 23 页。

社会生活的相互关系来为我们对语言系统的现状的研究服务。这两种方法的划分尽管是可能和合理的，但却不能把它们看成绝对不能和解的对立的东西。语言现状的许多事实需要历史的事实来加以说明。这正是苏联现代主义语言学家们，例如谢尔巴、维诺格拉陀夫、雅库宾斯基、拉尔林、别尔恩赐钦、维诺库尔等人，在研究语言的共时秩序时所采取的态度。[①] 维诺格拉陀夫就是在这种历史主义观点的指导下，解释了俄语短尾形容词由于用于谓语而使变格形式“丧失”的情形。[②] 语言的历史研究也必须以语言的共时秩序的研究为出发点，并且应当把语言的演变看成是语言系统的演变。

（选自《语言论》第二部分“语言系统的内部结构”第一章，商务印书馆，北京，1995年）

① 参阅日尔蒙斯基，《论语言学中的共时性和历时性》，见《语言学译丛》，1959年第4期，第52页。

② 参阅维诺格拉陀夫，《俄语》(*Русский язык*)，莫斯科—列宁格勒，1947年，第262页以下。

高名凯先生语言学著作目录

（转录自《高名凯语言学论文集》，商务印书馆，1990年）

（附：语言学译作目录）

〔按初次发表时间先后排列；前加 * 号者是专书〕

1940 年

* *Essai sur la valeur réelle des particules prépositionnelles en chinois* （《汉语介词之真价值》）（Rodstein，Paris）

1941 年

怎样研究中国的文法（载《文学年报》第 7 期）

1944 年

汉语规定词“的”（载《汉学》第 1 辑）

1946 年

中国语言之结构及其表达思想之方式（载《观察》第 1 卷第 11 期）

语言的宗教（载《观察》第 1 卷第 16 期）

中国语的特性（载《国文月刊》第 41 期）

如何研究汉语语法（载《国文月刊》第 42 期）

从句型研究中国的语法（载《国文月刊》第 43、44 期合刊）

中国语法结构之内在关系（载《国文月刊》第 45 期）

中国语法结构之外在关系（载《国文月刊》第 46 期）

论数词（载《国文月刊》第 47 期）

动词之态（载《国文月刊》第 50 期）

汉语的人称代名词（载《燕京学报》第 30 期）

马伯乐教授（载《燕京学报》第 30 期）

葛兰言教授（载《燕京学报》第 30 期）

汉语句终词的研究（载《燕京学报》第 31 期）

1947 年

句型论（载《国文月刊》第 51 期）

汉语之指示词(载《国文月刊》第 53 期)

中国现代语言变化之研究(载《天文台》第 1 期)

中国语的语义变化(载《天文台》第 2 期)

汉语之表意语法(载《燕京学报》第 32 期)

福州语之语丛声母同化(载《燕京学报》第 33 期)

1948 年

* 汉语语法论(开明书店,上海)

中国话的语义变化与中国人的心理趋势(载《燕京社会科学》第 1 期)

语言的结构与哲学的思想(载《学原》第 1 卷第 12 期)

唐代禅家语录所见的语法成分(载《燕京学报》第 34 期)

书评:《中国语法理论》(王力)(载《燕京学报》第 35 期)

1951 年

语法杂识(载《燕京学报》第 40 期)

1952 年

汉语语法的基本结构(载《语文学习》1 月号)

汉语的语词(载《语文学习》2 月号、3 月号)

汉语的语句(载《语文学习》8 月号)

省略句与绝对句(载《语文学习》10 月号)

1953 年

简单句和复杂句(载《语文学习》2 月号)

包孕句和复合句(载《语文学习》7 月号)

关于句法的一些问题(载《语文学习》11 月号)

关于汉语的词类分别(载《中国语文》10 月号)

1954 年

* 普通语言学(上册)(东方书店,上海)

再论汉语的词类分别(载《中国语文》8 月号)

1955 年

* 普通语言学(下册)(东方书店,上海)

三论汉语的词类分别(载《中国语文》1 月号)

论汉语语法的历史继承性(载《北京大学学报》(人文科学)第 1 期)

有关汉语规范化的一些问题(载《新建设》12 月号)

1956 年

* 福州人怎样学习普通话(与林焘合著)(文化教育出版社,北京)

* 语言与思维(三联书店,北京)

从语法与逻辑的关系说到主语宾语(载《语文学习》1月号)

语音规范化和汉字正音问题(与刘正埮合著)(载《新建设》3月号)

怎样在科学研究中贯彻“百家争鸣”的方针(笔谈)(载《中国语文》7月号)

关于《语音规范化和汉字正音问题》的补充说明(与刘正埮合著)(载《中国语文》11月号)

语法教学和逻辑思维的培养(载《语法和语法教学》,人民教育出版社,北京)

汉语里的单部句(载《语法和语法教学》,人民教育出版社,北京)

1957 年

* 增订本普通语言学(新知识出版社,上海)

* 汉语语法论(修订本)(科学出版社,北京)

* 现代汉语外来词研究(与刘正埮合著)(文字改革出版社,北京)

* 鲁迅与现代汉语文学语言(与姚殿芳、殷德厚合著)(文字改革出版社,北京)

鲁迅与现代汉语文学语言(与姚殿芳、殷德厚合著)(载《北京大学学报》(人文科学)第1期)

关于社会方言(载《中国语文》5月号)

我们要如何对待文字改革问题(载7月25日《光明日报》)

文字改革问题座谈会上的发言(载《拼音》7月号)

关于文字改革的两个问题(笔谈)(载《文字改革》8月号)

采用拼音文字以后是否可以继承文化遗产(载9月19日《光明日报》)

苏联学者关于风格学问题的讨论(载《语言学论丛》第1辑,新知识出版社,上海)

语法范畴(载《语法论集》第2集,中华书局,上海)

库兹涅佐夫对汉语词类问题的看法(与刘正埮合著)(载《语法论集》第2集,中华书局,上海)

对“文学语言”概念的了解(载《文学语言问题讨论集》,文字改革出版社,北京)

1958 年

汉语拼音方案与语言科学的教学研究工作(载《中国语文》2月号)

语法是什么?(载《厦门大学学报》(社会科学版)第1期)

文风中的风格问题(载《新建设》第4期)

汉语拼音方案的作用(载4月7日《光明日报》)

我对汉语拼音方案某些问题的理解(载4月21日《光明日报》)

漫谈文风中的三个问题(文风笔谈)(载《中国语文》5月号)

语言学课程整改笔谈(载《中国语文》8月号)

批判我在语言学工作中的资产阶级学术思想(载《中国语文》10 月号)

1959 年

论语言的融合(载《中国语文》9 月号)

语言与思维(载《语文学习》10 月号)

“五四”运动与白话文问题(与徐通锵合作),(载《北京大学学报》(人文科学)第 3 期)

1960 年

* 语法理论(商务印书馆,北京)

论语言与言语(载《中国语文》1 月号、2 月号)

关于汉语实词分类问题(北京大学五四科学讨论会上的发言,载《语言学论丛》第 4 辑,上海教育出版社,上海)

语言风格学的内容和任务(载《语言学论丛》第 4 辑,上海教育出版社,上海)

法兰西学派汉学家在汉语研究中的资产阶级学术思想(载《语言学研究与批判》第 2 辑,高等教育出版社,北京)

1961 年

* 英语常用词汇(与刘正埮合编)(商务印书馆,北京)

* 俄汉、汉俄对照语言学名词(主持集体编写,署名中国科学院语言研究所、北京大学语言学教研室)(科学出版社,北京)

从国际化问题谈到科学文献中拉丁字母的读音问题(载《文字改革》3 月号)

再论语言与言语(载《中国语文》3 月号)

论语言发展的内因和外因(载《中国语文》7 月号)

论语言系统中的义位(载《中国语文》10、11 月号合刊)

论语言的职能(载《新建设》10 月号)

1962 年

* 语言学名词解释(主持集体编写,署名北京大学语言教研室)(商务印书馆,北京)

论语言系统中的词位(载《北京大学学报》(人文科学)第 1 期)

语言的内部发展规律与外来词(载 7 月 3 日《光明日报》)

1963 年

* 语言学概论(与石安石合作主编)(中华书局,北京)

* 语言论(科学出版社,北京)

从“动词形容词的名物化”问题说到汉语的词类问题(与计永佑合著)(载《北京大学学报》(人文科学)第 2 期)

汉语语法研究中的词类问题(载《安徽大学学报》第 1 期)

语言与言语问题的争论(载 10 月 26 日《光明日报》)

1964 年

*学习英语单词的基本知识(与刘正埮合作编著)(商务印书馆,北京)

1980 年

德·索绪尔和他的《普通语言学教程》(载《语言学论丛》第 6 辑,商务印书馆,北京)

1984 年

*汉语外来词词典(与刘正埮、麦永乾、史有为合编)(上海辞书出版社,上海)

1990 年

语言与言语问题争论的意见分歧的根源(载《高名凯语言学论文集》)

美国描写语言学语言分析方法述评(同上)

*高名凯语言学论文集(商务印书馆,北京)

附:语言学译作目录

*语言学中的历史主义问题(文集,〔苏〕契科巴瓦等著)(五十年代出版社,1954,北京)

*方言·方言学(苏联大百科全书选译,与彭楚南合译)(新知识出版社,1954,上海)

*语法·语言的语法构造(苏联大百科全书选译,与彭楚南合译)(人民出版社,1954,北京)

*语言学概论,第一编下册(〔苏〕契科巴瓦著)(高等教育出版社,1955,北京)

语音和语法(形态)的相互关系(〔苏〕列弗尔玛茨基著)(载《语言学论文选译》第 8 辑,中华书局,1958,上海)

语言意识(〔法〕马尔赛尔·哥思著)(载《语言学译丛》1959 第 1 期)

风格学问题讨论的总结(〔苏〕维诺格拉陀夫著,与张中和合译)(载《语言学译丛》1959 年第 3 期,后收入《语言风格与风格学论文选译》)

*语言风格和风格学问题选译(文集,〔苏〕毕奥特罗夫斯基等著,与吴玉等合译)(科学出版社,1960,北京)

论语言结构的特点(〔苏〕高尔农格著)(载《语言学译丛》1960 年第 1 期)

*普通语言学教程(〔瑞士〕德·索绪尔著,岑麒祥、叶蜚声校注)(商务印书馆,1980,北京)

《高名凯语言学论文集》收录论文目录

（商务印书馆，1990 年）

语言的结构与哲学的思想(1948)
语言与思维(1959)

汉语规定词“的”(1944)
汉语句终词的研究(1946)
汉语之表意语法(1947)
唐代禅家语录所见的语法成分(1948)
书评:《中国语法理论》(1948)
语法杂识(1951)
论汉语语法的历史继承性(1955)
从语法与逻辑的关系说到主语宾语(1956)
汉语里的单部句(1956)

关于汉语的词类分别(1953)
再论汉语的词类分别(1954)
三论汉语的词类分别(1955)
关于汉语实词分类问题(1960)
汉语语法研究中的词类问题(1963)

论语言与言语(1960)
再论语言与言语(1961)
语言与言语问题的争论(1963)
语言与言语问题争论的意见分歧的根源(1964)

有关汉语规范化的一些问题(1955)

高名凯先生哲学译著及法国文学译著目录

哲学译著

《哲学大纲》(Bertrand Russell) 著,高名凯译,上海:正中书局,1940 年)

法国文学译著

《两诗人》(幻灭三部作之一,上海:海燕书店,1947 年)

《外省伟人在巴黎》(幻灭三部作之二,上海:海燕书店,1947 年)

《发明家的苦恼》(幻灭三部作之三,上海:海燕书店,1947 年)

《杜尔的教士》(独身者三部作之一,上海:海燕书店,1946 年)

《毕爱丽黛》(独身者三部作之二,上海:海燕书店,1946 年)

《单身汉的家事》(又名《打水姑娘》,独身者三部作之三,上海:海燕书店,1947 年)

《老小姐》(竞争二部作之一,上海:海燕书店,1949 年)

《古物陈列室》(竞争二部作之二,上海:海燕书店,1949 年)

《葛兰德·欧琴妮》(人间喜剧:外省生活之场景,上海:海燕书店,1946 年)

《米露埃·雨儿胥》(人间喜剧:外省生活之场景,上海:海燕书店,1949 年)

《幽谷百合》(人间喜剧:外省生活之场景,上海:海燕书店,1947 年)

《地区的才女》(附《闻人高笛洒》,人间喜剧:外省生活之场景,上海:海燕书店,1950 年)

《三十岁的女人》(人间喜剧:私人生活之场景,上海:新文艺出版社,1951 年)

《无神论者做弥撒》(人间喜剧:私人生活之场景,上海:新文艺出版社,1953 年)

《朱安党》(人间喜剧:军旅生活之场景附《沙漠里的爱情》,上海:新文艺出版

社，1954 年）

《驴皮记》（人间喜剧：哲学的研究 1，上海：新文艺出版社，1952 年）

《受人咒诅的儿子》（人间喜剧：哲学的研究 2，上海：海燕书店，1950 年）

《杜尼・玛西美拉》（人间喜剧：哲学的研究 3，上海：海燕书店 1950 年）

《钢巴拉》（人间喜剧：哲学的研究 4，上海：新文艺出版社；1953 年）

《玛拉娜母女》（人间喜剧：哲学的研究 5，上海：新文艺出版社，1953 年）

《巴尔扎克传》（司蒂芬・支魏格著 吴小如，高名凯译，上海：海燕书店 1951）

编后记

本文选为纪念北京大学中文系创建100周年及高名凯先生诞辰100周年编辑而成。为了尽量和已出版的《高名凯语言学论文集》不重复，本文选主要从高先生的《汉语语法论》、《语言论》、《语法理论》和《普通语言学》等四本专著中节选重要的章节。个别地方编者做了一些删节。为了突出高先生的代表性学术成就，选录了高先生的三篇重要论文，即《汉语规定词"的"》、《汉语语法研究中的词类问题》和《语法范畴》。重要的外国学者的译名如"亚里士多德"和"德·索绪尔"全文选也做了统一。

本文选的编辑工作得到了王洪君教授和高先生女儿高苏女士的鼓励和支持。胡双宝先生审读了全稿，提出了不少中肯的意见。《语法范畴》一文中的印欧语资料请王超贤先生校改了一遍。在文选前期资料准备期间，研究生王菲宇做了许多搜集和复印资料的工作，研究生李雪莹和王菲宇还花了不少精力对文选初稿进行了校对。北京大学出版社责任编辑贾鸿杰和白雪付出辛劳编辑稿件。谨此向上述人士致以谢意。文稿中如有错误由编者负责。

本文选的出版是对高先生的纪念，相信也一定对读者有所补益。

编者

2010年8月于北京大学中文系